Beherrsche den Markt!

Wie Sie von jeder Marktsituation profitieren können

MICHAEL PARNESS

Die Originalausgabe erschien unter dem Titel
Rule the Freakin' Markets –
How to Profit in Any Market, Bull or Bear
im Verlag St. Martin's Press, New York

Übersetzt aus dem Amerikanischen von Egbert Neumüller.

Druck: Ebner & Spiegel, Ulm

3. Auflage
(Original-ISBN 0-312-282556-7)
ISBN 3-922669-45-X

BÖRSEN MEDIEN
AKTIENGESELLSCHAFT

Postfach 1449 · 95305 Kulmbach
Tel. 09221-90510 · Fax 09221-67953

Inhalt

DANKSAGUNGEN

TEIL I:
BEREIT SEIN ZU GEWINNEN

Einleitung:
Es ist Zeit, den Markt zu beherrschen! 3

1. Der innere Schweinehund:
Was für ein Typ sind Sie? 15

2. Es wird konkret:
Schätzen Sie Ihren Trading-Rahmen 25

3. Ich brauche nur ich selbst zu sein:
Finden Sie Ihren persönlichen Tradingstil 43

TEIL II:
DAS GEISTIGE SPIEL

4. Begegnung mit dem Feind:
Lernen zu denken wie „die anderen" 67

5. Die sieben Todsünden und die Angst:
Erkennen Sie Ihre psychologische Achillesferse 93

TEIL III:
AUF GEWINN SPIELEN

6. Wie man sich mit dem Trend anfreundet:
Die richtige Art, Aktien auszuwählen 109

7. Heiße Tipps aus der Hölle:
Fünf schlechte Methoden der Aktienauswahl 131

8. Den Trade planen und nach Plan traden:
Wie man einsteigt, dabei bleibt und wieder aussteigt 145

9. Achtung Schutzhelmpflicht:
Bei jedem Trade Stoppkurse setzen 157

10. „Short and Sweet":
Flexibilität in volatilen Marktlagen 181
11. Das Geld zusammenhalten:
Sechs Schlüssel zur soliden Vermögensverwaltung 209
12. Den Vorsprung halten:
Die Spielregeln 219
13. Die Suche nach dem Juhu-Erlebnis:
Traden um Träume zu verwirklichen 223

GLOSSAR 235

Danksagungen

Viele Menschen haben im Kleinen und im Großen auf vielerlei Arten zur Entstehung dieses Buches beigetragen. Als allererstes danke ich Kirstin Peterson für ihren unentbehrlichen Beistand beim Schreiben dieses Buches. Mein Agent Nick Ellison betreute das gesamte Projekt der Publikation. Mein Lektor bei St. Martin's Press, George Witte, war ein Quell der Begeisterung und jederzeit offen für neue Ideen. Auch die Zusammenarbeit mit seiner Assistentin Marie Estrada war großartig.

Ich danke Tiny (Michael Saul), Nikola Ivanov und Merrick Okamoto für ihre Hilfe bei den Charts und anderen technischen Angelegenheiten. Tiny verschaffte mir außerdem unschätzbare Zeit zur Zusammenstellung des Buches, indem er den Chatroom von TrendFund.com mehr als angemessen betrieb. Dank sage ich auch meinen Mitarbeitern bei TrendFund.com, die eine stetige Quelle der Kraft und Integrität am Markt sind. Ihr seid super!

Zu den ersten Lesern des Manuskripts gehörten Amy Gutman, Eric Peterson und Mary Peterson; ihre Anregungen haben das Buch verbessert. Meinem Verleger Michael Sietz-Honig bin ich zu Dank verpflichtet, weil er mir auf hundertfache Weise geholfen hat. Schließlich möchte ich allen Tradern Anerkennung zollen, die www.trendfund.com benutzen, denn sie haben mir gezeigt, wie ich ihnen helfen kann, den Markt zu beherrschen.

Bereit sein zu gewinnen
Es ist Zeit, diese irren Märkte in den Griff zu kriegen!

Im Januar 1999 habe ich mit Onlinetrading angefangen, und zwar mit ungefähr 33.000 Dollar. Das war alles, was ich noch hatte, nachdem das blinde Vertrauen in einen Broker mich innerhalb eines halben Jahres fast 80 Prozent meines Geldes gekostet hatte. Dieser Verlust tat weh, und ich strengte mich an wie ein Irrer. Ich wollte mein Geld zurück, und zwar unbedingt – allein und ohne die Hilfe von irgend jemandem, koste es, was es wolle.

Ich machte mich daran zu verstehen, was hinter den Kursbewegungen steht. Ich fing an, Aktien auszuwählen und damit zu handeln. Ich machte mir Gedanken über die Massenpsychologie, die die Märkte bewegt. Nach und nach wurde mir klar, dass die Massenpsychologie große Börsentrends verursacht, die sich immer wieder wiederholen. Ich machte Geld, ich machte Fehler, und ich lernte daraus. Ich beherrschte das Spiel immer besser, und glauben Sie mir: Der Aktienmarkt ist ein Spiel.

Nach einem guten Jahr, das ich nur mit Trading verbracht hatte, war mein bescheidenes Konto auf mehrere Millionen Dollar angewachsen. Das ergab eine Rendite von einigen Tausend Prozent. Und als die Internetblase geplatzt war, machte ich immer noch Geld; und das blieb auch so, als der Markt danach versuchte, eine neue Richtung zu finden.

Oh Mann, das sind ein Haufen Mäuse!

Wie war das möglich? Wie lautet das Geheimnis? Wie können Sie Erfolg an der Börse haben, Gewinne einfahren und diese davor bewahren, bei der nächsten Baisse zu verschwinden?

Im Aktienhandel gibt es keinen Heiligen Gral, kein einfaches Geheimnis oder „System", das schnellen und anhaltenden Börsenerfolg verspricht. Aber es gibt ein paar einfache Grundsätze, die über Erfolg oder Misserfolg entscheiden. Wenn Sie diese Prinzipien befolgen, stets offen bleiben und aus Erfahrungen lernen, dann werden Sie ein intelligenterer, fähigerer und beständigerer Trader mit einem fein abgestimmen Urteilsvermögen, das Ihnen kaum eine günstige Gelegenheit entgehen lässt. Ziel ist es, falsche Gewohnheiten zu durchbrechen, die verhindert haben, dass der Markt für Sie arbeitet. Dass Sie dieses Buch aufgeschlagen haben, ist der erste Schritt zur Verbesserung Ihres Trading-Geschicks und Ihrer finanziellen Situation.

Vielleicht denken Sie jetzt, he Junge, schön, dass es bei dir so gut gelaufen ist, aber so etwas Gutes passiert mir nie, denn ich bin genetisch darauf programmiert, Geld zu verlieren. Mit jedem Investment, das ich getätigt habe, habe ich Verlust gemacht. Ich sage inzwischen meinen Freunden, dass sie verkaufen sollen, was ich kaufe, und dass sie kaufen sollen, was ich verkaufe, und sie machen damit Geld. Außerdem muss man, wenn man an der Börse erfolgreich sein will, entweder ein Wall-Street-Insider sein oder ganz einfach Glück haben. Für kleine Fische wie uns bleiben höchstens ein paar Krümel übrig. Manche Menschen haben Glück – zum Beispiel die Tochter meines Nachbarn: Sie hat während des wahnsinnigen Booms mit Internetaktien spekuliert, und das hat ihr einen roten Miata eingebracht. Aber das kann mir nie passieren, denn ich bin weder Insider noch habe ich Glück.

Dazu habe ich Ihnen Folgendes zu sagen: Auch ich war beim Spekulieren ein Verlierer. Meine ersten Versuche, an der Börse zu Geld zu kommen, waren der ultimative Reinfall. Achtung, fertig, Bruch und Brand. Ich war wirklich Mister Loser. Ich musste viel lernen, nicht nur, wie man Geld verdient, sondern auch, wie man verhindert, dass es in Schwächephasen wieder verschwindet. Und ich lernte, wie ich die Börse für mich arbeiten lassen kann, wie ich die Wallstreet-Profis mit ihren eigenen Waffen schlagen kann und schließlich, wie ich diese irre Börse in den Griff kriege. Ich betrachte dies gerne als eine Form der Kampfkunst, durch die ein durchtrainierter 50-Kilo-Kämpfer einen Schläger mit 150 Kilo umwuchten kann. Die Börse ist zwar eher ein Schläger mit 5.000 Kilo, aber umso besser!

Was das Glück angeht – Börsenerfolg hat nichts mit Glück zu tun, denn die Börse ist kein Spielcasino. Sie ist eine Prüfung für Wissen, Selbstkontrolle und Geduld, ein Spiel, bei dem der Realist gewinnt und der Glücksspieler verliert. Für den Erfolg braucht man den Willen, aus sich selbst einen Trader zu machen, der auf Gewinn spielt, und man braucht die Offenheit und die Disziplin, die für beständiges Lernen erforderlich sind.

Die Geschichte meiner Wandlung vom Mister Loser zum erfolgreichen Trader hat vielen Menschen den Glauben daran wiedergegeben, dass der Amerikanische Traum noch lebt und wohlauf ist. Man braucht kein besonderer Typ Mensch zu sein, um an der Börse erfolgreich zu werden. Ich jedenfalls war es bestimmt nicht. Ich bin Filmemacher und Theaterschriftsteller, ich besitze weder einen M.B.A. aus Harvard noch einen Wall Street-Anzug.

Lassen Sie mich meine Reise vom Loser zu Helden erzählen.

Aufgewachsen bin ich in Queens. Meine Familie schlug sich immer gerade so durch, mein Stiefvater fuhr Taxi, arbeitete als Verkäufer und als Standup-Comedian, obwohl er nicht sehr talentiert war. Mehr als einmal waren Schuldscheine mein Frühstück und mein Abendbrot und alles, was ich zu Weihnachten bekam. Als Teenager wurde ich mehr als einmal mit dem Messer bedroht, und eine Zeitlang lebte ich sogar obdachlos auf der Straße.

Das Leben und meine eigenen Finanzexperimente lehrten mich schon früh, wie man nicht mit Geld umgeht und wie man es vermeidet, reich zu werden. Als ich zwölf Jahre alt war, verbrachte ich viel Zeit auf der Rennbahn. Mein Buchmacher, ein Typ namens Fernie, zog mir einiges aus der Tasche, aber ich war eben ein hartnäckiger Verlierer. Während der Highschool-Zeit trieb ich mich auch bei den Rennen herum und hoffte auf den einen, großen Gewinn, doch aus irgendeinem Grund schaffte ich es nie. Mit neunzehn kaufte ich sogar ein Paket Penny Stocks im Wert von 2.500 Dollar und verlor alles.

Trotzdem lernte ich ein paar Dinge über das Geldverdienen. Als Teenager habe ich jede erdenkliche Art von Job ausgeübt – ich habe chinesisches Essen ausgefahren, bin Taxi gefahren und habe als Wachmann gearbeitet. Ich habe mich selbstständig gemacht und mit großem Erfolg Comic-Hefte verkauft. Ich hatte einen Stand auf jeder Comic-Messe in allen New Yorker Hotels, und durch dieses Geschäft lernte ich erstmals die praktische Marktpsychologie kennen.

Jedoch konnte ich dieses Wissen nicht auf den Aktienmarkt anwenden, weil ich nicht verstanden hatte, dass es bei Aktien im Grunde um das gleiche Spiel geht. Und selbst wenn, es hätte nicht viel geändert. Damals gab es noch kein Onlinetrading. Die einzige Möglichkeit zu investieren war ein traditioneller Broker.

Als ich Anfang zwanzig war, versuchte ich es erneut an der Börse, dieses Mal mit einem „respektablen" Broker. Ich kaufte ein Aktienpaket und beobachtete die Kurse. Ich hatte keine Kontrolle über meine Anlage und schaute hilflos zu, wie sie dahinschwand. Wieder einmal verlor ich mein ganzes Geld. Ich fühlte mich wie ein Außenseiter, der zum zweiten Mal hereingelegt worden war. Ich beschloss, den Aktienmarkt zu vergessen.

Schließlich entschloss ich mich dazu, mir meinen Lebenstraum zu erfüllen und Autor für Film und Bühne zu werden. Die dunklen Gassen aus meiner Kindheit halten ein paar großartige Geschichten bereit, die ich alle erzählen wollte. Ich zog nach Manhattan und wurde Barkeeper, weil das für brotlose Künstler in New York typisch ist. Quer durch New York mixte ich für eine ganze Reihe von Jahren Drinks und arbeitete als Rausschmeißer in „afterhours"-Clubs, die um vier Uhr früh öffnen und um die Mittagszeit schließen. Ich schrieb Stücke, arbeitete mich ab und nagte am Hungertuch. Eine Zeitlang hatte ich keine eigene Wohnung, weil ich mir die Miete nicht leisten konnte. Monatelang wanderte ich von der Couch eines Freundes zur nächsten. Ich dachte, ich würde es nie zu etwas bringen. Ich wollte eigentlich aufhören es zu versuchen, aber das Straßenkind in mir wollte nicht aufgeben.

Vor zehn Jahren, während ich immer noch in Bars arbeitete, las ich in der New York Times einen Artikel darüber, wie wertvoll alte Baseball-Sammelbilder geworden seien und dass ein Bildchen von Mike Schmidt 500 Dollar wert sei. Der Markt für Baseball-Bildchen war heiß, ähnlich wie der Aktienmarkt kurz zuvor. Wie durch ein Wunder hatte meine Mutter meine Sammlung nicht weggeworfen, und ich verkaufte meine Bildchen für eine schöne Stange Geld. Das war aber noch nicht genug. Ich bin ein neugieriger und entschlossender Typ, und ich wollte herausfinden, wie dieser überhitzte Markt funktionierte und ob man daraus ein Geschäft machen könnte. Ich wollte lernen, was auch immer die Welt mich lehren wollte. Ich kratzte ein bisschen Geld von meinem Bruder zusammen und begann mit dem Verkauf von Baseball-Sammelkarten und anderen Sport-Andenken. Meine Spezialität waren ungeöffnete Päckchen. In den 70er-Jahren bestanden die Packungen aus Wachspapier. Ich wurde daher der „Wachsmann", später dann „Waxie", und ich lernte immer mehr darüber, wie eine Veränderung der Umstände ein Objekt in den Augen des Käufers aufwerten kann. Damit meine ich nicht nur den Zustand einer Karte, sondern beispielsweise die Frage, ob ein Spieler dieses Jahr in die Hall of Fame aufgenommen wurde oder Anwärter auf den Cy Young Award war oder irgendeinen Allzeit-Rekord gebrochen hatte.

Irgendwann wurde aus dem Geschäft ein Vollzeitjob, und nach acht Jahren war Waxman Inc. einer der größten Verkäufer von Baseball-Kärtchen im ganzen Land. Das Leben sah recht rosig aus.

Mir ging es so gut, dass ich trotz meiner schlechten Erfahrungen beschloss, es sei an der Zeit, wieder einmal in die Börse zu investieren.

Wie es das Schicksal wollte (kein gutes Schicksal, wie sich herausstellte), hatte ich einen Freund, der Broker war. Ich beschloss, mein Erspartes – etwa 150.000 Dollar – in Aktien anzulegen. Mein Freund der Broker sagte mir, welche Aktien ich kaufen sollte, und ich kaufte sie. Nichts leichter als das! Ich war ein Anleger, der Aktien kaufte, um sie planlos auf unbestimmte Zeit zu halten. Ein Teil der Aktien waren Penny Stocks. Zunächst stiegen sie alle, und ich dachte mir: Das ist toll! Aber in Wahrheit waren es alles schlechte Aktien, und wenn man einmal mit Kleinmist anfängt, dann kommt am Ende auch nie etwas anderes heraus. Nach und nach fielen alle meine Aktien und fielen und fielen und fielen.

Es war frustrierend. Zu allem Überfluss hatte ich auch noch damit begonnen, mein Geschäft mit den Baseball-Bildchen aufzulösen, denn ich fand, es sei Zeit für etwas Neues. Ich wollte wieder schreiben und Filme machen. Leben wollte ich von meinen Ersparnissen und von meinen Aktiengewinnen.

Die Dinge entwickelten sich nicht so, wie ich es geplant hatte.

Und so kam es, dass ich vor gar nicht langer Zeit für 550 Dollar pro Monat in einem Wohnklo in Manhattan wohnte. Wenn Sie sich mit den New Yorker Wohnungsmieten ein bisschen auskennen, dann wissen Sie, dass dies so ungefähr das Billigste ist, was es gibt, bevor man auf der Straße steht. Als wäre das nicht schon schlimm genug, las ich in der Zeitung, dass der Dow Jones und der

Nasdaq Composite Tag um Tag neue Hochs markierten. Ich fragte mich: Warum bewegen sich meine Aktien nicht, wo doch alle anderen Anleger reich werden?

Dann kam der dramatische Börsenabsturz im Oktober 1998. Bevor der Markt abtauchte, hatten mir meine Aktien zwar Verluste beschert, aber sie waren zumindest etwas wert gewesen. Danach war ich dann wirklich vernichtet. Eines der Unternehmen verschwand, ein anderes notierte nicht mehr an der Börse. Eine wirklich klägliche Aktie war von dreißig auf vier Dollar das Stück gefallen. Der Rest fiel einfach weiter, und bis heute sind diese gammeligen Aktien nicht zurückgekommen. Was meinen Broker angeht – sagen wir einfach, dass er nicht mehr mein Freund ist.

Innerhalb von weniger als sechs Monaten hatte ich fast 80 Prozent meiner Anlagesumme verloren. Nachdem die Börse in den Keller gefallen war, gab ich es für eine Zeitlang auf, weil alles so sinnlos erschien. Ich schaute nicht mehr CNBC. Ich wandte mich vom König der Fernsehfrisuren, Joe Kernan, ab und gab sogar meine geliebte Maria Bartiromo auf, das personifizierte Geldliebchen. Mir blieb nichts übrig, als mich in einer Ecke zusammenzurollen und meine Wunden zu lecken.

Erst Wochen später kroch ich wieder aus meiner kleinen, dunklen Höhle hervor. Ich trat in das Tageslicht, blinzelte und sah, dass sich die Börse schon wieder erholt hatte. Der Nasdaq markierte neue Höchststände.

Von meiner 150.000-Dollar-Investition waren mir noch rund 33.000 Dollar geblieben. Die Aktien lagen in meinem Depot wie Leichen nach einem Krieg. Ich fühlte mich wie jeder, der Geld verloren hat: Ich fühlte mich wie ein Verlierer. Ich dachte, mir würde niemals wieder etwas gelingen. Ich empfand mich in meinem Dasein als Mensch vollkommen gescheitert.

Aber mir wurde noch etwas Wichtigeres klar: Jemand hatte mir mein Geld abgenommen. Und dort wo ich herkomme, wenn du mir dort mein Geld abnimmst, dann nehme ich dir auch etwas ab! Ich drehte regelrecht durch. Ich nahm mir vor herauszufinden, wie ich mein Geld zurückbekomme.

Also las ich ein paar Bücher, abonnierte ein paar Informationsdienste und begann herauszufinden, wieso mir so etwas Schreckliches passiert war und wie ich mein Geld wieder bekommen konnte.

Für ein paar Tausend Dollar verkaufte ich meine schlechten Aktien und eröffnete ein Depot bei einem Online-Broker. Als erstes kaufte ich dann vier Call-Optionen auf AOL, weil diese Überflieger-Aktie Tag für Tag stieg. Falls die Aktie weiter steigen würde, dann würden meine Optionen Geld abwerfen. Eines Tages, nicht lange danach, sah ich, dass AOL zehn oder fünfzehn Prozentpunkte gestiegen war. Ich wusste nicht genau, was die Aktie nach oben trieb, aber ich wusste, dass ich Geld verdiente. Am nächsten Tag war es genau das Gleiche. Ka-chingo! Ein typischer AOL-Durchmarsch, wie er öfter auftrat. Ich entschied, dass ich herausfinden musste, warum das so war.

Mit einem besseren Gefühl las ich dann in einem Artikel, dass das Internet-Unternehmen Data Broadcasting CBS Marketwatch als eigenständige Gesellschaft abspalten wollte. Ich dachte mir, das müsste dem Mutterunternehmen Data Broadcasting eine Menge Geld wert sein. Dann stellte ich fest, dass Delia's, ebenfalls ein Internet-Unternehmen, gleichfalls einen Teil von sich selbst abspalten wollte, und zwar iTurf. Ich verkaufte alles, was an vergammelten Aktien noch in meinem alten Broker-Depot lag, und kaufte die Aktien der beiden Mutterunternehmen. Ein paar Wochen nach dem Kauf hatten sich die Kurse mehr als verdoppelt. Wow! Ich war restlos begeistert.

Ab diesem Punkt dachte ich, ich weiß, was ich tue! Und Broker sind eine Gefahr für die Gesellschaft! Zumindest im zweiten Punkt hatte ich Recht. Was den ersten Punkt angeht – nun, ich erkannte, dass ich noch viel lernen musste. Aber das Wichtigste war, dass ich ernsthaft darüber nachdachte, wie der Markt eigentlich funktioniert. Ich bin nicht handwerklich begabt und kenne mich nicht gut mit technischen Dingen wie Computern, Wasserleitungsrohren oder Kettensägen aus, aber ich kann mir ausrechnen, wie wahrscheinlich etwas ist. Und im Aktienhandel geht es um nichts anderes als um Wahrscheinlichkeiten.

Ich startete intensive Recherchen, um weitere Internetgesellschaften zu finden, die sich aufspalteten, ich fand einige und setzte auf sie. Ich begann das Spiel zur Perfektion zu treiben und versuchte zu berechnen, wann der absolut beste Zeitpunkt gekommen ist, Positionen einzugehen und wieder aufzulösen, zumindest so weit, wie man an der Börse überhaupt irgendetwas absolut Bestes ausrechnen kann.

Außerdem kam mir folgender Gedanke: Wenn dieses Spiel praktisch immer funktioniert, dann muss es auch noch andere Dinge geben, die regelmäßig funktionieren. Es gibt selbstverständlich weder an der Börse noch im Leben irgendetwas, das in 100 Prozent der Fälle funktioniert, aber man muss ja nicht mit allem richtig liegen, um viel Geld zu verdienen; man muss nur flexibel bleiben und die Verluste begrenzen, wenn man einmal falsch gelegen hat. Machen Sie sich Folgendes klar: Wenn man nur in 60 Prozent der Fälle richtig liegt und dort 15 Prozent im Plus liegt, seine Verluste aber auf sieben Prozent begrenzt, dann muss man Geld verdienen. In der Wirklichkeit ist es allerdings so, dass ich viel öfter richtig liegen kann – in etwa 80 Prozent der Fälle – und dass der Kursgewinn häufig weit, weit über 15 Prozent liegt. In Bullenmärkten kann er dank der Marktdynamik zwischen zehn und 400 Prozent liegen, manchmal sogar noch höher. In bärischen Zeiten liegt er immer noch zwischen fünf und 100 Prozent, und bei Optionen noch höher.

Da stand ich nun, machte Gewinn mit Aktien aufgrund meines eigenen Researchs und meiner eigenen Entscheidungen. Bis Anfang April hatte ich aus meinen 33.000 Dollar mehrere Hunderttausend gemacht, und es entwickelte sich ein angenehmes Gefühl der Unbesiegbarkeit: Ich habe diese irre Börse im Griff! Ich kann nicht verlieren! Sie haben dieses Gefühl wahrscheinlich auch schon einmal gehabt, zumindest für einen Tag, eine Stunde oder ein paar Minuten. Natürlich wird jeder zum Genie, wenn die Börse Tag für Tag nach oben geht, so wie es damals der Fall war. Die Menschen beginnen dann zu glauben, sie würde nie wieder fallen. Und das ist dann ein sehr gutes Zeichen dafür, dass sich der Markt seinem Höhepunkt nähert.

Selbstverständlich kam kurz nach dem Gefühl der Unbesiegbarkeit die Aprilkorrektur. Nun sind Kurskorrekturen ja an sich gut und heilsam für die Börse. Wenn ein Markt monatelang nur nach oben gehen und niemals Rücksetzer vollführen würde, dann würde er derart instabil werden, dass er am Ende auf einen Schlag vollständig zusammenbrechen und in Rauch aufgehen würde. Stattdessen aber steigt er eine Zeit lang und fällt dann wieder ein wenig zurück, um sich auf den nächsten Schritt nach oben vorzubereiten. In einem gesunden Markt gehören Korrekturen einfach dazu; wir müssen nur darauf vorbereitet sein und sie zu unserem Vorteil nutzen. Nebenbei gefragt: Wenn alles im Leben immer nur gut wäre, wüssten wir dann überhaupt, was „gut“ bedeutet?

Aber im April 1999 hatte ich noch nicht gelernt, wie man Geld verdient, wenn die Börse absäuft. Ich war im Januar an die Börse zurückgekehrt, und das war ein günstiger Zeitpunkt; der Boden war fast erreicht, und es begann ein regelrechter Lauf nach oben. Ich hatte gutes Geld verdient, und als die Korrektur kam, gab ich so ziemlich alles zurück. Was in bullischen Zeiten funktioniert, funktioniert in einer Korrekturphase nicht. Man mag die beste Aktie der Welt besitzen – wenn eine Korrektur eintritt, ist die Wahrscheinlichkeit hoch, dass sie ebenso wie alle anderen Schläge einstecken muss.

Das Seltsame an der ganzen Sache war, dass ich ziemlich sicher gewesen war, dass eine Korrektur kommen würde. Ich hatte gelesen, dass Internetaktien nach den Ergebnisberichten im März und Anfang April normalerweise Verkaufswellen unterliegen. Also lag es nahe, dass die Marktkorrektur in dieser Zeit stattfinden würde. Ich wusste jedoch nicht, was ich damit anfangen sollte. Ich hielt meine Aktien einfach weiter, schaute zu, wie sie fielen und dachte, wow, ich sitze ganz schön in der Tinte. Ich shortete keine einzige Aktie – das heißt geborgte Aktien teuer verkaufen, um sie zu kaufen und zurückzu-

geben, wenn der Kurs gefallen ist –, weil ich davor Angst hatte. Ich hatte gehört, dass man durch Shortselling alles verlieren kann – das Haus, die Kinder und den Hund! Das grundlegende Rüstzeug, das man braucht, um in allen Marktlagen zu profitieren, musste ich mir erst noch aneignen.
Jetzt war es an der Zeit zu lernen, wie man in einer Korrekturphase tatsächlich Geld verdient, und auch in den von Anlegern am meisten gefürchteten Zeiten – Bärenzeiten. Ich brachte mir selbst das Shortselling bei, indem ich mit kleinen Transaktionen anfing. Außerdem begrenzte ich meine Verluste von da an streng, wenn auch nur ein Geschäft daneben ging. Und ich nahm weiterhin alles auf, was das Verhalten des Marktes betraf. Ich schaute CNBC, ich betrieb Unternehmensresearch und suchte nach Mustern, die mir erklären sollten, warum die Händler in der Weise auf Nachrichten, Wirtschaftsdaten und technische Marktfaktoren reagieren, wie sie es tun. Ich tauschte mich mit anderen Tradern aus und blieb nächtelang auf. Als der Markt wieder nach oben ging, gewann ich mein Geld zurück und noch ein bisschen mehr. Als drei Monate später, im Juli 1999, die nächste Korrektur kam, war ich schon besser vorbereitet und schaffte es durch Shortselling, in der Abwärtsbewegung Geld zu verdienen. Seither ist es mir in Bärenmärkten immer gut ergangen, und ich empfand den Niedergang der Technologieaktien 2000 und 2001 als aufregende Kaufgelegenheit.
Inzwischen kann ich in allen Marktlagen Geld verdienen und das Gewonnene bewahren. Wenn Sie in guten wie in schlechten Tagen Geld verdienen wollen oder zumindest das Ihre erhalten wollen, dann müssen Sie lernen, die gleichen Methoden anzuwenden.
Dass Sie dieses Buch aufgeschlagen haben, war der erste Schritt auf dem Weg zum erfolgreichen Trader. Wie immer wenn man seine Lage verbessern will, ist auch hier Erscheinen schon die halbe Miete. Die andere Hälfte wird in den restlichen Kapiteln beschrieben. In diesen Kapiteln zeige ich Ihnen, wie Sie ein besserer Aktienhändler oder Anleger werden, indem Sie Ihre Strategie neu überdenken, einen passenden Investitionsstil finden, die Psychologie des Marktes verstehen und die psychologischen Achillesfersen umgehen, dank deren Sie Verlust bringende Entscheidungen treffen könnten. Ich zeige Ihnen gute und schlechte Auswahlverfahren für Aktien, wie Sie eine Aktie Gewinn bringend vom Start zum Ziel bringen und wie Sie Gewinn machen können, wenn der Markt bärisch tendiert. Sie werden Techniken der Geldverwaltung lernen, denn dies ist das Allerwichtigste beim Trading, und Sie werden lernen, wie man sich von einem großen Verlust wieder erholt. Und am Ende zeige ich Ihnen dann noch, dass Aktienhandel und finanzieller Erfolg keine Ziele an sich sind, sondern Mittel zum Zweck, mit dem Ziel, Ihr Leben zu bereichern.

Für mich geht es im Leben immer darum, Träume zu verwirklichen, seien es nun finanzielle oder andere.

Dieses Buch ist für Anfänger im Aktienhandel ebenso geeignet wie für diejenigen, die schon Erfahrung haben, die aber einmal innehalten und ihre Strategie überarbeiten wollen. Wenn Sie schon Erfahrung im Aktienhandel haben, finden Sie in diesem Buch vielleicht Grundsätze und Informationen, von denen Sie schon einmal gehört haben. Dann ist es gut. Ich habe mit Tradern und Anlegern jeglicher Couleur zusammengearbeitet, und ich habe selbst bei Menschen mit viel Erfahrung erlebt, dass sie immer wieder die gleichen ähnlichen Fehler begehen. Vielen hat es geholfen, die grundlegenden Prinzipien einmal erklärt zu bekommen und dann immer und immer wieder zu wiederholen. Es liegt in der Natur des Menschen, wider besseres Wissen Dinge zu tun, die man nicht tun sollte. Deswegen ist es unschätzbar wertvoll, seine eigenen psychischen Neigungen zu analysieren. Um erfolgreich mit Aktien zu handeln und Geld anzulegen, muss man die Grundregeln fest im Gedächtnis behalten und sie regelmäßig befolgen.

Paul Newman hat einmal gesagt, er sei zu dem geworden, was er ist, weil er die Gaben, die ihm zur Verfügung standen, angenommen habe. Die Börse hält unschätzbare Gaben für denjenigen bereit, der bereit ist sie anzunehmen. Wenn man es zulässt, kann einen die Börse aber auch innerhalb von Tagen vernichten, und sie wird sich hinterher nicht dafür entschuldigen. Vielleicht haben Sie schon Geld an der Börse verloren und haben dieses Buch zur Hand genommen, weil Sie lernen wollen, ihr Trading-Geschick zu verbessern. Auf den vorliegenden Seiten zeige ich Ihnen, wie Sie die intellektuellen, psychischen und emotionalen Voraussetzungen erwerben, die staunenswerten Gewinne zu empfangen, die der Aktienmarkt bietet. Ich werde Ihnen beibringen, wie man erfolgreich mit Aktien handelt und wie man die Fußangeln vermeidet, in die viele andere getreten sind, während sie sich mit Wall-Street-Profis, Chatroom-Manipulierern und panischen Anlegern herumgeschlagen haben. Egal ob Sie drei Tausend oder drei Millionen Euro haben, ich werde Ihnen beibringen, wie man auf Gewinn setzt.

Trading ist harte Arbeit. Es erfordert Disziplin, Geduld, Flexibilität, geistige Offenheit und die Bereitschaft, täglich zu lernen. Auf denjenigen, der diszipliniert genug ist, um beständig sicher und verantwortungsvoll zu handeln, wartet ein reicher Lohn. Für mich besteht die größte Belohnung, die ich durch das Trading bekommen habe, darin, den Menschen mit begrenzten Mitteln helfen zu können, denen noch vor wenigen Jahren der Zugang zu Börse durch teure Maklergebühren versperrt war. Auch wenn die Börse noch immer kein

vollständig ebenes Spielfeld ist, haben jetzt Trader mit kleinen Depots immerhin die Möglichkeit, den Lohn zu ernten, der noch vor kurzem den Börsenprofis und den Großanlegern vorbehalten war.
Wir treffen uns auf der anderen Seite!

Der innere Schweinehund
Was für ein Typ sind Sie?

Zum Inhalt dieses Kapitels:

- Warum jeder anfällig für eigenschädliches Verhalten ist.
- Typische Beispiele für eigenschädliches und gefährliches Verhalten.
- Warum man seinen inneren Schweinehund erkennen muss.
- Wie man den inneren Schweinehund überwindet und zum erfolgreichen Aktienhändler wird.

Der innere Schweinehund will Geld verlieren

Nach Siegmund Freud hat jeder in seinem Inneren eine geheime Todessehnsucht. Das Gleiche gilt für den Handel mit Aktien. Tief in seinem Inneren hat jeder eine finanzielle Todessehnsucht. Ob man ein Gewinner oder ein Verlierer ist, hängt davon ab, ob man sie unter Kontrolle bekommt.

Ob Freud wohl ein guter Aktienhändler gewesen wäre? Ich bin zwar nicht ganz sicher, aber ich glaube schon. Alles, was mit der Börse zu tun hat, macht weitaus mehr Sinn, wenn man es im Hinblick auf die menschliche Natur und die Psychologie betrachtet. An manchen Tagen möchte man fast denken, die Börsenpsychologie sei abnorm, eine Art Massenwahn oder Massenpsychose, aber in Wahrheit ist es viel einfacher. An der Wall Street wird Ihnen jedermann sagen, dass der Markt nur von zwei Dingen angetrieben wird – Angst und Gier – und im Großen und Ganzen kontrolliert der Eigennutz der Trader tatsächlich die Börse.

Aber nicht alles, was Anleger und Händler tun, liegt in ihrem eigenen Interesse. Insbesondere gilt dies für Newbies (Neulinge) und nicht-professionelle Trader. Es ist eine üble Verstrickung der menschlichen Natur, dass wir unbewusst Wege finden, unsere eigenen Anstrengungen zunichte zu machen und Dinge zu tun, die uns mehr schaden als nützen. Diese Neigung ist unsere finanzielle Todessehnsucht, die ich als „inneren Schweinehund" bezeichne. Er bringt uns dazu, Dummheiten zu begehen und uns dann zu fragen, warum wir das getan haben.

Vielleicht schmeckt Ihnen dieser Gedanke zunächst überhaupt nicht, und Sie werden fragen: Wieso sollte jemand versuchen, finanziell zu scheitern, es sei denn, er wäre geistig verwirrt? Wieso sollte sich jemand selbst an einem Ort wie der Börse sabotieren, wo jeder nur auf seinen eigenen Vorteil aus ist? Hey, Batman, beantworte mir folgende Rätselfrage: Worin besteht der Evolutionsvorteil einer finanziellen Todessehnsucht?

TRADERSPRÜCHE:

Ein **Newbie** ist ein unerfahrener Trader, der neu an der Börse ist.

Die theoretischen Erklärungen überlasse ich lieber der psychologischen Literatur. Ich kann nur so viel sagen:

Die finanzielle Todessehnsucht existiert wirklich, und niemand an der Börse ist dagegen immun. Ich erlebe täglich Trader, die ihr zum Opfer fallen. Die dahinter stehende Motivation ist wahrscheinlich bei jedem Menschen eine andere, und welche die Ihre ist, das mag Ihr Therapeut herausfinden. Wichtig ist nur, dass Sie Ihren inneren Schweinehund erkennen und ihn daran hindern, Sie Geld verlieren zu lassen.

Typische Beispiele für eigenschädliches Verhalten bei Aktienhändlern

Ein paar Beispiele werden klar machen, was ich meine. Hier finden Sie ein paar sehr häufige Beispiele für eigenschädliches Verhalten, von denen die meisten Trader glauben, sie seien dagegen immun. Aber wenn ich jedes Mal, wenn ich dieses Verhalten beobachte, einen Dollar bekäme, dann würde ich jedem Exemplar meines Buches einen Sushi-Gutschein beilegen, Ehrenwort!

1. NEWBIES STÜRZEN SICH MIT BEGEISTERUNG AUF DEN MARKT

Wie viele Tausende von Menschen eröffnen in bullischen Zeiten ein Depot bei einem Online-Broker? Wie viele andere kaufen bestimmte Aktien nur deshalb, weil sie gehört haben, sie seien „heiß"? Viele Hunderttausend. Viele dieser Menschen haben absolut keine Erfahrung mit Aktienhandel oder Geldanlage. Viele sind derart begeistert, dass sie jetzt Aktionär oder Marktteilnehmer werden oder sich einfach nur im Geld suhlen, dass sie es kaum erwarten können, sich kopfüber hineinzustürzen, egal ob sie dafür wirklich bereit sind oder nicht. Aber nicht nur Trader, die neu im Geschäft sind, springen ohne vorher zu schauen. Sogar erfahrene Trader verspüren manchmal einen Schauer irrationalen Überschwangs, wenn sie etwas sehen, das vielleicht zu schön ist, um es zu verpassen. Außerdem scheint es – auf den ersten Blick – leichter und angenehmer zu sein, loszustürzen und die Jetons einfach irgendwo hinzuwerfen. Und genau das passiert dann auch, denn halbherzig einzusteigen ist eine Casino-Mentalität. Das ist nicht besser als auf der Rennbahn zu wetten, Karten oder Roulette zu spielen. Der Aussage, dass impulsive Glücksspielerei eigenschädliches Verhalten ist, würden nur wenige widersprechen, aber das blinde Vertrauen unserer Gesellschaft in den Aktienmarkt macht uns glauben, dass es etwas anderes ist, sein Geld in Aktien zu stecken. Es ist aber nichts anderes. Es ist das Werk des inneren Schweinehunds.

Die Methode, diese Art des inneren Schweinehunds im Zaum zu halten, besteht darin, die nötige Disziplin und das nötige Geschick für den Aktienhandel zu erlernen und auszuüben. Stellen Sie es sich als eine Art Kampfkunst mit ihrer eigenen Art spiritueller Schönheit vor. Die nachfolgenden Kapitel helfen Ihnen beim Lernen. Es ist Ihre Aufgabe, jeden Tag weiter zu lernen und das Gelernte dafür zu verwenden, jede Handelsentscheidung auf intelligente Weise zu treffen. Das ist der Weg zum Zaster!

2. DAS BLINDE VERTRAUEN DES ANLEGERS IN DIE EMPFEHLUNGEN DER WALL STREET

Es ist eines der selbstzerstörerischsten Dinge, die ich mir vorstellen kann, die Anlageempfehlungen eines Brokers oder Analysten blind zu befolgen. Ich muss es ja wissen, denn ich habe es nicht nur einmal, sondern zweimal getan, und ich sage Ihnen, ich habe beide Male kräftig verloren! Die Versuchung ist groß, sein Geld einfach „in gute Hände" zu legen – oder in das, was man für gute Hände halten will. Man stellt sich das so ähnlich vor, wie wenn man seine Wertsachen in ein Schließfach legt. Langfristig gesehen steigt die Börse doch immer, oder? Und Aktienkauf ist doch die beste Anlageform, oder nicht? Sind nicht viele Menschen durch geschickte Investitionen reich geworden? Ist das nicht der American Way?

Man muss sich unbedingt klar machen, dass der Markt alles andere als ein Schließfach ist. Ebenso wenig trifft das auf Aktienbroker zu. Erstens gibt es an der Börse keine Sicherheit. Zweitens sind die Interessen eines Brokers und Ihre Interessen nicht die gleichen, sondern häufig sogar vollkommen entgegengesetzt, denn der Broker bekommt seine Kommission, wenn Sie Aktien kaufen, egal ob die Aktien gut sind oder nicht.

Die vornehmliche Aufgabe eines Brokers ist die Abwicklung von Aktiengeschäften. Einem Broker blinden Glauben zu schenken ist so ähnlich wie zu erwarten, dass McDonald's einen gesunden Ernährungsplan erstellt. McDonald's wird empfehlen, was im Sortiment ist, egal ob es gesund ist oder nicht. Und deshalb sind Broker überflüssig wie ein Kropf!

Noch schlimmer sind Aktienanalysten, zum Beispiel im Fernsehen. Sie sind eigentlich Verkäufer, die dafür bezahlt werden, dass sie die Aktien von Unternehmen schön reden, die zu den Kunden ihrer Firma gehören. Analysten sind überflüssig wie ein Kropf! Und die Manager von Investmentfonds müssen die Mittel des Fonds auf jeden Fall investieren, egal ob der Zeitpunkt günstig ist oder nicht, und sie kassieren Verwaltungsgebühren, egal ob der Fonds zulegt oder verliert.

In Kapitel 6 erkläre ich Ihnen eine Form der Manipulation, die als „window dressing" bezeichnet wird; mit dieser Methode lassen Fondsmanager ihre Fonds in jedem Quartal wie Gewinner aussehen.

Ihr innerer Schweinehund sieht es gern, wenn Sie sich bequem zurücklehnen und auf das Urteil anderer vertrauen. Das ist viel leichter als sich selbst weiterzubilden, und schließlich sind die anderen Profis! Aber sie setzen niemals ihr eigenes Geld aufs Spiel, und sie profitieren von Ihren Transaktionen, egal ob Sie auch davon profitieren oder nicht.

Sie können dieses fehlplatzierte Vertrauen überwinden, wenn Sie sich entschließen, Ihre finanzielle Zukunft selbst in die Hand zu nehmen und zu lernen, wie man die Anzugträger von der Wall Street mit ihren eigenen Waffen schlägt. Es macht eine Menge Spaß, den so genannten Profis meilenweit voraus zu sein!

3. DER KLEINAKTIONÄR STREUT SEINE POSITIONEN NICHT BREIT GENUG

Eine weitere Versuchung, mit der Ihnen der innere Schweinehund vor der Nase herumwedelt, besteht darin, Ihr ganzes Geld in ein oder zwei Aktien zu stecken, von denen Sie hoffen (bei diesem Wort sollten Sie immer aufhorchen!), dass sie extrem steigen werden. Die Argumentation geht folgendermaßen: Warum sollte man dadurch Bares verschwenden, dass man das Geld auf zu viele Aktien verteilt? Anleger mit sehr kleinem Vermögen (unter 5.000 Euro) sind außerdem versucht, alles auf eine Karte zu setzen, weil bei sehr kleinen Anlagesummen die Transaktionsgebühren den Gewinn deutlich schmälern (Siehe Kapitel 2, dort steht, wie man seine Handlungskapazität realistisch abschätzt).

Der Knackpunkt bei der fehlenden Streuung besteht darin, dass dadurch zwar die Gewinne von einzelnen Aktien oder Sektoren verwässert werden, dass aber auch die Verluste abgefangen werden, wenn eine Aktie oder ein Sektor in Rauch aufgeht. Es ist sehr, sehr riskant, sein ganzes Geld auf eine Karte zu setzen – so etwas gehört zu den Lieblingsbeschäftigungen des inneren Schweinehunds, denn er sieht nur die Mäuse blinken, die abfallen, wenn alles gut geht. Der innere Schweinehund giert nach dem Gewinn und denkt nicht an Verlust.

Wieder einmal führt der beste Weg, den inneren Schweinehund in den Griff zu kriegen, über Lernen und Disziplin. Über beides werden Sie in den nachfolgenden Kapiteln viel erfahren.

4. DER PERFEKTIONISTISCHE DAYTRADER NIMMT NICHT EINMAL KLEINE VERLUSTE IN KAUF

Manche Menschen halten sich für gute Trader, aber dieser Glaube behindert sie und macht sie zu schlechten Tradern. Wer ein guter Trader sein will – und wer will das nicht? –, glaubt manchmal, er müsste mit jedem Handel richtig liegen. Wenn eine Aktie zu fallen beginnt, von der ein solcher Trader dachte, sie würde steigen, und wenn klar wird, dass der Handel nicht nach Plan verläuft, dann will er die Aktie halten, bis sie irgendwann wieder steigt. Er redet sich ein, dass das irgendwann passieren wird. Er will bei keinem Geschäft auch nur einen einzigen Cent verlieren, und in den meisten Fällen läuft es darauf hinaus, dass solche Menschen nicht zugeben können, wenn ein Handel daneben gegangen ist.

So etwas ist reine Sturheit und vollkommen sinnlos. Und wenn man genauer darüber nachdenkt, erscheint es dann nicht unglaublich arrogant zu denken, man könnte bei jedem Geschäft richtig liegen?

Eine Verliereraktie zu halten, die immer weiter fällt, und dadurch immer mehr Geld zu verlieren, ist aus verschiedenen Gründen finanziell eigenschädliches

Verhalten. Erstens besteht die Möglichkeit, dass die Aktie nie wieder zu dem alten Stand zurückkehren wird. Aber selbst wenn sie es zweitens doch noch tut, bindet eine Verliereraktie Kapital und versperrt über Tage, Wochen oder Monate gute Kaufgelegenheiten. Am Ende findet man sich dann bei null wieder, anstatt Kohle zu scheffeln, was ja der Hauptgrund ist, weshalb man mit Aktien handelt. Drittens ist das starrköpfige Halten von Aktien ein Beispiel für unkonzentriertes, planloses Trading sowie für einen Mangel an Disziplin, der dazu führen kann, dass man sein ganzes Geld verliert.

„Moment mal!“, sagt der innere Schweinehund. Einen Verlust einfach zu akzeptieren ist doch dumm, denn die Aktie wird sofort steigen, wenn Sie sie verkauft haben – Murphy's Law wird schon dafür sorgen!

Sicher ist so etwas möglich. Alles ist möglich, aber wichtiger ist, was wahrscheinlich ist. Und es ist mindestens ebenso wahrscheinlich, dass die Aktie erst noch tiefer fällt, bevor sie wieder steigt. Wenn der Trader in diesem Fall vorher ausgestiegen wäre und es einen guten Grund für die Vermutung gegeben hätte, dass sie später wieder steigt, dann wäre immer noch genug Zeit geblieben, sie zu kaufen und ein paar Cent zu verdienen, weil man sie zu einem niedrigeren Preis bekommen hätte.

Und selbst wenn eine Aktie sofort nach dem Verkauf wieder steigen sollte – dann muss man sich klar machen, dass dies in vielen, vielen Fällen nicht so sein wird, wenn es zur Gewohnheit wird, ausgesprochen schlechte Geschäfte zu machen. An Verlieren zu hängen ist eine Verliererstrategie.

Jeder Trader muss kleinere Verluste in Kauf nehmen. Wenn Sie nicht dazu bereit sind, kleinere Verluste in Kauf zu nehmen oder nicht die nötige Disziplin aufbringen, dann sollten Sie nicht traden.

5. DIE STIMMUNGSSCHWANKUNGEN DES EMOTIONALEN TRADERS ZWISCHEN DEM GEFÜHL DER UNBESIEGBARKEIT UND PANIK

Erinnern Sie sich an die Geschichte von Mr. Loser? Wenn seine Aktien steigen, fühlt er sich unbesiegbar (ich bin eins mit dem Markt!) und kauft immer weiter. Wenn der Kurs fällt, gerät er in Panik, verkauft und verzehrt sich in Selbsthass (ich habe Mist gebaut!). Anstatt niedrig zu kaufen und hoch zu verkaufen, kauft Mr. Loser hoch und verkauft tief; und das ist ein todsicherer Weg, Geld zu verlieren.

Der emotionale Trader muss die Funktionsweise des Marktes verstehen lernen – was er vom Markt erwarten kann und wie er von ihm bekommt, was er oder sie möchte. Dann muss er genug Geschick und Disziplin entwickeln, um seinen emotionalen inneren Schweinehund zur Ruhe zu bringen und auf sein eigenes Urteilsvermögen zu vertrauen.

6. DER UNKONZENTRIERTE TRADER VERSUCHT AN SCHLECHTEN TAGEN ZU HANDELN

Es gibt immer Tage, an denen man nicht traden sollte. Es gibt Tage, an denen man einfach nicht so kann, wie man will. Wenn Sie sich krank oder überreizt fühlen – ob Sie nun eine Grippe haben, gerade ein unangenehmens Gefühlserlebnis hatten, eine unangenehme Überraschung erlebt haben oder Ihnen die ganze Welt nicht passt – nehmen Sie sich einen Tag frei. Im Falle körperlichen Schmerzes können Sie nicht gut handeln, weil Sie sich nicht genügend konzentrieren und so das Richtige tun können. Sie sind dann vielleicht nicht vorsichtig genug, und Sie verderben die Sache.

Wenn Sie emotionale Schmerzen haben, dann passen Sie erst recht nicht genug auf. Vielleicht leiden Sie unter Kummer, Schuldgefühlen oder Selbsthass. In solchen Gemütszuständen wollen Menschen unbewusst nicht gewinnen. Unbewusst wollen sie Dinge tun, die ihnen selbst schaden, oder sie wollen sich selbst bestrafen. Niemand muss täglich handeln. Tun Sie sich an schlechten Tagen etwas Gutes. Gehen Sie spazieren oder nehmen Sie ein heißes Bad. Der Markt hat am nächsten Tag immer noch Zeit.

Welche Muster treffen auf Sie zu?

Der Trader macht nur einen Teil der üblichen Fehler und wiederholt sie dann. Ich bin sicher, dass Ihnen einige davon bekannt vorkommen. Welche könnten auf Sie zutreffen? Welches sonstige riskante Verhalten, durch das Sie Geld verlieren könnten, haben Sie wiederholt gezeigt? Die beschriebenen und andere Fehler werden häufig durch „die sieben Todsünden und die Angst“ hervorgerufen, die ich in Kapitel 5 abhandle. Wie ein Teufelchen, das auf Ihrer Schulter sitzt, will Sie der innere Schweinehund dazu überreden, diese Börsensünden zu begehen. Der innere Schweinehund redet Ihnen ein, unnötige und nicht zu rechtfertigende Risiken einzugehen. Er überzeugt Sie davon, dass diese Risiken sinnvoll sind.

Sie sollten jetzt erkennen, welche Formen Ihr innerer Schweinehund am liebsten annimmt. Manchmal verwandelt er sich von einer Gestalt in die andere, um Sie unvorbereitet zu erwischen. Es ist Ihre Aufgabe zu merken, wann der innere Schweinehund am Werk ist. Wenn Sie erst einmal seine Einflussnahme erkennen, können Sie seine Macht einschätzen und ihn beherrschen.

Ich kann ein Lied davon singen. Ich habe eine Weile gebraucht, um herauszufinden, wie ich unbewusst meine Aktiengeschäfte sabotierte und zu vermeiden, immer wieder die gleichen Fehler zu machen. Am Anfang handelte ich gefühlsbetont, hatte immer Angst, den Zug zu verpassen; ich rannte steigenden Aktien nach, bezahlte sie zu teuer und verkaufte sie dann panisch, um zu große

Verluste zu vermeiden. Ich folgte diesem Kreislauf so lange, bis mein gesamtes Anlagevermögen weg war. Als ich schließlich lernte, wie man nach Plan investiert und Einstiegs- wie Ausstiegspunkte für alle Transaktionen festlegt, bekam ich das Verliererschema in den Griff.

Als ich gelernt hatte, intelligenter zu kaufen und zu verkaufen, sah ich, dass meine größte Schwäche in der mangelnden Streuung lag. Ich ließ mich von einer vielversprechenden Aktie dermaßen mitreißen, dass ich zu viel Geld hineinsteckte und sie zum Risiko wurde. In Kapitel 5 bezeichne ich dies als das Laster der Unersättlichkeit. Man könnte es auch als „alles auf einen Handel" bezeichnen. Diese Art des schlechten Aktienhandels kostete mich mehrmals ein Vermögen. Beim ersten Mal überlud ich mein Depot mit der Erstemission eines sich abspaltenden Tochterunternehmens, von der ich dachte, sie würde zur Mutter aller Trendinvestitionen werden. Mir war zu dem damaligen Zeitpunkt nicht klar, dass sich die Börsenlage zum Schlechteren wendete und der Trend auf absehbare Zeit abwärts zeigte (in Kapitel 6 erfahren Sie mehr darüber wie und warum es funktioniert, auf Trends zu setzen). Der prozentuale Verlust war zwar nicht unbedingt niederschmetternd, aber ich hatte so viel Geld in die eine Aktie gesteckt, dass ich allen Gewinn verlor, den ich in den vorangegangenen drei Monaten gemacht hatte.

Das zweite Mal, als ich mich beim Aktienhandel von der Unersättlichkeit leiten ließ, war ich bloß ein kleines bisschen schlauer. Anstatt den Großteil meines Geldes in eine Aktie zu investieren, investierte ich es in viele Aktien – des gleichen Sektors. Der Biotechnologiesektor war ultra-heiß gewesen, die Aktien großer und kleiner Unternehmen stiegen um 15 bis 40 Prozent am Tag; und wenn es gute Nachrichten gab, stiegen sie an einem Tag sogar um mehrere Hundert Prozent. Ich besaß also einen ganzen Stall dieser netten kleinen Rennpferdchen, sie stellten etwa die Hälfte meines Portfolios.

Nach kurzer Zeit krachten die Biotechs unter einem Berg von Reagenzgläsern und Laborkitteln zusammen. Ich hatte den Ärger sogar vorausgesehen, aber ich war derart große Positionen eingegangen, dass ich sie nicht schnell genug verkaufen konnte, um große Verluste zu vermeiden. Hätten Sie gedacht, dass ein sehr umfangreiches Depot zum Problem werden kann? In Kapitel 2 geht es um die spezifischen Probleme, die sehr große Depots stellen. So tappte ich also in die Falle wie ein riesiges, langsames wildes Tier, das trotz seiner Kraft seinem Schicksal nicht entgehen kann.

Inzwischen habe ich gelernt, den Hang meines inneren Schweinhunds zur Unersättlichkeit genau im Auge zu behalten. Ich habe gelernt, nein zu der Versuchung zu sagen, volles Rohr auf eine Aktie, einen Sektor oder einen Investitionsstil zu setzen. Ich habe gelernt, beweglich zu bleiben und mit dem Markt

zu gehen, anstatt zu erwarten, dass der Markt das tut, was ich mir vorstelle.
Meine zweite Schwäche ist ebenfalls emotionaler Natur: emotional schlechte Tage. Aber ich weiß jetzt, dass ich nicht jeden Tag handeln muss.
Wenn ich also wütend bin oder einfach nicht in Börsenstimmung, ob ich der Aktien überdrüssig bin oder ob ich zu viele andere Dinge im Kopf habe, dann tue ich einfach etwas anderes. Es erfordert Achtsamkeit, zu erkennen, wann man nicht in der Lage ist zu handeln, und es erfordert Disziplin, sich an solchen Tagen zurückzuhalten. Aber glauben Sie mir: Der Lohn dafür wird königlich sein. An den Tagen nämlich, an denen man handelt, muss man auf Sieg spielen!

Machen Sie den ersten Schritt zur Verbesserung ihrer Trading-Gewohnheiten

Wie können Sie die eigenschädlichen Verhaltensmuster in den Griff bekommen, die Sie beim Aktienhandel hemmen? Zwei Dinge können Sie sofort tun.

SCHRITT 1:

Identifizieren Sie die Arten riskanten Handelns, die Sie bei sich am häufigsten beobachten. Tun Sie dies mit brutaler Ehrlichkeit. Hier geht es ums Eingemachte, da gibt es keine Ausflüchte. Schreiben Sie die Verhaltensweisen auf, und ordnen Sie sie nach Wichtigkeit.

SCHRITT 2:

Zweitens und wichtigstens muss es Ihr höchstes Ziel sein, zu verstehen und innerhalb Ihrer Grenzen zu bleiben. Auf genau diese Art werden Gewinner zu Gewinnern – an der Börse, im Sport, in der Politik und überall sonst. Ihr innerer Schweinehund wird Sie immer begleiten. Wenn Sie Ihre Schwächen verleugnen und sie nicht sehen wollen, dann sind Sie verwundbar und werden verlieren. Wenn Sie Ihre Begrenzungen akzeptieren und daran arbeiten, dann lernen Sie, wie Sie am effektivsten mit Aktien handeln und die Fallen vermeiden, die Ihnen der innere Schweinehund immer stellen wird.

SPIELREGEL

Beherrschen Sie Ihren inneren Schweinehund.

SPIELREGEL

Machen Sie an schlechten Tagen einen Spaziergang.

SPIELREGEL

Spielen Sie auf Sieg!

Es wird konkret
Schätzen Sie Ihren Trading-Rahmen

Zum Inhalt dieses Kapitels:

- Was mit Online-Trading aufgrund Ihrer persönlichen Begrenzungen realistischerweise möglich ist
- Einschätzen von zeitlichen Beschränkungen
- Einschätzen der finanziellen Grenzen
- Warum Margin Trading (Trading auf Kredit) ein mächtiges und nützliches Werkzeug ist
- Warum man mit Margin Trading vorsichtig sein muss, vor allem in unsicheren Marktlagen
- Einschätzen von Einschränkungen des Online-Zugangs
- Wie man den passenden Online-Broker findet

Realistisch bleiben

Sie haben sicher schon Anzeigen gelesen, die den Menschen Angst vor Online-Brokern machen und sie den gebührenträchtigen herkömmlichen Brokern in die Arme treiben sollen; Sie wissen schon: die Anzeigen, die ein oder zwei Jahre nach jenen herauskamen, in denen es hieß, Online-Trading sei der Weg in die Zukunft, und niemand komme daran vorbei. Sie haben sicher schon von Menschen gehört, die in wahnsinnigen Online-Orgien ihr ganzes Geld verloren haben – aber vielleicht haben Sie von genauso vielen Menschen gehört, die damit eine schöne Stange Geld verdient haben. Ihre Freunde haben Sie davor gewarnt, online mit Aktien zu handeln. Sie erzählen Ihnen immer wieder Horrorgeschichten und schütteln missbilligend den Kopf.

Aber Sie wissen, dass man in allen Marktlagen Geld verdienen kann, egal ob Hausse oder Baisse. Und Sie glauben, dass Sie Lust auf Online-Trading haben und fähig sind, eine neue Methode zu erlernen. Vielleicht haben Sie eine Zeit lang mit Aktien geplänkelt und sich nun entschlossen, damit ernst zu machen. Vielleicht sind Sie auch schon ein gestandener Trader und müssen nur ein paar schlechte Angewohnheiten ablegen. Vielleicht sind Sie auch ein blutiger Anfänger, aber als Kämpfernatur bereit, jede Herausforderung anzunehmen. Was auch immer Sie sind, entscheidend ist, dass Sie sich näher mit dem Aktienhandel befassen wollen.

Die Weltuntergangspropheten haben in einem Punkt Recht: Online-Trading taugt nicht für jedermann ohne Ausnahme. Wichtig ist jedoch, dass es für viele Menschen geeignet ist – nur müssen unterschiedliche Menschen in verschiedenen Situationen jeweils anders damit umgehen. Das vorliegende Kapitel hilft Ihnen, Ihre Möglichkeiten und Begrenzungen zu erkennen, damit Sie konkret bestimmen können, wie Sie sich das Online-Trading zu Nutze machen können.

Realistische Einschätzung zeitlicher Einschränkungen

Trading erfordert einen gewissen Zeitaufwand. Sie müssen ausrechnen, wie viele Stunden Sie dieser Aufgabe widmen können, und Sie müssen Ihren Trading-Stil danach ausrichten. Fragen Sie sich dazu zunächst, wie viel Zeit Sie für die Tätigkeiten haben, die zum Trading gehören.

Die erste Frage, die Sie sich stellen müssen, ist die folgende: Wollen Sie in Vollzeit traden oder in Teilzeit, weil Sie noch einer anderen Arbeit nachgehen? Wenn Sie nicht gerade genügend Kapital haben, damit Sie vom Aktienhandel gut leben und ihr Finanzpolster selbst in schlappen Börsenzeiten erhalten können (siehe dazu den Abschnitt über finanzielle Beschränkungen), dann gebe ich Ihnen einen Rat, den auch jeder angehende Musiker oder Schauspieler zu hören bekommt: Geben Sie ihren Alltagsjob nicht auf. Mit anderen Worten: Beginnen Sie mit Trading als Teilzeitjob. Selbst wenn Sie nur nebenher traden, brauchen Sie ein bis zwei Stunden täglich, um den Markt und Ihr Depot zu beobachten und um mit den Aktien in Tuchfühlung zu bleiben, die Sie für interessant halten.

Insbesondere wenn Sie Trading als Fulltimejob betreiben, müssen Sie sich als Zweites fragen, wie viele Stunden außerhalb der Börsenzeiten Sie für das Trading übrig haben. Im Grunde kann man unbegrenzte Zeit damit verbringen, aber Sie müssen es nicht zu Ihrem Lebensinhalt machen. Wenn Sie nur vorhaben, morgens auf Nasdaq-Gaps zu spekulieren, dann brauchen Sie nur eine Stunde am Tag (vergleiche Kapitel 3 für eine Erklärung von auf- und absteigenden Gaps). Wenn Sie allerdings in Vollzeit traden, dann brauchen Sie schon etwas länger als nur von 9:30 bis 16:00 Uhr. Es reicht nicht, um 9:25 aus dem Bett zu steigen, den Computer einzuschalten, den ganzen Tag Geld zu scheffeln und sich von 16:05 Uhr bis Mitternacht mit Cocktails am Pool zu räkeln. Planen Sie jeden Tag eine Stunde außerhalb der Börsenzeiten ein.

Sie fragen vielleicht: „Was dauert denn da so lange?" Zwei Dinge sind dabei wichtig: Erstens Lernen, ein guter Trader zu werden, und das erfordert langfristige Beschäftigung damit und viel Zeit. Zweitens am Markt dranzubleiben, und dafür braucht man jeden Tag ein wenig Zeit. Denken Sie daran, Sie wollen den Markt in den Griff bekommen! Wer lernen will, ein besserer Trader zu werden, sollte alle verfügbaren Ressourcen nutzen, sie verarbeiten und immer wieder auf sie zurückgreifen. Und wenn Sie dann ein ziemlich guter Trader geworden sind (aber das Lernen hört niemals auf, glauben Sie mir), müssen Sie sich über die Marktbewegungen sowie über einzelne Aktien und Sektoren immer auf dem Laufenden halten.

Das nennt sich Research und ist unabdingbar. Sie sollten jederzeit über die aktuellen Stimmungen und Umstände an der Börse informiert sein, die sich täglich ändern können. Der Markt ist wie ein lebendiges Wesen, das Reize empfängt und darauf reagiert. Er unterliegt Stimmungen, er hat Gewohnheiten und eine Persönlichkeit. Den Markt verstehen zu lernen ist wie einen Menschen kennen zu lernen. Und wie beim Kennenlernen klappt es nur, wenn man über längere Zeit sehr aufmerksam ist.

Vor allem wenn Sie Anfänger sind, sollten Sie sich jeden Abend mit Aktien, Sektoren, Charts und Nachrichten beschäftigen. Dadurch verstehen Sie die Marktaktivitäten des Tages besser und können besser vorausahnen, was der Markt am nächsten Tag tun wird; so können Sie eine Strategie ausarbeiten und mögliche Trades auswählen. Sie sind täglich zwischen 7:30 und 9:00 aus dem Bett, schauen CNBC, beobachten Futures, lesen die Meldungen der vergangenen Nacht und verfolgen vielleicht auch den vorbörslichen Handel, der schon um 8:00 Uhr beginnt. Der außerbörsliche Handel dauert bis 19:00 oder 20:00 Uhr, je nachdem, welches elektronische Handelssystem (ECN, Electronic Communications Network) verwendet wird. Es ist schon die Rede von 24-Stunden-Handel, aber noch gibt es das nicht.

Der entscheidende Punkt ist, dass man kein erfolgreicher Trader sein kann, wenn man die Sache halbherzig betreibt! Die Jazzmusiker sagen immer, man muss seinen Beitrag leisten, umsonst bekommt niemand etwas. Trading ist Arbeit! Aber man muss nicht durchgehend von morgens bis abends damit beschäftigt sein. Entscheiden Sie sich für einen Trading-Stil und beachten Sie dabei, dass Sie die Zeit haben, ihm angemessen nachzugehen.

Realistische Einschätzung finanzieller Beschränkungen

Viele Menschen träumen von einem Dasein als Vollzeit-Trader, und das ist verständlich. Als Trader kann man zu Hause arbeiten – auch nackt, wenn man will –, man hat keinen Chef und keine Bürointrigen. Es gibt keine festgelegten Arbeitszeiten, Sie können sich einen Tag frei nehmen, wann immer Sie wollen. Man kann damit eine Menge Kohle machen. Erfolg oder Scheitern hängen nur von Ihnen ab.

Aber neben anderen Fragen, die Sie sich stellen sollten (Stört es mich nicht, den ganzen Tag vor dem Computer zu verbringen? Will ich meinen Job aufgeben?), ist eine Frage absolut entscheidend: Können Sie es sich (schon) leisten, vom Aktienhandel zu leben. Das hängt von der Beantwortung der folgenden beiden Fragen ab:

- Wie viel muss ich durchschnittlich in der Woche verdienen?
- Wie viel kann ich durchschnittlich in der Woche verdienen?

Wenn die Antwort auf die zweite Frage mit Abstand höher liegt als die Antwort auf die erste Frage, dann können Sie es sich vielleicht leisten, vom Trading zu leben. Wenn nicht, dann sollten Sie lieber noch warten.

Die Antwort auf die erste Frage sollten Sie eigentlich schon kennen. Sehr viel schwieriger ist die Beantwortung der zweiten Frage. Sie hängt von einer Anzahl Faktoren ab, die im Folgenden besprochen werden, aber letzten Endes hängt sie natürlich immer auch davon ab, wie viel Kapital Ihnen für den Aktienhandel zur Verfügung steht, denn Ihr potenzieller Ertrag wird durch die Größe Ihres Depots begrenzt. Ein Beispiel: Wie viel Euro verdienen Sie in der Woche, wenn Ihr durchschnittlicher Wochenertrag bei zwei Prozent liegt? Nun, ähem, zwei Prozent wovon? Wer aus einem Depot von 100.000 Euro zwei Prozent pro Woche bezieht, verdient in der Woche 2.000 Euro. Jemand, der 10.000 Euro einsetzt und zwei Prozent pro Woche macht, bekommt in der

Woche 200 Euro. Sie verstehen, was ich meine.

Wenn Sie ausrechnen, welche Summe Ihnen für das Trading zur Verfügung steht, denken Sie daran, dass Sie eine Reserve haben müssen – ein Finanzpolster –, wenn Sie damit Ihren Lebensunterhalt verdienen wollen. Das Polster brauchen Sie auch dann noch, wenn Sie schon ein fähiger Trader geworden sind und Sie recht regelmäßige Einkünfte haben. Wenn Sie Anfänger sind, sollte sie nur umso größer sein.

Es gibt Tage, an denen es keinen Sinn hat zu handeln, entweder weil die Börse schlecht läuft oder weil Sie körperlich oder geistig nicht in Form sind. Es kann Zeiten geben – manchmal wochenlang –, in denen der Markt stockt oder so wechselhaft ist, dass Handelsaktivitäten nur an Ihrem Depot nagen und Ihr Vermögen aufzehren würden. Wenn Sie also in Vollzeit handeln wollen, dann brauchen Sie genügend finanzielle Sicherheit, um niemals Angst vor dem Trading haben zu müssen. Wenn Sie Angst haben, ist es viel wahrscheinlicher, dass Sie Geld verlieren.

WAXIES SCHLAUE WALL-STREET-SPRÜCHE

Börsenangst macht es viel wahrscheinlicher, dass Sie Geld verlieren.

Nun nehmen wir einmal an, Sie wissen, wie viel Sie in Ihr Depot legen können. Dann stellt sich die knifflige Frage, mit welchem Ertrag Sie rechnen können.

Darauf gibt es keine zuverlässige Antwort, sondern nur vorsichtige Schätzungen. Der Ertrag hängt von einer Vielzahl von Faktoren ab, unter anderem von Ihrer Erfahrung und Ihrem Geschick, von der Marktlage, davon, ob Sie auf Kredit traden und ob Sie Ihrem Depot regelmäßig Geldbeträge entnehmen oder es wachsen lassen (Akkumulieren ist eine wahre Freude!). Lassen Sie uns jeden einzelnen Faktor betrachten.

Erstens Erfahrung: Wenn Sie ein blutiger Anfänger sind, sollten Sie damit rechnen, dass Sie in den ersten paar Monaten manchmal Geld verlieren, und danach immer noch ab und zu, aber seltener. Ich meine damit nicht, dass Sie damit rechnen sollen – Sie sollten niemals mit Verlusten rechnen, denn wer eine solche Verlierermentalität hat, findet Verluste anscheinend in Ordnung; und wenn sie in Ordnung sind, dann bringt man sich selbst zum Verlieren, anstatt alles Nötige zu tun, um zu gewinnen. Nebenbei: Wenn Sie damit rechnen zu verlieren, wozu handeln Sie dann überhaupt mit Aktien? Allerdings müssen Sie bereit sein, ein wenig Trading-Lehrgeld zu zahlen, und es wird eine Weile dauern, bis Sie ein beständiges Trading-Urteilsvermögen entwickelt haben.

WAXIES SCHLAUE WALL-STREET-SPRÜCHE

Rechnen Sie niemals mit Verlusten.
Lernen Sie stattdessen, mit dem Risiko umzugehen und es zu reduzieren.

Sehen Sie den Unterschied zwischen Verlusterwartung und Selbstschutz?

Der nächste Punkt ist Ihr Geschick. Nicht alle erfahrenen Trader haben die gleichen Trading-Fähigkeiten, und den meisten Menschen gelingen bestimmte Anlagestile besser als andere (in Kapitel 3 lesen Sie, wie Sie Ihren eigenen Trading-Stil finden). Aber wie viele Dinge gibt es denn, die jeder gleich gut kann? Nicht viele, so ist nun mal das Leben.

Andererseits sollte man niemals glauben, man komme über ein vorbestimmtes oder genetisch festgelegtes Geschicklichkeitsniveau nicht hinaus. Nichts da! Jeder Trader, der beste wie auch der schlechteste, kann seine Fähigkeiten durch Lernen und Üben verbessern. Ihr Geschick wird davon abhängen, welche Mühe Sie daran wenden, sich als Trader weiterzuentwickeln, und wie gut Sie die Spielregeln befolgen; es wird von Ihrem Temperament abhängen und vom Grad Ihrer Trading-Begeisterung. Ein Freund von mir namens Tiny, ein Guru der technischen Analyse, sagt immer: Glück = harte Arbeit + Disziplin + Gelegenheit.

Ein weiterer wichtiger Faktor, der Ihren Ertrag beeinflusst, ist die Börsenlage. Während des Bullenmarktfiebers vor ein paar Jahren waren durchschnittliche Wochenrenditen von 20 bis 30 Prozent oder noch mehr durchaus möglich. Auf gewissen Sektoren mag so etwas von Zeit zu Zeit wieder einmal passieren, aber man kann nicht darauf zählen. In gedrückteren Marktlagen bringt eine Kurserholung vielleicht eine Rendite von zwei bis fünfzehn Prozent, aber das geschieht nicht so häufig und hält auch nicht so lange an. Wenn der Markt abwärts tendiert und Sie vor allem short gegangen sind, ist Ihr Ertrag geringer als in bullischen Phasen. Das liegt daran, dass man durch Shortselling (Leerverkäufe) sein Geld maximal verdoppeln kann. Zumindest bei manchen Brokern kann man auch seine Positionen nicht aufstocken und kann nicht auf Margin kaufen. (Wenn Sie wissen wollen, warum, lesen Sie über Shorting in Kapitel 10 nach.) Und wenn sich der Markt im Zickzack auf und ab bewegt, ohne eine klare Richtung einzuschlagen, dann kann es schwer sein, beständig Geld zu verdienen. An solchen unergiebigen Tagen sollte man ernstlich in Erwägung ziehen, auf seinem Geld sitzen zu bleiben und es zu bewahren – zu wissen, wann man sich heraushalten muss, ist ein wichtiger Teil des Spiels.

Die Ertragsschätzungen gehen immer davon aus, dass Sie die Trading-Regeln beherrschen und nicht zahlreiche kostspielige Fehler begehen. Doch Sie sollten sich darüber im Klaren sein, dass es selbst unter dieser Annahme gelegentlich Wochen mit Nettoverlust geben wird, auch wenn Sie alles tun, um das zu vermeiden. Denken Sie daran, dass es um einen Marathonlauf geht, und nicht um einen Sprint. Der Schlüssel zum Erfolg ist dabeizubleiben sowie langsam, aber stetig Gewinn zu machen.

SPIELREGEL

Es geht um einen Marathonlauf, nicht um einen Sprint.

Was können wir künftig von der Börse erwarten? Natürlich kann man die Zukunft nicht voraussagen. Jeder, der behauptet, er könne es, will Sie hereinlegen. Für Trader ist die langfristige Markttendenz eigentlich unwichtig, denn Trader können in allen Marktlagen Geld verdienen. Gehen wir einfach davon aus, dass der Markt häufig die Richtung wechselt: Es wird einzelne Wochen geben, in denen 20 Prozent oder mehr möglich sind, Wochen, in denen Sie zwischen einem und fünf Prozent verdienen und Wochen, in denen Trading kaum möglich ist, weil der Markt richtungslos ist. Wenn Sie die Veränderung als einzige Marktkonstante betrachten, können Sie flexibel sein und schnell die Richtung wechseln. Sie können dann mit der Hauptströmung des Marktes schwimmen, und das ist das Gütesiegel guten Tradings.

Neben den Marktbedingungen ist die Frage, ob Sie Margin Trading betreiben, eine weitere wichtige Variable für Ihren potenziellen Ertrag.

Margin Investing ist, wenn es richtig eingesetzt wird, ein nützliches Werkzeug, das Ihre prozentuale Rendite um mehr als 100 Prozent erhöhen kann. Worin besteht dieses Zauberwerkzeug? Auf Margin zu kaufen bedeutet, dass Sie die Aktien in Ihrem Depot als Sicherheit einsetzen, um von Ihrem Broker Geld für weitere Aktienkäufe zu leihen. Wenn Sie ein Margin-Depot eröffnen, lassen Sie die meisten Broker mindestens Geld im Gesamtwert der Aktien aufnehmen, die Sie besitzen, vielleicht sogar mehr. Das hängt von Ihrer Trading-Vergangenheit und dem Umfang Ihres Depots ab.

TRADERSPRACHE

„Auf Margin kaufen" bedeutet, dass man Aktien als Sicherheit für einen Kredit einsetzt, mit dem man weitere Aktien kauft.

Was heißt das? Nehmen wir einmal an, Ihr Depot ist 20.000 Euro wert. Wenn Sie für 20.000 Euro Aktien kaufen, haben Sie eine Margin von 20.000 Euro zur Verfügung. Damit können Sie theoretisch weitere Aktien im Wert von 20.000 Euro kaufen. Das bedeutet, dass Sie, wenn Sie ohne Margin einen Gewinn von acht Prozent machen, mit Margin acht Prozent Gewinn auf die doppelte

Aktienmenge machen können – und das ist genauso, als würden Sie einen Gewinn von 16 Prozent auf Ihr tatsächliches Vermögen erzielen. Das bedeutet Bares! Natürlich trifft auch das Gegenteil zu: Wenn Sie ohne Margin acht Prozent Ihres Depotwertes verlieren würden, dann würden Sie bei voll ausgeschöpfter Margin das Doppelte verlieren: 16 Prozent Ihres Depotwertes. Erschlagen Sie mich! Margin Trading ist also ein zweischneidiges Schwert, und man muss seinen Margin-Rahmen angemessen beurteilen. Eine weitere wichtige Regel besagt, dass man auf Margin nur dann „long" geht, wenn sich der Markt in einem soliden Aufwärtstrend befindet. In schnell wechselnden und unsicheren Marktlagen ist Margin-Kauf eine sehr riskante Angelegenheit. Über Margin Trading muss man noch viel mehr Dinge wissen, die aber den Rahmen dieses Kapitels sprengen würden. In Kapitel 11 erfahren Sie mehr darüber, wie man die Margin effektiv ausnutzt und dabei Ärger vermeidet.

TRADERSPRACHE

Ein **„Margin-Call"** ist ein Anruf von Ihrem Broker, in dem er Ihnen mitteilt, dass Ihre Verluste Ihren Margin-Rahmen übersteigen. Sie müssen dann so viel Geld in Ihr Depot legen, dass Sie sich wieder innerhalb des Kreditrahmens bewegen. Andernfalls verkauft der Broker (zum aktuellen, niedrigen Kurs) so viel von Ihren Positionen, dass genügend Bargeld als Kreditsicherheit vorhanden ist. Wenn die Börse sehr schnell fällt, kann es sein, dass der Broker nicht einmal anruft – er liquidiert einfach Ihre Positionen und informiert Sie hinterher.

ANFÄNGERFEHLER

Unkontrolliertes, wildes Margin-Investing ist der sichere Weg in die Katastrophe. Der Margin Call kommt erst lange nach den schlechten Nachrichten. Wenn der Broker Ihre Positionen verkauft, entstehen Ihnen unsagbare Verluste; Ihnen bleibt dann wenig oder gar kein Kapital für einen Neubeginn. Es ist sehr gut möglich, dass Sie durch einen Margin-Call Ihr komplettes Depot verlieren. Eventuell haben Sie dann sogar noch Schulden bei Ihrem Broker.

Wenn man die Margin vorsichtig einsetzt, ist sie ein wunderbares Werkzeug, aber man muss wissen, was man tut und unvernünftige Risiken vermeiden.

Und schließlich hängt die potenzielle Rendite davon ab, ob man seinem Depot regelmäßig Geld entnimmt oder das zum Trading zur Verfügung stehende Kapital durch die Gewinne anwachsen lässt. Sein Depot wachsen zu lassen ist so ähnlich wie wenn ein Konto durch Zinsen wächst. Wenn man zum Beispiel mit 50.000 Euro angefangen hat und in der ersten Woche acht Prozent (4.000 Euro) Gewinn gemacht hat, dann kann man in der folgenden Woche mit

54.000 Euro handeln. Wenn man dann in der zweiten Woche wieder acht Prozent macht (4.320 Euro), dann hat man in der dritten Woche 58.320 Euro. Und wenn man dann wieder acht Prozent verdient (4.665,60 Euro), dann kann man in der vierten Woche 62.985,60 Euro einsetzen. Und so geht es weiter. Wenn man dagegen die Gewinne entnimmt, nachdem man acht Prozent von 50.000 Euro verdient hat, dann gewinnt man jede Woche 4.000 Euro, aber weder das Depot noch der Ertrag in Euro nehmen zu. Beide Vorgehensweisen sind auf ihre Weise gut, nur entstehen dadurch unterschiedliche Renditen.

Nun aber zurück zu der großen Frage: Welchen Wochenertrag können Sie vernünftigerweise erwarten, wenn Sie in Vollzeit traden? Ehrlicherweise muss ich sagen, dass ich mir irgendetwas aus den Fingern saugen müsste, wenn ich schätzen sollte, was irgendjemand in einer Woche oder in einem Jahr verdienen kann. Vergessen Sie nicht, dass es bei allen Schätzungen um einen durchschnittlichen Wochenertrag geht, denn Ihr tatsächlicher Ertrag wird von Woche zu Woche stark variieren. Unter der Annahme, dass Sie eine gewisse Erfahrung haben und ganz gut traden können – wenn auch nicht in Perfektion –, dass Sie zumindest gelegentlich auf Margin kaufen, dass Sie Ihrem Depot in gewissen Zeitabständen Geldbeträge entnehmen und dass es im Auf und Ab des Marktes Zwangspausen gibt; unter dieser Annahme ist es durchaus möglich, dass Sie Ihr Geld innerhalb eines Jahres mindestens verdoppeln, wenn Sie fulltime spekulieren. Ein Bekannter von mir hat jedoch im Frühjahr 2001 ein Depot von 1.500 US-Dollar in 150.000 US-Dollar verwandelt. Ich selbst habe in etwas mehr als einem Jahr aus 50.000 US-Dollar mehrere Millionen gemacht. Es ist schwer, eine präzisere Antwort zu geben. Am besten ist es, den Ertrag vorsichtig zu schätzen, damit man hinterher angenehm überrascht ist, wenn er höher ist. Das ist besser als zu viel zu erwarten und dann weniger zu verdienen als man zum Leben braucht.

Sollten Sie überhaupt mit Aktien handeln?

Vielleicht haben Sie vor, zunächst mit einer sehr kleinen Geldsumme anzufangen, nur um zu sehen, ob es klappt, und später mehr einzusetzen. Oder Sie können nur ein paar Tausend Dollar für die Eröffnung Ihres Depots entbehren. Wenn Ihre Anfangssumme gering ist, müssen Sie noch eine weitere Kapitalbeschränkung bedenken: Die besonderen Herausforderungen kleiner Depots.

„Klein" heißt hier unter 5.000 Euro. Auch Depots zwischen 5.000 und 10.000 Euro sind schwerer zu handhaben als größere Konten, aber es wird mit zunehmender Größe immer einfacher, zumindest so lange, bis das Depot zu monströser Größe angewachsen ist.

Bevor ich die Herausforderungen kleiner Depots anführe, muss ich vorausschicken, dass sie auch ein paar Vorteile haben. Zum einen ist es sehr viel leichter, kleine Positionen aufzubauen und abzubauen als sehr große. Wenn man Tausende von hoch bewerteten Aktien loswerden will (oder Zehntausende Billigaktien), dann gibt es vielleicht einfach nicht genug Käufer dafür. Der Verkauf kann lange dauern, und man ist anfällig für große Verluste – der Preis fällt, und man kann seine Position nicht verlassen. Einem Trader mit kleinen Positionen kann das kaum passieren. Die Maus findet aus dem Dickicht, in dem sich der Elefant verfängt, leicht heraus.

Der Handel mit kleinen Positionen verleiht Ihnen nicht nur eine größere Beweglichkeit, sondern er macht Ihre Transaktionen auch unsichtbar. Geschäfte unter 100 Stücken werden Level-I-Kurs-Anzeigesystemen (s.u.) nicht angezeigt. Große Transaktionen dagegen senden wahrnehmbare Signale an den Markt und können sogar Kursbewegungen verursachen, die dem Trader mit seiner großen Position häufig zum Nachteil gereichen. Wer große Positionen kaufen oder verkaufen will, muss dies oft schrittweise tun, um seine Absichten nicht zu verraten.

Nun aber zu den Herausforderungen der kleinen Depots. Ein Nachteil besteht darin, dass man möglicherweise keine Margin einsetzen kann. Viele Broker lassen unterhalb einer Summe von 2.000 Euro kein Margin-Trading zu. Das bedeutet nicht nur, dass Sie kein Geld für zusätzliche Aktienkäufe borgen können, sondern bereitet noch ein größeres Problem: Wenn Sie keinen Margin-Rahmen haben, können Sie auch nicht shorten. Das bedeutet, dass Sie während eines Abwärtstrends die meiste Zeit auf der Ersatzbank verbringen müssen.

Diese Probleme entfallen allerdings, sobald Ihr Depotwert 2.000 Euro übersteigt – oder wo auch immer die Anforderungen Ihres Brokers liegen.

Unter 10.000 Euro stehen Sie außerdem vor dem Problem, dass die meisten Direkt-Broker (s.u.) eine Mindestanlagesumme von 10.000 Euro verlangen. Wenn Sie die Anforderungen für ein Depot mit direktem Zugang nicht erfüllen, sind Sie auf relativ unzuverlässige e-Broker im World Wide Web angewiesen. Dieser Nachteil entfällt erst, wenn Ihr Depot genügend angewachsen ist und die Anforderungen eines Direkt-Brokers erfüllt.

Ein weiteres Problem ensteht durch die Änderung (in den USA) der NASD-Vorschrift 2520, die den schnellen Handel in Depots unter 25.000 US-Dollar beschränkt. Fragen Sie Ihren Broker, wie oft Sie die gleiche Aktie in einer Fünf-Tage-Woche kaufen und verkaufen dürfen. Wenn Ihr Depot unter 25.000 US-Dollar liegt, bietet vielleicht der Optionshandel eine sinnvolle Alternative.

Neben den Beschränkungen, die die Broker und der Staat den kleinen Depots auferlegen, gibt es auch noch grundlegendere Schwierigkeiten. Erstens ist da das wichtige Thema Transaktionsgebühren.

In einem kleinen Depot sind die Kosten für eine Ausführung im Verhältnis zur Größe der Position immer hoch. Wenn Sie für 2.000 Euro Aktien kaufen und Ihr Broker für eine Limit-Order 20 Euro verlangt, haben Sie schon ein Prozent Ihres Kapitals verloren, ohne dass die Aktie sich überhaupt bewegt hat. Das Abstoßen der Position kostet Sie wiederum ein Prozent.

In Kapitel 9 formuliere ich die Regel, dass man pro Trade niemals mehr als zwei Prozent seines Depotwertes verlieren sollte. Diese Regel ist für sehr kleine Depots außer Kraft, und das bedeutet ein erhöhtes Risiko.

Mit einem kleinen Depot ist zudem die Diversifizierung des Portfolios schwieriger zu bewerkstelligen.

Die Streuung ist beim Trading ebenso wichtig wie bei der längerfristigen Anlage. Es macht im Allgemeinen keinen Sinn, Einzelpositionen unter 3.000 bis 4.000 Euro einzugehen. Wenn also Ihr Depot 8.000 Euro enthält, dann halten Sie nur zweierlei Aktien. Und das bedeutet, dass Sie mit jeder Aktie die Hälfte Ihres Portfolios riskieren – und das ist nicht gerade ideal. Dadurch, dass Ihr Vermögen nur für zwei oder drei Aktien gleichzeitig reicht, wird auch Ihre Flexibilität eingeschränkt: Im Nu sind Sie voll investiert und haben keine Reserve für den Fall, dass Ihnen ein großartiges Geschäft über den Weg laufen sollte.

Und schließlich kann ein kleines Depot den Wunsch nähren, in Überschallgeschwindigkeit eimerweise Geld zu scheffeln. Der Trader geht dann überzogene Risiken ein, er überstrapaziert die Margin oder er versucht jedes Mal einen Homerun anstatt öfter mal einen Single.

TRADERSPRACHE:

Im Amerikanischen spricht man in Anlehnung an die Baseball-Regeln von **single** und **home run**. Ein Single ist ein respektabler Gewinn pro Trade, zum Beispiel drei, fünf oder acht Prozent. Ein Home Run ist ein immenser Gewinn pro Trade, zum Beispiel 40 oder 100 Prozent. Wow!

Wenn Sie klein anfangen wollen, aber mehr als ein paar Tausend Euro für Ihr Depot erübrigen können, ist es sinnvoll, mindestens 5.000 Euro dafür zu nehmen, um die unangenehmsten Seiten kleiner Depots zu umgehen.

Wenn Sie nicht mehr entbehren können, ist das auch in Ordnung – Sie müssen sich nur der Nachteile bewusst sein und sie berücksichtigen, wenn Sie darüber entscheiden, ob ein Handel sicher und Erfolg versprechend ist.

Realistische Einschätzung von Zugangsbeschränkungen

Für den Online-Handel benötigen Sie einen zuverlässigen Online-Zugang. Das versteht sich von selbst, oder? Zugangsbeschränkungen können sich aus vielerlei Ursachen ergeben, an die Sie vielleicht nicht gedacht haben, und Sie selbst gehören auch dazu.

Als allererstes müssen Sie realistisch abschätzen, wie viel Zeit Sie täglich am Computer Aktien beobachten und mit Aktien handeln können – und nicht in dreistündigen Sitzungen im Konferenzzimmer verbringen müssen oder Projekte unter Termindruck abschließen oder was auch sonst Sie für Verpflichtungen haben. Überlegen Sie, ob es bestimmte Tageszeiten gibt, an denen Sie regelmäßig traden und Positionen überwachen können. Wenn Sie während der Handelszeit bestimmte regelmäßige Online-Zeiten haben, können Sie Ihre Strategie an diese Einschränkung anlehnen. Wenn Sie zum Beispiel vor und während der Handelszeit online sein können – sagen wir zwischen 8:30 und 10:30 New Yorker Zeit – und einen schnellen Internetzugang sowie einen Direktbroker (s.u.) haben, dann können Sie jeden Morgen auf Gaps traden (siehe Kapitel 3). Diese Strategie ist besonders für Menschen in den beiden westlichen Zeitzonen der Vereinigten Staaten geeignet; sie können jeden Tag eine oder zwei Stunden traden, bevor sie zur Arbeit gehen. Ein anderes Beispiel: Wenn Sie in der Woche weniger als fünf Tage arbeiten müssen, dann können Sie an den freien Tagen traden. Möglichkeiten gibt es viele; Sie werden Ihre eigene einfallsreiche Lösung finden.

Sie müssen vor allem realistisch einschätzen, wie viel Aufmerksamkeit Sie dem Markt widmen können. Jeder Trading-Tag verlangt ein gewisses Maß an Zeit und Aufmerksamkeit – im Durchschnitt mindestens zwei bis drei Stunden während der Handelszeit und ein oder zwei Stunden bei geschlossener Börse. Lesen Sie die Fragen im Übungsteil am Ende dieses Kapitels, und denken Sie darüber nach. Setzen Sie Ihre Prioritäten, erstellen Sie einen Zeitplan und probieren Sie eine oder zwei Wochen aus, ob er funktioniert.

Eine weitere Frage den Zugang betreffend ist die Qualität Ihrer Ausrüstung – Ihres Computers und Ihres Internet-Providers. Haben Sie einen langsamen Computer, gehen Sie mit einem veralteten Modem über Einwahlknoten ins Internet? Oder haben Sie einen schnellen Computer nach dem Stand der Technik und einen Breitband-Internetzugang via Kabelmodem, ISDN, DSL oder T1? Die Qualität des Zugangs und der Hardware hat einen riesigen Einfluss auf das Trading.

Wenn Sie mit dem Trading Ernst machen wollen, empfehle ich Ihnen Folgendes: Nehmen Sie einen möglichst neuen Computer, stopfen Sie ihn mit Arbeitsspeicher so voll wie es geht; dazu eine Festplatte, auf der eine ausgefeilte Trading-Software lauffähig ist; zwei oder drei Monitore (einen für Trading- und Portfolio-Überwachungs-Software, einen für Level-II-Kurstabellen und eventuell einen dritten für die Kommunikation mit anderen Tradern, für Research, Nachrichten und Ähnliches; wenn Sie keinen dritten Monitor haben, müssen Sie Kommunikation und Research über einen der beiden vorhandenen abwickeln); einen Drucker, um Aufstellungen Ihrer Positionen, gelegentlich auch Order- und Ausführungslisten sowie sonstige Informationen auszudrucken, die Sie gerne Schwarz auf Weiß hätten.

Ihre Internetverbindung sollte mindestens die Geschwindigkeit eines 56k-Modems haben; am besten ist ein Breitbandzugang. Sie muss absolut zuverlässig sein und darf Sie nicht ständig dadurch nerven, dass sie zusammenbricht oder langsamer wird. So etwas ist nicht nur ärgerlich, sondern kann Sie viel Geld kosten, und das ist unerträglich.

Wenn Sie ein mittelgroßes bis großes Depot besitzen (über 10.000 Euro) und Sie ernsthaft traden wollen, dann sollten Sie Zugang zu Level-II-Kurstabellen haben. Man kann sie gegen eine Monatsgebühr abonnieren, und manche Broker bieten sie ab einem gewissen Umsatzvolumen kostenlos an. Sie sollten außerdem Zugang zu Realtime-Charts haben. Sie werden von Chartprogramm-Herstellern wie Quote.com und von Direktbrokern angeboten, zum Beispiel TradePortal.com.

TRADERSPRACHE:

Level II ist ein Echtzeit-Kursinformationssystem. Es zeigt die Geld- und Briefkurse aller Market Maker und elektronischen Ordersysteme sowie die entsprechenden Ordervolumina. Es zeigt somit den Kauf- beziehungsweise Verkaufsdruck und zahlreiche sonstige nützlichen Informationen an.

Level I ist im Gegensatz dazu ein einfaches Kursinformationssystem, das nur die aktuellen Kurse und Volumina anzeigt, dazu noch Preis und Umfang des letzten ausgeführten Handels und die prozentuale Differenz zum Schlusspreis des Vortages. Level-I-Kurse in Echtzeit gibt es auf den Homepages der meisten Onlinebroker kostenlos, ebenso wie auf Seiten wie TrendFund.com, FreeRealTime.com oder RagingBull.com. Auf solchen Websites finden Sie auch Informationen wie den Eröffnungskurs, Tageshochs und -tiefs sowie den aktuellen Stand des Umsatzes.

Gönnen Sie sich etwas, und kaufen Sie einen bequemen Bürostuhl. Sie werden jeden Tag den größten Teil der Handelszeit am Schreibtisch sitzen, und Sie wollen doch nicht, dass Ihnen das Trading Schmerzen und Zipperlein verursacht. Machen Sie es sich bequem und legen Sie los –Trading soll Spaß machen!

Und zum guten Schluss brauchen Sie noch einen guten Broker.

Realistische Einschätzung von Brokern

Ihre Handelskapazität hängt auch von der Art und Qualität Ihres Brokers ab. Je schneller und zuverlässiger der Broker, desto besser Ihr Trading. Wenn es bei Ihrem Broker ständig Verzögerungen und Unregelmäßigkeiten gibt, leidet Ihre Profitabilität, und der Trading-Spaß wird zum Ärgernis.

Es gibt drei Sorten von Brokern: Altmodische leibhaftige Broker (sie können laufen und sprechen!), die man anrufen muss; Onlinebroker über das World Wide Web; Direkt-Onlinebroker. Um erfolgreich traden zu können, brauchen Sie einen schnellen und zuverlässigen Onlinebroker. Es bringt wirklich nichts, wenn Sie warten müssen, dass jemand ans Telefon geht und Ihren Handel abschließt. Für diese Art von Bummelei bewegen sich die Märkte bei weitem zu schnell.

Aber was ist denn nun der Unterschied zwischen den beiden Arten von Onlinebrokern?

Der Unterschied ist groß. Bei Web-Brokern wie DLJ Direct, Fidelity, Schwab, Datek oder E*Trade erfolgt die Platzierung einer Order via Email an den Broker; dieser leitet sie an einen Market Maker wie beispielsweise die Knight Trading Group weiter, die dann die Order ausführt. Dieses Verfahren zieht einiges nach sich: Erstens ergibt sich durch die mehrmalige Übermittlung eine zeitliche Verzögerung, bei jedem Schritt kann es zur Verspätungen und Stockungen kommen.

Zweitens führt der Broker die Orders gar nicht aus; das tut der Market Maker. Auch wenn es so sein soll, dass der Market Maker versucht, den bestmöglichen Kurs zu bekommen – der tatsächliche Ausführungskurs liegt vollkommen außerhalb Ihrer und des Brokers Kontrolle, und oft ist er eben nicht der beste. Auch Market Maker wollen Geld verdienen, und wenn sie 0,05 pro Aktie zusätzlich verdienen können anstatt sie Ihnen zu geben, dann werden sie das auch tun. Natürlich sollten sie das eigentlich nicht, aber wie Sie inzwischen wissen sollten, ist die Welt keineswegs vollkommen. Drittens haben Sie durch einen Web-Broker keinen Zugang zu elektronischen Handelssystemen, die in einem bestimmten Augenblick möglicherweise bessere Kurse bieten als ein Market Maker.

TRADERSPRACHE:

Ein **Market Maker** (MM) ist eine Firma, die die Genehmigung hat, Wertpapiere zu öffentlich bekannt gegebenen Preisen zu kaufen und zu verkaufen.

Ein elektronisches Handelssystem (ECN, Electronic Communications Network) ist ein Computersystem, das die Orders von Market Makers und anderen Parteien Dritten für Ausführungen zur Verfügung stellt.

Zu allem Überfluss haben die meisten Web-Broker mit bestimmten Market Maker volumenabhängige Gebühren- oder sonstige Zahlungs-Abkommen. Aus diesem Grund kann es sein, dass solche Broker Ihre Orders vorzugsweise zu bestimmten Market Makern leiten, selbst wenn ein anderer MM einen besseren Preis anbietet. Möglicherweise ist ein Web-Broker auch an einem ECN beteiligt und stellt daher Orders am liebsten dort ein. Solche fehlgeleiteten Orders können Sie auf Dauer viel Geld kosten.

Im Gegensatz dazu bieten Ihnen Direktbroker wie TradePortal (benutze ich selbst) oder CyberTrader direkten Zugang zu den elektronischen Systemen der Market Maker sowie zu den ECNs der Aktien- und Optionsbörsen selbst. Dadurch entfällt der zusätzliche Schritt über den Web-Broker. Stattdessen sucht das System eines Direktbrokers automatisch bei allen Market Makern, ECNs und Börsen nach dem besten verfügbaren Preis und lässt die Order für Sie ausführen. Normalerweise dauert das Ganze nur den Bruchteil einer Sekunde. Ein Direktbroker, der keinen vertraglichen Bindungen unterliegt und automatisch den besten Preis am Markt herausfindet, erspart Ihnen auf lange Sicht eine schöne Stange Geld. Die hohe Geschwindigkeit des direkten Zugangs zum Markt spart Ihnen ebenfalle eine Menge, denn bei dem hohen Tempo der Märkte können Verzögerungen äußerst kostspielig sein und gewisse Arten von Geschäften sogar unmöglich machen (zum Beispiel morgens die Gaps auszunutzen).

Die meisten Direktbroker haben eine eigene Trading-Software, die Sie auf Ihrem Computer installieren müssen. Wenn Sie zu Hause Zugang zu einem Direktbroker haben wollen, aber zum Teil auch von der Arbeit aus traden wollen, dann sollten Sie herausfinden, ob Sie von dem Computer im Büro aus traden können. Wenn Sie aufgrund der Netzwerkorganisation oder aufgrund von Firewalls die Trading-Software nicht auf Ihrem Bürocomputer installieren können, sollten Sie herausfinden, ob Sie Ihr Depot via World Wide Web erreichen können.

Weitere Punkte, die bei der Wahl eines Online-Brokers zu beachten sind, sind die Gebühren und die Möglichkeit des Optionshandels. Wenn Ihr Depot mittelgroß bis groß ist, dann sind kleinere Gebührenunterschiede pro Transaktion nicht so wichtig wie die Qualität des Brokers insgesamt. Trotzdem sollten Sie sicherstellen, dass sich die Preise im Rahmen der Preise vergleichbarer Broker bewegen.

Manche Broker verlangen zusätzlich zu den Kosten pro Transaktion eine monatliche Gebühr für die Nutzung der Software, aber die Mehrheit gewährt ab einem gewissen Trading-Volumen Rabatt oder stellt die Software dann kostenlos.

Sehr viel wichtiger als die Gebühren ist die Möglichkeit, mit Optionen zu handeln. Der Handel mit Optionen ist von unglaublichem Nutzen, denn er kann sehr viel Gewinn bringen, und man kann Optionen als Hedge (Absicherung) gegen riskante Aktiengeschäfte verwenden. Eine ausführliche Erklärung des Optionshandels würde zwar den Rahmen dieses Buches sprengen, aber ich empfehle Ihnen wärmstens, Ihr Depot options- und margintauglich zu gestalten, anstatt ein simples Bargelddepot einzurichten. Wenn Sie dann irgendwann bereit sind sie zu nutzen, stehen Ihnen die Möglichkeiten sofort zur Verfügung. Schließlich müssen Sie sehen, ob die Kundenbetreuung Ihres potenziellen Brokers hilfreich und erreichbar ist. Sie werden bei jedem Broker gelegentlich einen Absturz erleben, und glauben Sie mir: Wenn man sich dann die Kopfschmerzen ersparen kann, die einem eine langsame oder nicht greifbare Kundenbetreuung verursacht – das kann man nicht in Gold aufwiegen.
Schauen Sie sich jetzt die unten stehenden Fragen an. Sie helfen Ihnen dabei, Ihren Trading-Rahmen einzuschätzen und Ihnen klar zu machen, dass die Kapazität und die Tradingstile, die Sie in Kapitel 3 kennen lernen, Sie zu Ihrem eigenen Stil führen werden.

Übungen

I. SOLLTEN SIE IN VOLLZEIT ODER IN TEILZEIT TRADEN?

- Sind Sie ein blutiger Anfänger?
- Haben Sie genügend Kapital, damit Sie bequem Ihren Lebensunterhalt verdienen und ein angemessenes Finanzpolster erhalten können, wenn Sie fulltime traden? Bedenken Sie das Auf und Ab in der Lernphase und den gelegentlich schleppenden Markt (siehe auch Frage III).
- Wollen Sie wirklich Vollzeit-Trader werden, oder haben Sie eine Arbeit, die Sie nicht aufgeben wollen?
- Macht es Ihnen etwas aus, den ganzen Tag vor dem Computer zu sitzen?

II. WIE SEHEN IHRE ZEITLICHEN BESCHRÄNKUNGEN AUS?

- Können Sie jeden Tag mehrere Stunden während der Handelszeiten Ihre Transaktionen, den Markt und vielversprechende Aktien beziehungsweise Sektoren beobachten?
- Können Sie jeden Abend mehrere Stunden Research betreiben und sich im Trading fortbilden?

III. WO LIEGEN DIE GRENZEN IHRES KAPITALS?

- Wie viel Geld müssen Sie durchschnittlich in der Woche verdienen?

- Wie hoch ist Ihr Anfangskapital?
- Reicht Ihr Finanzpolster aus?
- Wie erfahren sind Sie schon als Trader?
- Wollen Sie auf Margin kaufen?
- Wollen Sie Ihrem Depot regelmäßig Geld entnehmen, oder wollen Sie es wachsen lassen?
- Vorsichtig geschätzt, mit welchen durchschnittlichen Wocheneinnahmen können Sie dann rechnen?

IV. WIE BESCHRÄNKT IST IHR ONLINE-ZUGANG?

- Haben Sie in den Zeiten, in denen Sie traden wollen, auch wirklich Zugang zu einem Computer?
- Sind Sie flexibel genug, den Markt und Ihre Positionen während Ihrer Arbeitszeit im Blick zu behalten?
- Können Sie dafür sorgen, dass der andere Job Sie nicht zu sehr ablenkt und Ihr gesundes Trading-Urteilsvermögen trübt?
- Ist Ihre Zeitgestaltung relativ vorhersagbar, oder werden Sie häufig von Ihrem Schreibtisch weggerufen?
- Sind Ihre Computerausrüstung und Ihr Internetzugang den Anforderungen des Tradings gewachsen?
- Ist Ihr Onlinebroker schnell, zuverlässig und leitet er Ihre Orders nach neutralen Kriterien weiter?
- Können Sie mit Ihrem Depot auf Margin kaufen und mit Optionen handeln?

V. WAS IST IHR TRAUM?

- Denken Sie über diese Frage ernsthaft nach, und zwar ein paar Tage lang.
- Was erträumen Sie sich in finanzieller Hinsicht?
- Was haben Sie sonst für Lebensträume?

Ich brauche nur ich selbst zu sein
Finden Sie Ihren persönlichen Tradingstil

Zum Inhalt dieses Kapitels:

- Warum unterschiedliche Persönlichkeiten verschiedene Tradingstile brauchen
- Die Vorzüge eines flexiblen, aktiven Tradingstils
- Verschiedene Arten des aktiven Tradings:
- Daytrading
- Trend Trading
- Gaps schließen
- Trading nach technischen Kriterien
- Optionshandel
- Wie man sich Tradinggeschick aneignet
- Warum sich Trading vom Glücksspiel unterscheiden muss
- Wie man sich eine Gewinnermentalität zulegt
- Wie man beim Trading Spaß hat

Mit einsfünfundneunzig kann man nicht Jockey werden

Jede(r) Trader(in) hat seinen/ihren eigenen Stil. Das versteht sich von selbst, oder?

Jeder hat eine andere Persönlichkeit, jeder verfügt über eine einzigartige Kombination von Stärken und Schwächen. Sogar Menschen, die auf den gleichen Gebieten hervorragen, tun dies auf unterschiedliche Weise. Denken Sie an Spitzensportler. Innerhalb der gleichen Sportart glänzen manche aufgrund überlegener Stärke, andere durch strategisches Denken und wieder andere durch reine körperliche Begabung. Sie nutzen jeweils ihre größten Talente, um die anderen Bereiche wettzumachen, in denen sie nicht so gut sind.

Ebenso sind einige von uns langsam, andere schnell; manche haben eine hohe Risikobereitschaft, andere brauchen das Gefühl der Sicherheit. Keine dieser Neigungen ist besser als die andere, sie setzen uns lediglich Grenzen, innerhalb deren wir arbeiten können. Und seien wir einmal ehrlich – wenn wir alles könnten, dann würden uns die unendlichen Wahlmöglichkeiten derart verwirren, dass wir nicht in der Lage wären, wirklich etwas zu Wege zu bringen.

In meiner Kindheit sah ich zum Beispiel gerne Pferderennen. Und wenn ich mir nun das Lebensziel gesetzt hätte, Jockey zu werden? Wenn ich beschlossen hätte, der einzig denkbare Beruf für mich wäre es, den Sieger ins Ziel zu reiten?

Diese Berufswahl wäre zu einem großen Problem geworden, denn ich war kein kleines Kind. Eigentlich war ich das Gegenteil von klein. Als ich in die Highschool kam, war es dank meiner Größe glasklar, dass ich als Jockey so viele Chancen haben würde wie ein Schneeball im Fegefeuer. Ich wuchs und wuchs und wuchs, und am Ende war ich einsfünfundneunzig.

Es hatte eine Zeitlang gedauert, bis ich es akzeptiert hatte, dass ich eine Schwäche hatte, die mich daran hinderte, etwas zu tun, das ich tun wollte. Aber nach und nach habe ich gelernt, mit dem zurechtzukommen, was mir gegeben wurde. Also spielte ich Baseball, wurde ein guter Werfer und fand, dass meine Größe viele Vorteile hatte.

Manche Menschen sind wie geschaffen dafür, wie ein überdrehter Dynamo jeden Tag Hunderte von Trades zu tätigen und dadurch auch die kleinsten Kursbewegungen auszunutzen. Dieser Stil liegt mir überhaupt nicht, und ich persönlich glaube nicht, dass er der beste oder gewinnbringendste ist – alleine die Gebühren können einen Kopf und Kragen kosten. Die wenigsten Menschen wollen täglich Hunderte von Transaktionen ausführen, und die wenigsten würden damit gut fahren.

Ich will damit sagen, dass jeder einen anderen persönlichen Stil hat – Sie müssen nur herausfinden, was sich für Sie eignet.

Wie findet man seinen eigenen Tradingstil?
Ich habe meinen auf die gleiche Art gefunden, wie ich alles andere über Trading gelernt habe: durch Versuch und Irrtum. Ich glaube nicht, dass es einen anderen Weg gibt. Sie können Hunderte von Büchern lesen (immerhin keine schlechte Idee), aber bevor Sie nicht das Gelernte in die Praxis umsetzen, wissen Sie nicht, was Geld bringt und was nicht. Wenn Sie im Weiteren die Beschreibungen der verschiedenen Tradingstile lesen, analysieren Sie sie nicht allzu sehr und versuchen Sie nicht vorherzusagen, was für Sie funktioniert. Denn das kann man schwerlich wissen, bevor man ein paar Probeläufe gemacht hat.
Manche Trader halten sich eher an einen einzigen Stil, und andere verwenden zwei oder mehr beziehungsweise sie mischen verschiedene Methoden. Ich pflege einen aktiven Stil, der sich vor allem auf Trends stützt, aber ich handhabe ihn flexibel, denn ich will alle verfügbaren Trading-Instrumente nutzen, die Geld einbringen. Den einen Ansatz, der immer funktioniert, gibt es nicht; zu verschiedenen Zeiten funktionieren verschiedene Dinge am besten, wenn man weiß, wie man sie benutzt.

Aktive Tradingstile für Ihren Werkzeugkoffer

Dies sind einige der aktiven Tradingstile und -Techniken, die sich in meinem Werkzeugkoffer befinden und die ich häufig benutze:
- Daytrading
- Trend Trading
- Bei Markteröffnung Gaps schließen
- Technische Analyse
- Optionshandel

Je mehr Sie über die zur Verfügung stehenden Tradingtechniken wissen, desto größer ist Ihre Auswahl und ein desto flexiblerer und intelligenterer Trader können Sie werden.
Worum geht es bei den genannten Tradingtechniken, und was verlangen sie jeweils vom Trader? Zuerst erkläre ich die Gemeinsamkeiten, und dann beschreibe ich die Unterschiede.

Alles dreht sich um „Momo"

TRADERSPRACHE:
Momentum (Momo) ist die auf dem Handelsvolumen beruhende Kraft der Kauf- beziehungsweise Verkaufstätigkeit, die den Kurs einer Aktie nach oben oder unten treibt (Dynamik). Wenn hinter einer Kursbewegung ein Momentum

steht, dann ist es zumindest kurzfristig wahrscheinlich, dass sich die Bewegung in die gleiche Richtung fortsetzt.

TRADERSPRACHE:

Die **Volatilität** einer Aktie ist das Maß, in dem der Kurs sich auf- und abbewegt. Eine sehr volatile Aktie macht im Gegensatz zu einer stabilen Aktie große Kursschwankungen durch. Die Volatilität einer bestimmten Aktie kann im Laufe der Zeit entsprechend den Marktbedingungen und den aktenspezifischen Umständen variieren.

Beim Trading geht es nicht um den fundamentalen Wert eines Unternehmens, und es hat wenig mit den tatsächlichen Zukunftsaussichten des Unternehmens zu tun. Mit anderen Worten hat Trading so gut wie nichts mit Geldanlage oder Investment zu tun. Beim Trading geht es um die Ausnutzung von Kursbewegungen, die dramatisch sein können – die Meute dreht durch! –, die aber auf lange Sicht keine Bedeutung haben. Trading dreht sich immer um Momentum – das große Momo.
Wenn eine Aktie Momentum aufweist, verhält sie sich wie ein Ball, der angestoßen wurde: Er rollt ein Stück weit und bleibt dann liegen. Wie schnell und wie weit der Ball rollt, hängt von vielen verschiedenen Dingen ab; von der Oberfläche, auf der er rollt (rau oder glatt, schief oder flach), von entgegengesetzten Kräften (zum Beispiel Gegenwind) und von der Beschaffenheit des Balls (voll aufgepumpt, weich, unrund etc.). Wenn das Momentum einer Aktie daraus resultiert, dass viele Menschen sie kaufen, dann müssen Sie die Marktlage beurteilen, innerhalb deren sie sich bewegt; Sie müssen herausfinden, ob Gegenkräfte wirken (Widerstandsniveaus oder Horden von Shortsellern, die wegen der schlechten langfristigen Perspektiven des Unternehmens auf den richtigen Moment lauern), und Sie müssen berücksichtigen, um was für eine Aktie es geht (Sektor, Stärke des Unternehmens, Anzahl der umlaufenden Aktien).

TRADERSPRACHE

Der **Float** einer Aktie ist die Anzahl der ausgegebenen Aktien, die für den öffentlichen Handel zur Verfügung stehen. Da das Momentum von Angebot und Nachfrage abhängt, beeinflusst der Float das Volatilitätspotenzial – das heißt die mögliche Schwankungsbreite.
Aktien, die in relativ geringen Stückzahlen umlaufen, geraten recht schnell in die Lage, dass die Nachfrage das Angebot übersteigt und so ein kräftiges Momentum schafft. Beispielsweise kann der Kurs einer Aktie, von der acht

Millionen Stücke umlaufen und die plötzlich populär wird, sehr viel schneller nach oben springen als der Kurs einer Aktie, von der 800 Millionen Stücke umlaufen.

Wodurch kommt das Momentum einer Aktie zustande? Betrachten wir einmal das aufwärts gerichtete Momentum – schnell steigender Kurs bei zunehmendem Umsatz – und seine marktpsychologische sowie einfache wirtschaftliche Basis. Wenn sehr viel mehr Menschen eine Aktie kaufen als verkaufen wollen, dann ist die Nachfrage größer als das Angebot. Wenn die Nachfrage das Angebot übersteigt, steigt der Preis, weil die Verkäufer wissen, dass sie mehr verlangen können, denn die Käufer wetteifern miteinander um die Aktien. Dies ist eine Marktsituation für Verkäufer. Der Preis steigt immer weiter, bis irgendetwas passiert, das ihn aufhält. Entweder der Preis erreicht ein Niveau, auf dem ihn kein Käufer mehr bezahlen will, oder die Käufer glauben, es würde jetzt nicht mehr besser werden und räumen auf, solange sie noch können, oder es werden neue Informationen über die Aktie bekannt, die ihren Wert zum Sinken bringen.

Das Gleiche gilt für abwärts gerichtetes Momentum. Der Preis verfällt schnell, und zwar ebenfalls unter steigenden Umsätzen, aber in diesem Fall wollen mehr Menschen die Aktie verkaufen als sie kaufen. Es ist so, als würden die Ratten das sinkende Schiff verlassen – nur dass hier das Verlassen das Schiff zum Sinken bringt. Das Angebot ist viel zu groß, niemand will kaufen, und die Verkäufer gehen mit dem Preis herunter, um die Aktien loszuwerden. Das ist ähnlich wie bei einem Räumungsverkauf, ein Markt für Käufer.

Der Preis fällt so lange, bis er ein derart niedriges Niveau erreicht hat, dass kein Verkäufer mehr verkaufen will, oder die Käufer glauben, dass das Schnäppchen nicht mehr billiger wird und man es nicht verderben darf, oder es werden neue Informationen bekannt, die den Wert der Aktie mindern.

Ein steigendes Kauf- oder Verkaufsbedürfnis bedeutet normalerweise auch steigende Umsätze: Wenn aufgrund gesteigerter Kauf- oder Verkaufstätigkeit mehr Aktien den Besitzer wechseln, dann steigt das Handelsvolumen (Anzahl der gehandelten Aktien). Diese beiden Dinge – Preisänderung und Volumenerhöhung – haben noch einen weiteren Effekt: Sie lenken Aufmerksamkeit auf die Aktie. Wenn sich etwas stärker als gewöhnlich bewegt, wollen die Menschen wissen, warum. Sie werfen einen Blick darauf und versuchen, den Grund herauszubekommen. Wenn sie eine Ursache finden, beschließen sie vielleicht, dass sie auch für sie ein Grund ist zu kaufen oder zu verkaufen.

Wenn sie keine Ursache finden, dann denken sie vielleicht, dass es nur eine Frage der Zeit ist, bis der Grund ersichtlich wird und dass sich dann der Kurs womöglich noch mehr ändert. In diesem Fall kaufen oder verkaufen sie, weil sie die Aktie dann zu einem guten Kurs besitzen wollen, wenn die Nachrichten endlich bekannt werden.

TRADERSPRACHE:

Das **Volumen (Handelsvolumen)** ist die Anzahl Aktien, die innerhalb eines bestimmten Zeitraums gehandelt werden. Das Volumen wird auf einzelne Aktien oder auch auf Börsenplätze bezogen berechnet.

Ein Momentum kann sich innerhalb von Minuten, Tagen oder Wochen aufbauen und fortsetzen. Nach welchem Zeitrahmen für Momos ein Trader Ausschau hält, entscheidet über den Stil dieses Traders. Sehen wir uns ein paar Beispiele an.

Daytrading

TRADERSPRACHE:

Der Begriff wird zwar allgemein zur Bezeichnung mehrerer aktiver Tradingstile verwendet, aber **Daytrading** im engeren Sinne ist hyperaktives Trading, bei dem der Trader pro Tag möglicherweise Hunderte von Trades ausführt und versucht, mit seinen Trades kleinste Preisänderungen von Aktien auszunutzen, die sich aufgrund von Momentum bewegen, zum Beispiel 0,10 bis 0,30 US-Dollar pro Aktie. Ein Daytrader hält seine Positionen häufig nur ein paar Minuten oder ein paar Stunden. Die meisten Daytrader beenden in der Regel ihre Tage „glatt", das heißt, sie halten keine Aktienpositionen, sondern nur Bargeld.

TRADERSPRACHE:

Ein **scalp** (Skalp) ist ein schnelles Geschäft, das nur ein paar Minuten dauert und einen geringen Gewinn bringt.

Für echte Daytrader hängen Leben und Sterben an der täglichen Volatilität. Sie suchen nach kleinen Momo-Bewegungen und versuchen, die Aktien während ihres Aufstiegs (oder Abstiegs, wenn sie shorten) zu kaufen und schnell wieder zu verkaufen, um ein kleines Stückchen von der Bewegung – einen „Skalp" – abzubekommen. Und dies tun sie am Tag viele, viele Male – manchmal mehrere Hundert. Daytrader setzen normalerweise sehr viel Kapital ein – das muss so sein, wenn die prozentual geringe Rendite etwas bringen soll. Wenn man genügend viele kleine Preisbewegungen erwischt hat, summieren sich die Skalps am Ende des Tages zu einem lohnenden Profit.

Diese Technik kann manchmal nützlich sein; manchmal verwandelt sich ein langfristig geplanter Trade in einen Skalp, zum Beispiel wenn man ein wenig Gewinn gemacht hat und sich zum Ausstieg entschließt, weil sich die Situation geändert hat. Das ist in Ordnung. Ich glaube aber nicht, dass reines Daytrading als Hauptstrategie auf lange Sicht ein guter Weg zum Geldverdienen ist. Das schaffen nur wenige Menschen. Das Problem ist, dass die täglichen Kursschwankungen so kurzlebig sind und die Richtung so schnell wechseln, dass man am Ende fast genauso viel Geld verliert, wie man gewonnen hat; zudem sammeln sich horrende Transaktionsgebühren an. Und außerdem riskiert man mit jedem Geschäft eine immense Summe für eine geringe prozentuale Rendite – ein typischer Skalp liegt bei 0,1 Prozent, und mehr als zwei Prozent sind höchst selten. Das Nutzen-Risiko-Verhältnis ist somit sehr niedrig. Und zu allem Überfluss ist reines Daytrading eine wirklich stressige Angelegenheit. Man braucht dafür unsagbar schnelle Reflexe und man muss während jeder Trading-Minute am Bildschirm kleben. Ich finde, das ist kein Spaß, und Trading sollte Spaß machen.

Das ist allerdings meine persönliche Meinung. Für die Fähigkeiten und die Persönlichkeit bestimmter Menschen ist reines Daytrading die perfekte Methode, und diesen Menschen wünsche ich ehrlich alles Gute. Ich hoffe auch, dass sie weitermachen, denn dadurch dass sie ständig große Stückzahlen kaufen und verkaufen, schaffen sie die Volatilität, auf die ich in anderer Weise spekulieren kann.

Trend-Trading: Der Trend ist dein Freund!

TRADERSPRACHE:

Trend-Trading ist ein Tradingstil, bei dem der Trader Trends oder Muster aufspürt, die immer wieder erscheinen. Wenn man weiß, wann sich eine Aktie wahrscheinlich an einem Trend orientiert, kann man Kursbewegungen vorhersehen und davon profitieren.

TRADERSPRACHE:

Swing-Trading ist eine Strategie, bei der man seine Positionen relativ kurz hält – etwa einen Tag bis eine Woche – und von kurzfristigen Preisbewegungen profitiert. Swing-Trading ist eine Spielart des Trend-Trading, bei der es hauptsächlich um kurzfristige Trends geht, aber der Rhythmus ist langsamer als beim Daytrading.

Mein Stil basiert in erster Linie auf Trend-Trading.

Während ein Daytrader versucht, mit ultraschnellen Geschäften Bruchteile von Dollars zu „skalpieren" und dabei meistens eine Rendite von 0,1 bis zwei Prozent erzielt, besteht der Grundgedanke des Trend-Trading darin, weit größeren Profit zu machen, etwa fünf bis 50 Prozent, in bullischen Phasen auch mehr. Zu diesem Zweck hält man die Aktien ein paar Stunden, Tage oder Wochen.

Trend-Trading ist sehr viel entspannter als Daytrading (aber welcher Stil ist das nicht?). Trend-Trading erfordert eine Menge Nachdenken und Planung sowie die Beobachtung von Trends – wiederkehrender Muster – an der Börse. Ein Trend ist ein Muster, das sich an der Börse immer und immer wieder wiederholt, und aufgrund dessen man relativ verlässlich voraussagen kann, wie sich der Kurs einer Aktie in einer vergleichbaren Situation verhalten wird.

TRADERSPRACHE:

Ein **Trend** ist ein Muster, dem mehrere Aktien folgen und aufgrund dessen man relativ verlässlich die Kursbewegungen vergleichbarer Aktien voraussagen kann.

An der Börse gibt es Hunderte verschiedener Trends. Einer der stärksten Trends ist beispielsweise der Ergebnis-Trend: Quartal für Quartal beginnen Aktien, für die man positive Ergebnismeldungen erwartet, etwa zwei Wochen vor der geplanten Bekanntgabe der Ergebnisse langsam zu steigen. Andere Beispiele für wiederkehrende mittel- bis langfristige Trends sind Kursanstiege vor Aktiensplits, Kursverfälle nach Aktiensplits, Kursanstiege vor Ergebnismeldungen, Kursanstiege vor IPOs von Tochterunternehmen, Kursverfälle nach solchen Spinoff-IPOs, Kursanstiege von Aktien, die bald in einen bedeutenden Aktienindex aufgenommen werden, Kursabfälle vor Ablauf der Sperrfrist nach einer Erstemission und Kursanstiege aufgrund von „window dressing" (In Kapitel 6 finden Sie eine ausführliche Beschreibung der verschiedenen Arten von Trends und wie man sie aufspürt).

Ich erkenne an der Börse Trends, die immer wiederkehren, ich sage darauf beruhend die Kursbewegungen bestimmter Aktein voraus und baue Positionen auf, bevor die Bewegung einsetzt. Trends treten sowohl in bärischen als auch in bullischen Märkten auf. Sie sind aber nicht immer gleich, denn sie überleben immer nur eine gewisse Zeit, bevor sie allgemein bekannt sind und an Kraft verlieren. Es ist so ähnlich wie bei Modeerscheinungen: Sobald genügend Menschen einen Scooter haben, nutzt sich das Geheimnis ab, es ist nicht mehr cool, und die Mode ist vorüber. Außerdem treten in Haussen und

Baissen unterschiedliche Trends auf. Doch der Aktienmarkt hält es nicht lange aus, ohne neue Gewohnheiten und wiederkehrende Muster zu entwickeln; dann wird die Spekulation auf den neuen Trend so profitabel wie die Spekulation auf die alten Trends. Deshalb ist der Trend dein Freund! Den größten Teil meines Geldes habe ich durch Spekulieren auf Trends verdient.

SPIELREGELN:
Der Trend ist dein Freund.

Gaps schließen

TRADERSPRACHE:
Ein **aufsteigendes Gap** (gap = Lücke) ist ein Eröffnungskurs, der deutlich über dem Schlusskurs der Vortages liegt. Auf die gesamte Börse bezogen entsteht ein aufsteigendes Gap, wenn der Markt höher eröffnet, als er am Vorabend geschlossen hat.

TRADERSPRACHE:
Ein **fallendes Gap** ist ein Eröffnungskurs, der deutlich unter dem Schlusskurs des Vortages liegt. Auf die gesamte Börse bezogen entsteht ein fallendes Gap, wenn der Markt niedriger eröffnet, als er am Vorabend geschlossen hat.

NASDAQ-Werte eröffnen häufig wesentlich höher oder tiefer als der Stand bei Börsenschluss am Vortag. Ein höherer Eröffnungskurs ist ein aufsteigendes Gap, ein niedrigerer Eröffnungskurs ein fallendes Gap. Nach Handelsbeginn schwanken die Kurse circa eine halbe Stunde lang. In dieser volatilen Phase bewegt sich der Kurs normalerweise etwas mehr in die Richtung des bestehenden Gaps (aufwärts bei einem aufsteigenden Gap, abwärts bei einem fallenden Gap), dann kehrt sich die Bewegung um und schließt das Gap; der Kurs liegt dann in der Nähe des Schlusskurses vom Vortag. Es ist sehr selten, aber nicht unmöglich, dass eine Aktie, die höher eröffnet hat, weiter steigt beziehungsweise dass eine Aktie, die tiefer geschlossen hat, weiter fällt. An Aufwärtstagen erweist sich der Kurs nach dem Abfall, der das Gap schließt, häufig als Tagestief; an Abwärtstagen resultiert die Aufwärtsbewegung oftmals im Tageshoch. Das morgendliche Gap ist zwar nur ein Trend, aber er ist außergewöhnlich verlässlich und stabil. Er ist gewissermaßen ein strukturelles Phänomen, er beruht auf der Funktionsweise der NASDAQ.
Warum bilden NASDAQ-Werte morgens Gaps?
Zwei Dinge sind dafür verantwortlich, dass regelmäßig Gaps gefolgt von

Volatilität auftreten. Das erste ist der vorbörsliche Handel von 8:00 Uhr bis zum Handelsbeginn um 9:30 Uhr. Zum vorbörslichen Handel sind nur Institutionen und Händler mit besonderer Erlaubnis zugelassen, und deren Handelstätigkeit kann den Kurs einer Aktie beträchtlich zum Steigen oder Fallen bringen. Zweitens kann jeder, der über ein Online-Trading-Depot verfügt, über Nacht Orders platzieren, und zwar von Börsenschluss (16:00 Uhr) bis zur Eröffnung am nächsten Tag. Viele Menschen machen auch tatsächlich davon Gebrauch. Die Nachtorders werden allerdings nicht in der Zeit des vorbörslichen Handels ausgeführt. Sie werden bis zum Beginn des amtlichen Handels um 9:30 Uhr sozusagen aufgestapelt. Die Market Makers erkennen dann, ob es mehr Kauf- oder mehr Verkaufsorders gibt. Und viele Menschen, die Nachtorders platzieren – die Naiven und Verrückten – geben keine Limit-Orders, sondern Market-Orders. Platzieren Sie nie, niemals über Nacht eine Market-Order! (Das ist so ziemlich das Hirnverbrannteste, was Sie tun können!) Wenn dann der reguläre Handel endlich beginnt, wird der wehrlose Orderstapel als erstes ausgeführt, und die Trader, die die Orders platziert haben, gehören eigentlich standrechtlich erschossen, damit ihre Not ein Ende hat!

WAXIES SCHLAUE WALL-STREET-SPRÜCHE

Platzieren Sie nie, niemals über Nacht eine Market-Order! Genauso gut könnten Sie sagen: Nehmen Sie mein Geld! Es gibt kaum etwas Dümmeres, als über Nacht Market-Orders zu platzieren.

Wie sich die Situation weiter entwickelt, ist ziemlich klar. Nehmen wir an, es gibt wesentlich mehr Kaufoders als Verkaufsorders. Es liegt im Interesse der Market Makers, den Preis vorbörslich hochtzutreiben, so dass die Aktie ein Gap bildet. Der Ansturm der aufgestauten Nachfrage treibt den Kurs dann noch höher, und das geht umso schneller, da die ganzen Market-Orders den Verkäufern und Market Makers zurufen: Nutz mich aus! Verlang was du willst, ich zahle für diese Aktie alles, es gibt kein Limit! Abgesehen von den wartenden Nachtorders gibt es immer auch ein paar Trader und Anleger ohne Durchblick, die den Preisanstieg nach Handelsbeginn sehen und beschließen, ebenfalls einzusteigen und dadurch den Preis noch höher zu treiben.

Ähnlich ist es, wenn mehr Verkaufs- als Kauforders vorliegen und sich ein fallendes Gap öffnet. Der angestaute Verkaufsdruck drückt den Preis weiter nach unten, und wieder wird die Bewegung beschleunigt durch die nächtlichen Market-Orders und die panischen Menschen, die verkaufen, weil sie nach Börsenöffnung sehen, dass der Preis nach unten geht.

Zurück zu dem Beispiel mit dem aufsteigenden Gap: Die Market Makers erfüllen die wehrlosen Market-Orders, und währenddessen steigt der Kurs so lange, bis keine Orders mehr übrig sind; sobald die Käufer erschöpft sind, fällt der Preis wieder zurück in die Nähe des Eröffnungskurses oder noch ein wenig tiefer. Das Gap schließt sich, und wer auf dem Weg nach oben gekauft hat, muss zusehen, wie die Aktie schnell an Wert verliert. Das passiert fast jeden Tag.

Aber wie nutzt ein schlauer Trader denn nun die steigenden und fallenden Gaps aus?

Folgende Methode funktioniert an fast allen Tagen, an denen ein Gap entsteht: Bei Abwärtsgap kaufen, bei Aufwärtsgap verkaufen oder shorten (oder erst verkaufen und dann shorten). Man nennt dies auch „fading the gap", denn indem die Trader entgegen dem Gap handeln, schließen sie es. Im Falle eines fallenden Gaps kauft man möglichst am tiefsten Punkt, in der Hoffnung, dass der Kurs wieder steigen wird, nachdem die ganzen Verkäufer abgeschüttelt sind. Wenn dagegen das Gap nach oben offen ist, shortet man (oder verkauft die Aktie, falls man sie besessen hat) möglichst nah am Höhepunkt der volatilen Phase, in der Hoffnung, dass der Kurs wieder abwärts rasen wird, sobald die aufgelaufenen Kauforders ausgeführt sind.

Viele Trader tun dies an jedem Morgen, der ein geschäftsträchtiges Gap bringt, und viele Trader tun nichts anderes. Wer an der Westküste wohnt, kann das täglich vor der Arbeit tun. Ich schließe so ziemlich jedes Morgen-Gap, das sich bietet, auch wenn ich die betroffenen Aktien schon wegen anderer Trendspekulationen halte. Solche Aktien verkaufe ich, falls ein steigendes Gap besteht, und entsprechend der Zehn-Uhr-Regel kaufe ich sie hinterher zurück, um meine Positionen wieder herzustellen. (Die Zehn-Uhr-Regel wird in Kapitel 8 erklärt.) Wenn ich short bin, kaufe ich, um steigende Gaps zu schließen, und hinterher gehe ich wieder short.

Gapspekulationen haben mir schon säckeweise zusätzliches Geld eingebracht, und es zeugt von gutem Trading, den Gewinn mitzunehmen, den ein Gap für einen bereit hält. Ich gehe sogar so weit zu sagen, dass es schlechtes Trading ist, dies nicht zu tun. Allerdings geht hier alles sehr schnell, so dass es ohne einen Direkt-Broker und ohne Level-II-Kurse eher nicht funktioniert. Die Seiten der Web-Broker sind in der ersten halben Handelsstunde oft sehr langsam, besonders wenn das Handelsvolumen hoch ist.

Technische Analyse

TRADERSPRACHE:

Wer anhand der **technischen Analyse (TA)** handelt, untersucht Kurs- und Umsatzcharts sowie weitere Marktdaten, um Trends und bedeutsame Kursniveaus

(technische Indikatoren) zu finden, die Auskunft über das künftige Verhalten des Aktienkurses geben.

Bis zu einem gewissen Grad greifen alle Tradingstile auf die technische Analyse oder TA zurück, und jeder Trader sollte zumindest die Grundlagen der TA beherrschen. Die technische Analyse macht einen großen Teil des Researchs aus: Wenn man historische Kurscharts betrachtet, sieht man, wo eine Aktie gestanden hat, wie lange, wie sie dort hingekommen ist und wo sie vermutlich hingehen wird. Ohne diese Erkenntnisse befände man sich im Blindflug.

Die Technische Analyse dreht sich vor allem um Charts. Daneben gibt es auch Marktindikatoren wie den Trading Index (TRIN), die anzeigen, ob der Markt bullisch oder bärisch tendiert. Vieles gibt es über die Charttechnik zu lernen: wie man Unterstützungen und Widerstände findet (Kapitel 9), wie man Trendlinien und Momentum-Indikatoren anwendet, wie man feststellt, ob der Markt überkauft oder überverkauft ist, Candlestick-Charts sowie zahlreiche Muster und Formationen. Wieso ist die Chartanalyse mehr als Hokuspokus wie zum Beispiel Lesen aus dem Kaffeesatz? Das liegt daran, dass viele andere Menschen, auch professionelle Trader, die für mächtige Großunternehmen – beispielsweise Banken, Investmentfonds und andere institutionelle Anleger – arbeiten, die gleichen Charts betrachten, die gleichen Muster sehen und entsprechend handeln. Wenn ein Kurs von 27 US-Dollar für ARFF eine Widerstandsmarke ist, dann bedeutet das nicht, dass die Aktien des Unternehmens aufgrund einer absolut richtigen Bewertung, die auf der Magie des Marktes beruht, diesen Wert nicht überschreiten könnten; es bedeutet lediglich, dass die Aktie diesen Preis bisher nicht überschreiten konnte und dass jetzt aller Augen auf die 27 gerichtet sind, um zu sehen, ob ARFF dieses Niveau diesmal durchbricht. Aus diesem Grunde werden die Marktteilnehmer sich mit Käufen zurückhalten, wenn sich der Kurs der 27 nähert.

Anders gesagt enthält die TA einen großen Anteil selbst erfüllender Prophezeiung, aber so funktioniert der Markt nun einmal. Es geht nicht um den wahren Wert eines Unternehmens – denn niemand weiß, was das ist. Es geht darum, wie man dieses Spiel spielt.

Meiner Auffassung nach gibt es zwei Möglichkeiten, wie man mit der TA umgeht. Erstens kann man zu diesem Thema Bücher lesen, zum Beispiel Technical Analysis of Stock Trends von Robert D. Edwards und John F. McGee oder Beyond Candlesticks von Steve Nison, und auf diesem Wege Kompetenz oder sogar Meisterschaft in der Charttechnik erlangen. Auf jeden Fall wird dies Ihr Trading verbessern. (Es wäre jedoch ein Fehler zu glauben, die TA wäre der Anfang und das Ende von allem, denn es gehen viele andere Faktoren in das Verhalten von Aktien und Märkten ein, zum Beispiel Nachrichten und Trends abseits der Charttechnik.) Die zweite Möglichkeit heißt Teamwork: Man findet einen Trader-Kollegen, der sich mit TA auskennt und lässt ihn die anspruchsvolle Chartanalyse besorgen, während man sich selbst hinsichtlich der Neuigkeiten und nichttechnischen Trends auf dem neuesten Stand hält oder eine andere nützliche Aufgabe übernimmt. Ich habe einen Trading-Kumpel gefunden. Er heißt Tiny (aber lassen Sie sich durch den Namen nicht täuschen, er ist alles andere als „winzig“) und ist ein sehr begabter technischer Analyst. Unsere Zusammenarbeit hat sich für beide Seiten als äußerst fruchtbar erwiesen.

Eine erschöpfende Diskussion der technischen Analyse über die charttechnischen Erklärungen hinaus, die Sie in den nachfolgenden Kapiteln finden, würde ein eigenes Buch füllen. Machen Sie die Grundlagen der technischen Analyse zu einem Teil Ihrer Ausbildung zum Trader. Das wird Ihnen wirklich die Augen öffnen.

Optionshandel

TRADERSPRACHE:

Eine **Option** ist ein Vertrag, der dem Inhaber das Recht gibt, eine festgelegte Stückzahl von Aktien oder anderen Wertpapieren (bei Aktien in der Regel 100 Stück) zu einem festgelegten Preis zu kaufen oder zu verkaufen, und zwar vor einem bestimmten **Verfallsdatum**. Ein **Call** ist eine Kaufoption, und ein **Put** ist eine Verkaufsoption. Wenn die Option bis zum Verfallsdatum nicht ausgeübt wurde, wird sie wertlos.

TRADERSPRACHE:

Ein **naked call** (einseitiger Call) ist eine Call-Position, bei der der Stillhalter entweder die Aktien nicht besitzt, die der Call erfordern würde, wenn er eingelöst würde (das so genannte Underlying), oder nicht den entsprechenden Betrag in Bar deponiert hat.

Ein **naked put** ist eine Put-Position, bei der der Stillhalter keine Short-Position des Underlyings in dem Umfang hält, den der Put im Falle der Ausübung erfordern würde und auch keinen entsprechenden Geldbetrag hinterlegt hat.

WAXIES SCHLAUE WALL-STREET-SPRÜCHE

Optionen sind handelbare Wertpapiere. Um eine Option zu kaufen, braucht man keine Aktien des entsprechenden Unternehmens zu besitzen; anstatt

Kontrakte zu schreiben, handelt man einfach damit. Man kann sie vor dem Verfallsdatum mit Gewinn kaufen und verkaufen, ohne dass man sie ausüben müsste.

Zwar ist der Handel mit Optionen ein recht kompliziertes eigenständiges Thema und kann in einem Buch wie dem vorliegenden nicht ausführlich behandelt werden, aber er ist wiederum ein äußerst nützliches Werkzeug, das ich ständig benutze. Einer der wichtigsten Einsatzbereiche ist die Absicherung von Risiken. Wenn man zum Beispiel eine eher riskante Aktienposition hält, dann kann man die entgegengesetzte Position mit Optionen eingehen. Sagen wir, Sie halten Dream Big Software (RUNT), weil positive Zahlen erwartet werden. Zwar rechnet RUNT mit guten Ergebnissen, aber der Markt ist trübe und unsicher, und es könnte sein, dass er ernsthaft abtaucht, wenn negative Wirtschaftszahlen herauskommen. Sie entschließen sich, das Risiko einzudämmen – zu „hedgen" –, indem Sie Puts auf RUNT kaufen, die Geld bringen, wenn der Kurs der RUNT-Aktie fällt. Wenn also RUNT steigt, dann können Sie die Aktien mit Gewinn verkaufen, wenn RUNT aber fällt, dann können Sie die Puts mit Gewinn verkaufen.
Machen Sie keine Optionsgeschäfte, bevor Sie gelernt haben, wie sie funktionieren und wie die Kurse entstehen. Optionen sind recht kompliziert. Wenn Sie zum Beispiel Optionen bis zum Ausübungsdatum nicht verkauft haben, verfallen sie wertlos, und Sie verlieren das gesamte Geld, das Sie investiert haben. Außerdem müssen Sie in der Lage sein, das Chance-Risiko-Verhältnis Ihrer Hedging-Strategie zu berechnen und vorausplanen, wie Sie die Aktien- und die Optionsposition wieder verlassen, ohne dass sich die beiden gegenseitig aufheben.
Sie können Optionen auch anstelle von Aktien oder zusätzlich zu Aktien kaufen, wenn Sie eine große Trend-Trading-Gelegenheit wittern. Optionen sind zwar riskanter als Aktien, aber im Vergleich zu Aktien ist auch das Gewinnpotenzial immens. Ein erfolgreiches Optionsgeschäft kann 50 bis 100 Prozent oder mehr einbringen. Im Grunde sind sowohl das Risiko als auch die Chancen bei Optionen viel größer als bei Aktien. Am besten ist es, Sie werden erst ein kundiger Aktienhändler und erlernen als nächsten Schritt den Handel mit Optionen.
Manche Trader handeln ausschließlich mit Optionen. Das ist, nun ja, auch eine Option, aber wahrscheinlich ist es Ihnen lieber, möglichst viel mit Aktien zu handeln, denn sie sind in der Regel liquider und einfacher zu handeln; außerdem gibt es nicht auf alle Aktien Optionen. Meiner Meinung nach setzt man Optionen am besten als Ergänzung zum Aktienhandel ein.

Lernen Sie etwas über Optionen. Sie sind kein Allheilmittel, denn sie sind riskant, aber sie können Ihnen enorme Gewinne bescheren, wenn Sie eine Hedge brauchen oder eine solide Trend-Gelegenheit sehen.

Die erwähnten fünf Trading-Stile stellen nur einen Teil der Möglichkeiten dar, unter denen Sie wählen können. Es gibt noch zahlreiche andere. Zum Beispiel handeln manche Trader mit vielen Aktien, wohingegen andere nur mit einer oder zwei traden, die sie so genau kennen, dass sie gutes Geld verdienen, indem sie jeden Tag immer die gleiche Aktie kaufen und verkaufen. Ich kannte einmal einen Trader, der jahrelang jeden Tag mit Exxon Mobil Corp. handelte und davon leben konnte. Manche Trader konzentrieren sich auf große Aktien mit hohen Umsätzen, andere nehmen Unternehmen jeder Größe, wenn sie nur zum heißesten Sektor der Woche gehören. Betrachten Sie alle Stile und Ideen als nützliche Instrumente, und probieren Sie sie aus, um zu sehen, welche für Sie am geeignetsten sind. Schauen Sie sich die Übung I am Ende dieses Kapitels einmal näher an, Sie hilft Ihnen beim Nachdenken über Dinge, die Ihren Stil beeinflussen könnten.

Ihre ersten Schritte als Trader

Wenn Sie im Online-Trading ein Neuling sind, müssen Sie die ersten Schritte zur Stilfindung und zum Lernen in Sicherheit machen können.

Bevor Sie also anfangen, mit echtem Geld zu spekulieren, sollten Sie eine Zeitlang Aktien beobachten sowie Muster, Trends und die Eigenarten einzelner Aktien erkennen lernen. Am besten traden Sie zu diesem Zweck nur auf Papier oder mit einem simulierten Depot im Internet. Auf diesem Weg sammeln Sie Erfahrungen und entwickeln Ihren eigenen Stil – und machen Anfängerfehler –, ohne Ihr Vermögen zu verlieren.

Wenn Sie auf Papier traden wollen, müssen Sie alle Trades, die Sie tätigen würden, detailliert notieren, einschließlich Anzahl der Aktien, Kaufkurs und Kaufzeitpunkt. Seien Sie gnadenlos ehrlich bezüglich Ihres Tuns und der Zeitpunkte – es bringt wirklich nichts, so zu tun, als hätten Sie die Aktie fünf Minuten vorher zu einem besseren Preis gekauft, wenn Sie es in Wirklichkeit nicht getan hätten, oder ein schlechtes Geschäft bei der Berechnung der Performance Ihres Depots einfach wegzulassen.

Noch realistischer als der Handel auf Papier ist die Verwaltung eines simulierten Online-Depots. Unter anderem bei **www.trendfund.com** können Sie virtuell online traden und Ihre Performance überprüfen, fast so, als hätten Sie ein echtes Online-Depot. Auch **www.investorfactory.com** bietet eine gute Online-Simulation als Spiel. Das Tolle an simulierten Depots ist die Möglichkeit, exakt die gleichen Fehler zu machen, die man beim Trading mit einem echten Online-

Depot machen würde; und es gibt keine Möglichkeit, die Performance irgendwie zu frisieren, damit Sie sich besser fühlen. Wenn Sie mit dem simulierten Depot gut zurechtkommen und es so langsam bedauern, dass Sie kein echtes Geld einsetzen und keinen echten Gewinn machen, dann hören Sie auf mit dem Bedauern. Wenn Sie wirklich das tun, was Sie tun sollten, dann werden Sie auch dann gut zurechtkommen, wenn Sie mit echtem Geld traden. Der Markt läuft Ihnen nicht davon. Es wird immer wieder andere Aktien zum Traden geben. Außerdem hätten sie mit der gleichen Wahrscheinlichkeit fürchterlichen Mist bauen und die Hälfte Ihres Depotwertes verlieren können – denken Sie daran, wie froh Sie dann gewesen wären, dass das verlorene Geld nur Cybergeld war! Dies sind ein paar grundlegende Quellen, wenn Sie etwas über die Börse lernen wollen:

WWW.TRENDFUND.COM:
kostenlose Level-I-Kurse in Echtzeit, Trader-Fortbildung, aktuelle Unternehmens- und Wirtschaftsmeldungen, regelmäßige Börsenberichte und Zusammenfassungen – und selbstverständlich: Waxie!

WWW.FREEREALTIME.COM:
kostenlose Level-I-Kurse in Echtzeit, Portfolio-Beobachtung

WWW.YAHOO.COM (YAHOO!FINANCE):
ausführliche Informationen über Unternehmen und Aktien, beispielsweise auch Float und Short Interest

WWW.RAGINGBULL.COM:
kostenlose Level-I-Kurse in Echtzeit

WWW.QUOTE.COM:
kostenlose Level-I-Kurse in Echtzeit und Tages-Charts in Echtzeit

WWW.CBSMARKETWATCH.COM:
Suchmaschine zum Auffinden von Nachrichten nach Aktienkürzel
Übung II am Ende des Kapitels hilft Ihnen, Börsentrends durch die Beobachtung zweier Aktien während einer Woche zu erkennen.

Die Börse ist kein Spielkasino

Zwar hat jeder erfolgreiche Trader seinen eigenen Stil, aber es gibt einen Stil, den Sie dort nie finden werden: die Spielermentalität.

Manche Menschen glauben ernsthaft, Trading – insbesondere Daytrading – sei ein Glücksspiel und für Trader sei der Markt nichts weiter als ein riesiges Online-Kasino. Aber hallo! Was erfolgreiche Trader betrifft, könnte dies nicht weiter von der Wahrheit entfernt liegen.

Jedes Geschäft und jedes finanzielle Vorhaben schließt Geldfluss und Risiko ein. Auch wenn man in so etwas Solides wie die örtliche Eisdiele investiert, geht man ein finanzielles Risiko ein – immer wenn man Geld in ein Projekt steckt, kann man einen Teil oder das Ganze verlieren. Das ist so seit dem Aufdämmern des Kapitalismus. Die Hauptsache bei jedem ordentlichen geschäftlichen Wagnis ist der verantwortungsvolle Umgang mit dem Risiko. Was die Trading-Gewinner von den Verlieren scheidet, ist in den allermeisten Fällen die gute Geldverwaltung (genaue Ausführungen über Geldverwaltung finden Sie in Kapitel 11).

Glücksspiel ist kein ordentliches geschäftliches Wagnis. Wenn man genug Geld hat, um verlieren zu können, ist es Entspannung. Wenn man das Geld nicht hat, dann ist es entweder Verzweiflung oder Sucht. Hier gibt es kein Risikomanagement. Man setzt einfach sein Geld und wartet ab, was geschieht; und das, was geschieht, hängt von nichts ab, das Sie tun könnten. Es geht um eine reine Zufalls-Chance.

Jeder Trading-Ansatz, der Glücksspielcharakter hat oder auf einer Spielermentalität beruht, ist zum Scheitern verurteilt. Viele Menschen, die sich selbst als Investoren bezeichnen, betreiben in Wirklichkeit Dauerglücksspiel. Sie wissen kaum etwas über die Unternehmen, in die sie investieren, und es ist unwahrscheinlich, dass sich der unsagbar überbewertete Markt noch fünf weitere Jahre hält – wie sollte man es daher anders nennen? Wenn Sie Trading und Geldanlage für Glücksspiele halten oder wenn Sie einfach Geld auf Aktien setzen wollen, ohne eine Strategie anzuwenden, die auf dem Verhalten des Marktes beruht, dann können Sie genauso gut jetzt Ihr Geld an die Wohlfahrt spenden, denn auf diese Weise bekommt es wenigstens jemand, der es brauchen kann. Zum Trading gehören Planung, Studium, Strategie und Risikobegrenzung. Das Chance-Risiko-Verhältnis muss bei jedem Trade günstig sein. Wenn das Verhältnis nicht ausreichend ist, dann machen Sie das Geschäft nicht.

Gewinnermentalität von Anfang an

Ich habe schon Menschen sagen hören, man müsse mit Verlusten rechnen, wenn man lernt, mit Aktien zu handeln. Nicht! Sie sollten niemals erwarten, dass Sie Geld verlieren. Mit Verlusten zu rechnen ist eine Verlierermentalität. Es entsteht der Eindruck, es wäre in Ordnung zu verlieren.

Stattdessen sollte Ihnen aber klar sein, dass es beim Trading um Prozente geht

– nicht jeder Trade ist ein Gewinn, aber wenn ein Trade nicht funktioniert, dann sollten Sie nie große Beträge verlieren, weil Sie Ihr Risiko begrenzt haben und die nötigen Schritte unternommen haben, um Ihr Kapital zu sichern (über Geldverwaltung siehe Kapitel 11). Wenn Sie mit den guten Geschäften mehr gewinnen, als Sie mit den schlechten verlieren, sind Sie ein Gewinner.
Es ist wichtig, dass Sie von Ihrem ersten Trade an eine Gewinnermentalität aufbauen. Zu einem guten Anfang gehört eine gute Portion Realismus, denn wenn Sie unrealistische Erwartungen haben, dann fühlen Sie sich als Verlierer, obwohl alles gut geht; dann gehen Sie unnötige Risiken ein, weil Sie das Unmögliche versuchen wollen – und wenn ein Trade außergewöhnlich gut gelingt, glauben Sie, alle Trades müssten so gut gelingen.
Es gibt drei Spielregeln, die Sie immer beherzigen müssen, wenn Sie ein Gewinner bleiben wollen. Diese Regeln gelten für alle Tradingstile oder Stilmischungen:

1. Es geht um einen Marathonlauf, nicht um einen Sprint

Trading ist kein Rezept, über Nacht reich zu werden. Es ist eine Möglichkeit, Geld zu verdienen, wenn man lange daran arbeitet. Sie wollen doch nicht Ihr Kapital in den ersten Wochen dadurch verbraten, dass Sie versuchen, im ersten Monat eine Million zu machen! Denken Sie an einen Marathonläufer: Er weiß, dass er 42,195 Kilometer weit laufen muss, und deshalb wäre es idiotisch, wenn er in halsbrecherischem Tempo loslaufen würde. Wenn er das täte, wäre er nach den ersten zehn Kilometern völlig am Ende.
Stattdessen findet der Marathonläufer einen gleichmäßigen Rhythmus, von dem er weiß, dass er ihn über Stunden durchhalten kann, und auf diese Art schafft er die Strecke. Das Gleiche gilt für das Trading. Ihre Perspektive muss langfristig sein. Andernfalls begehen Sie schwere Fehler. Wenn Sie meinen, Sie müssten bis nächste Woche Ihr Geld verdoppelt haben, dann sollten Sie eher nicht damit traden.

SPIELREGEL:
Es geht um einen Marathonlauf, nicht um einen Sprint.

2. Niemand verdient jeden Tag Geld

In der Börsengeschichte hat es keinen einzigen echten Trader gegeben, der jeden Tag Gewinn gemacht hat. Wer das von sich behauptet, der lügt! So funktioniert Trading ganz einfach nicht, und waum sollte es auch? Zu glauben, man müsste jeden Tag Geld verdienen, ist so ähnlich wie zu denken, man müsste mit jedem Trade Gewinn machen – das ist Irrsinn und wird Sie dazu verleiten, verzweifelt verrückte Dinge zu tun, um die unrealistischen Erwartungen zu erfüllen. Sie brauchen nicht jeden Tag Geld zu verdienen. Wenn Sie gut traden, machen Sie viele solide Geschäfte und gelegentlich einen ungeheueren Gewinn – und mit der Zeit wird Ihr Depot zu etwas Schönem heranwachsen.

SPIELREGEL:
Niemand verdient jeden Tag Geld.

3. Versuchen Sie Singles, keine Home Runs.

Es ist der Schlüssel zum guten Trading, solide Trades mit einer hohen Erfolgswahrscheinlichkeit zu planen – einem günstigen Chance-Risiko-Verhältnis. Wenn die Geschäfte profitabel sind, dann sind Sie genau auf dem richtigen Weg. Wenn sie manchmal Ihre Erwartungen übertreffen, ist das ein Pluspunkt. Baseballprofis versuchen nicht jedes Mal, wenn sie am Schlag sind, einen Home Run. Sie wissen, dass es meistens schlauer ist, einen sicheren Schlag zu versuchen, der bis zum ersten Base reicht und den Läufern zugute kommt, als einen Home Run zu versuchen und damit einen Ball zu riskieren, der gefangen wird. Genauso ist auch beim Trading. Streben Sie immer eine solide, aber niedrige Rendite an, und wenn Sie mehr bekommen, nehmen Sie es dankbar an. Die Tatsache, dass Sie auf Singles aus sind, bedeutet nicht, dass Sie sich auf kleine Gewinne beschränken müssten, wenn die Aktie durchgeht. Es geht nur darum, die Erwartungen unter Kontrolle zu behalten. Wenn Sie zu lange an einem Trade hängen und versuchen wollen, mehr herauszupressen, als man gefahrlos erwarten kann, dann nehmen Sie ein zu großes Risiko in Kauf und stehen am Ende schlechter da, als wenn Sie mit einem bescheidenen Gewinn ausgestiegen wären. Überdies ergeben vier kleine Gewinne von beispielsweise fünf Prozent, drei Prozent, vier Prozent und acht Prozent zusammen die gleiche Rendite wie ein einzelner Trade, der 20 Prozent bringt – falls Sie Ihr Depot wachsen lassen, sogar mehr –, und sie sind wahrscheinlich viel sicherer.

SPIELREGEL:
Versuchen Singles zu schlagen, nicht über den Zaun; Home Runs bekommen Sie sowieso genügend.

Trading muss Spaß machen!

Ganz gleich, welchen Tradingstil Sie schließlich wählen, es gibt eine Sache, die immer dazugehört: Es muss Spaß machen. Trading kann bedeuten, dass Sie jeden Tag mehrere Stunden allein am Computer sitzen; deshalb sollten Sie sich etwas einfallen lassen, damit Sie nicht die ganze Zeit bierernst sind. Amüsieren Sie sich. Reagieren Sie auf die Börse und auf CNBC, sagen Sie denen, was Sache ist. Führen Sie einen Freudentanz auf, wenn ein Trade gut gelingt. Verfallen Sie in einen ekstatischen Tanz, wenn er fantastisch gelingt. Chatten Sie mit anderen Tradern, machen Sie Witze, verbreiten Sie Wissen und Liebe.

Ich habe ein Morgenritual, das mich fröhlich hält. Wenn ich trade, ziehe ich als drahtiger und gefährlicher Ninja in den Straßenkampf. Als erstes ziehe ich schwarze Socken und schwarze Unterwäsche an. Schwarz ist die Farbe der Ninja. Dann schlürfe ich meinen grünen Saft, ein Gebräu aus 39 Sorten Grünzeug und Wasser. Es ist übelriechend und schmeckt fürchterlich, und es gibt mir Kraft für den Kampf des Tages. Zwei große Gläser Möhren-Rote-Bete-Saft stehen ebenfalls bereit. Der ist zwar rot, aber das ist der Kraftstoff, den der Ninja braucht. Nun bin ich bereit für den Kampf. Er mag beginnen!

SPIELREGEL:

Spaß beim Trading muss sein.

Übungen

I. ZURECHTKOMMEN MIT SCHNELLEN EIN- UND AUSSTIEGEN SOWIE MIT KURZEN HALTEZEITEN

Überdenken Sie folgende Fragen:

a. Fühlen Sie sich mit raschen Entscheidungen wohl?

b. Wenn Sie rasche Entscheidungen treffen, sind es die richtigen?

c. Können Sie schnell Ihre Meinung ändern, wenn es so aussieht, als wäre eine Entscheidung falsch gewesen, oder beharren Sie stur darauf, richtig gelegen zu haben?

d. Wenn Sie Ihre Meinung geändert haben, können Sie dann die neue Strategie sofort umsetzen?

e. Haben Sie einen schnellen Internetzugang?

f. Haben Sie ein Trading-Depot bei einem guten Direktbroker?

g. Erscheint Ihnen der Gedanke, Aktien nur ein paar Minuten lang zu halten, und zwar 50- oder 100-mal am Tag, eher reizvoll, oder würde Sie das in den Wahnsinn treiben?

h. Spielen Sie gerne Videospiele?

i. Erscheint Ihnen der Gedanke, Aktien nur einen Tag, ein paar Tage oder eine Woche lang zu halten, eher verlockend, oder würde Sie das verrückt machen?

j. Erscheint Ihnen der Gedanke, Aktien für ein paar Tage oder Wochen zu halten, manchmal auch länger, eher verführerisch, oder würde Sie das irre machen?

II. AKTIENBEOBACHTUNG FÜR NEULINGE

Es ist ein wichtiger Teil des Tradings, den Markt und die Aktien genauestens kennen zu lernen. Es funktioniert sehr viel besser, einen Bereich sehr intensiv kennen zu lernen als zu versuchen, alles über alle Märkte zu lernen. Zum Beispiel könnten Sie sich auf NASDAQ-Werte konzentrieren, und zwar insbesondere auf alle Sektoren, die mit Computer- und Biotechnologie zu tun haben. Diese Aktien haben in den letzten Jahren geschwankt, und Volatilität kommt dem Trading prinzipiell entgegen. Wenn Ihnen andere heiße Sektoren einfallen, lohnt es sich vielleicht, diese zu erforschen.

Wenn Sie sich mit dem Markt besser vertraut machen wollen, machen Sie folgende Übung: Suchen Sie sich zwei NASDAQ-Aktien aus verschiedenen Sektoren. Zu den Sektoren Computertechnologie und Internet gehören Halbleiterhersteller, Mobilfunkunternehmen/drahtlose Kommunikation, Breitbandanbieter, Internetprovider, Internetportale, Glasfasernetz-Betreiber, Softwarehersteller und Internet-Unternehmen. Zum Sektor Biotechnologie gehören die Bereiche Genetic Engineering, genetische Informationen und Stammzellen. Eine der Gesellschaften soll einen großen Float haben (über 500 Millionen Aktien), die andere einen kleinen (unter 20 Millionen Aktien). Finden Sie heraus, was die beiden Unternehmen machen, in höchstens zehn Worten ausgedrückt. Finden Sie andere Aktien in den entsprechenden Sektoren.

Schauen Sie sich die historischen Daten beider Aktien an, achten Sie auf Allzeithoch und Allzeittief, und betrachten Sie Charts über einen Monat, drei Monate und ein Jahr. Wo kommen sie her, und wo gehen sie allem Anschein nach hin? Hat der Umsatz in letzter Zeit zu- oder abgenommen, oder ist er gleichgeblieben? Entspricht die Umsatzentwicklung dem Trend der gesamten NASDAQ?

Dann verfolgen Sie eine Woche jeden Tag die beiden Aktien genau, und sehen Sie, wie sie sich von Tag zu Tag verhalten. Falls Sie Zugang zu Level-II-Informationen haben, suchen Sie die „Axt“ (siehe Kapitel 4) und beobachten Sie, wie sie sich verhält. Betrachten Sie jeden Tag Echtzeitcharts mit minütlichen Daten, und betrachten Sie Fünf-Tages-Charts, um das heutige Verhalten mit den Bewegungen der letzten Tage zu vergleichen. Suchen Sie Nachrichten über das Unternehmen. Wie reagieren die Aktien jeweils auf Neuigkeiten? Wie reagieren sie auf Meldungen über andere Unternehmen des gleichen Sektors? Wie auf allgemeine Wirtschaftsnachrichten oder Maßnahmen der Federal Reserve? Wie eng lehnen sich die Kursbewegungen an die Bewegungen der NASDAQ an? Wie verhalten sich die Aktien im Vergleich zu anderen Werten des jeweiligen Sektors? Machen Sie sich genaue Notizen über das Verhalten der Aktien. Wie hoch ist das mittlere tägliche Handelsvolumen? Fünftausend, fünfhunderttausend oder fünf Millionen? Finden Sie die Ursache, wenn es zu einem bedeutenden Kurs- oder Volumenzuwachs kommt? Am Ende der Woche sollten Sie ein Gefühl für zwei Dinge bekommen haben: Wie sich eine bestimmte Aktie verhält und wie sich dieses Verhalten von dem anderer Aktien unterscheidet. Wenn Sie anfangen zu traden, müssen Sie mit den Aktienbewegungen auf das Engste vertraut sein, damit Sie erkennen, wann eine Veränderung signifikant ist und wann sie nur eine Art Schluckauf ist, der nichts zu bedeuten hat.

Das geistige Spiel
Begegnung mit dem Feind
Lernen zu denken wie „die anderen“

Zum Inhalt dieses Kapitels:

- Wie die Marktbewegungen die Natur des Menschen widerspiegeln
- Wer am Markt Ihre Feinde sind
- Ihren Feind zu kennen verbessert Ihre Tradingstrategie
- Wie die Marktpsychologie Trends schafft
- Die Grundtypen der Börsentrends
- Wie wechselnde Marktbedingungen sich auf Ihre Strategie auswirken
  Psychische Energie ist der Treibstoff der Börse

Was denkt der Markt?

Manchen Tradern erscheint der Markt ebenso geheimnisvoll und unberechenbar wie das Wetter, wenn es keine Meteorologen und Satellitenaufnahmen gäbe. Mal ist er oben, und am nächsten Tag ist er schon wieder unten; manche Aktien steigen und steigen monatelang, obwohl jeder sagt, das hätte schon vor Wochen aufhören müssen; und nach einem Jahr fallen sie dann ohne ersichtlichen Grund in den Keller. Gerade wenn alle meinen, der Markt würde immer weiter steigen, geht er zugrunde; nach tagelangem Gemetzel sagen Marktanalysten, der Boden sei erreicht, aber der Markt fällt weiter; keiner redet mehr von Bodenbildung, das Schlachten wird immer schlimmer, und dann, auf einmal, kaufen die Menschen wieder. Kurscharts laufen im Zickzack; wenn eine Aktie 60 US-Dollar wert ist, warum steigt sie dann nicht einfach auf 60 Dollar und bleibt dort stehen? Warum verlieren die Aktien guter Unternehmen monatelang an Wert und fangen dann eines Tages an, sich zu erholen? Ist der Markt nicht effizient? Spiegelt er nicht den wahren Wert von Unternehmen wider?

Es ist Zeit, dass Sie Ihre Sichtweise des Marktes ändern. Halten Sie ihn nicht mehr für eine gottähnliche Maschine, die in Großbuchstaben spricht – der Markt sagt dieses, der Markt sagt jenes –, sondern begreifen Sie, was er ist. Der Markt ist ein Spiel mit einer Menge von Spielern, die alle nur ein einziges Ziel verfolgen, nämlich einander gegenseitig Geld abzunehmen; und dabei folgen sie den bekannten Grundgesetzen der menschlichen Natur und der Psychologie. Die Spieler sind allerdings nicht gleich stark, sie erfüllen verschiedene Funktionen, haben unterschiedliche Interessen und unterliegen unterschiedlichen Beschränkungen. Diese Unterschiede sorgen dafür, dass sie sich unterschiedlich verhalten. Sie sind auch einer dieser Spieler, wenn auch ein sehr kleiner.

Je mehr Sie traden, desto mehr erkennen Sie, dass das Verhalten des Marktes und der Marktteilnehmer vertrauten Mustern folgt. Ebenso ist es mit den Kursbewegungen einzelner Aktien. Woran liegt das? Hat man uns nicht gesagt, das kurzfristige Kursverhalten von Aktien sei reiner Zufall?

Das Verhalten von Aktien und Märkten ist kein Zufall.

Die Entstehung von Mustern beruht darauf, dass der Markt aus Menschen besteht und alles, was am Markt geschieht, das Ergebnis von deren Handlungen ist. Der Mensch ist ein Gewohnheitstier, und er ist ziemlich vernünftig – wenn er etwas findet, das funktioniert, dann neigt er dazu weiterzumachen, bis es nicht mehr funktioniert. Und dann sucht er eine andere Strategie. Aber denken Sie daran, dass der Mensch nur relativ rational handelt – die irrationale und emotionale Seite führt zu übertriebenen Erwartungen, egal ob positiv oder negativ. Die Neigung, aufgrund solcher Erwartungen zu handeln, führt

zu Marktschwankungen, und diese Schwankungen geben Ihnen die Möglichkeit, Geld zu verdienen.
Wenn Sie erst einmal alle Mitspieler kennen – auch Ihre Gegner (Ihre Feinde, wenn Sie den Aktienhandel wie ich als Krieg betrachten) – dann ergibt der Markt hundertmal mehr Sinn. Alles, was am Markt geschieht, resultiert aus den Handlungen der Marktteilnehmer und lässt sich durch deren Motivationen erklären. Wenn Sie einmal verstanden haben, was da passiert, können Sie Marktbewegungen analysieren und so langsam das Verhalten des Marktes aufgrund der Natur des Menschen vorhersagen.

Die Marktbewegungen gründen sich auf Wahrnehmungen

Einer meiner Lieblingsfilme ist nach wie vor Rashomon von Akiro Kurosawa, einem großen japanischen Regisseur, der von den 50er- bis in die 90er-Jahre des 20. Jahrhunderts Filme gemacht hat. In diesem Film geht es um verschiedene Wahrnehmungen – er zeigt, wie ein und dasselbe Ereignis von vier Menschen auf vier verschiedene Arten gesehen und erlebt wird.
Nachdenken über Rashomon zeigt uns, wie wir als Trader Marktereignisse betrachten sollten. Es geht nicht darum, die Wahrheit herauszufinden. (Ist DUNG wirklich 6,50 wert? Wird der Markt jemals begreifen, dass PHAT eines der großartigsten Unternehmen des Jahrzehnts ist und ihm die Bewertung geben, die es verdient? Wann fallen die überbewerteten Sektoren auf ein angemessenes Preisniveau?) Es ist nicht das Ziel, dass Ihre Meinung oder Wahrnehmung sich als richtig erweist. Wenn die Mehrheit der Mitspieler anders denkt als Sie, dann interessiert nicht, was Sie denken. Es ist vielmehr das Ziel, die Wahrnehmung aller anderen zu erkennen und sich nicht darum zu kümmern, ob diese Wahrnehmung richtig oder falsch ist. Was den Trader interessiert – die „Wirklichkeit des Traders“ – ist die Wahrnehmung des Marktes genau in diesem Augenblick. Wenn sie den Markt bewegt, ist es egal, ob sie richtig oder falsch ist – Hauptsache, sie spiegelt wider, was der Markt denkt.
Wenn man die Realitätswahrnehmung der anderen verstehen will, muss man wissen, wer die anderen sind. Und deshalb müssen Sie Ihre Feinde kennen.

Seinen Feind kennen

Wer sind Ihre Feinde am Markt? Ihre Feinde lassen sich in vier Kategorien einteilen:

AKTIENANALYSTEN:

Sie arbeiten für Brokerhäuser, Banken, Investmentfonds oder Finanzberater. Sie geben Kauf- und Verkaufsempfehlungen und machen sich in den Medien in Wort und Bild bemerkbar.

MARKET MAKER (MM):
Unternehmen, die Wertpapiere an einer Börse zu öffentlich bekannt gegebenen Preisen kaufen und verkaufen dürfen.

INSTITUTIONELLE INVESTOREN:
Juristische Personen, die über große Anlagesummen verfügen, beispielsweise Banken, Investmentfonds, Pensionskassen, Gehaltskassen und Versicherungsgesellschaften.

EINZELNE MOMENTUM-TRADER:
Daytrader, die große Depots verwalten und in kurzer Zeit große Positionen eingehen beziehungsweise auflösen. Manchmal tun sich mehrere zu einer Gruppe zusammen.

Neben den genannten Feinden gibt es noch andere Marktteilnehmer, die genau genommen nicht Ihre Gegner sind, die aber Einfluss auf die Dynamik des Marktes haben. Dazu zählen unter anderem unprofessionelle Kleinanleger und ungeschickte Daytrader, die eventuell entgegen ihren eigenen Interessen handeln. Die Handlungen dieses Fußvolks sind ebenso wie die der gewiefteren Mitspieler durch die menschliche Natur erklärbar.
Welches sind die Motivationen und typischen Verhaltensweisen der großen und kleinen Marktteilnehmer?

Aktienanalysten
Es scheint, als wären die Analysten überall, und die Namen der bekanntesten Analysten (zum Beispiel Abby Joseph Cohen und Henry Blodgett) kennt sozusagen jedes Kind. Viele von Ihnen sieht man täglich in Fernsehprogrammen wie CNBC. Sie sagen, wohin sich ihrer Meinung nach der Markt bewegt und welche Aktien man ihrer Empfehlung nach kaufen sollte.
Meine Meinung über diese Menschen ist eindeutig: Analysten sind Schrott!
Warum sind Analysten Schrott? Das hat zwei Gründe, die man sich merken sollte. Erstens sind Analysten bezahlte Angestellte von Brokern, Banken und anderen Finanzinstitutionen mit ihren eigenen finanziellen Interessen. Diese Unternehmen sind nicht nur daran interessiert, dass die Anleger Aktien kaufen (wegen der Gebühren), sondern auch daran, dass die Anleger bestimmte Aktien kaufen. Das kann zum Beispiel daran liegen, dass eine Bank als Emissionshaus der Aktie fungiert; das heißt, dass das Unternehmen, das die Aktien emittiert, Kunde der Bank ist und von ihr erwartet, dass sie die Aktie bewirbt. Es kann auch sein, dass das Unternehmen oder einer der Kunden eine zu große Anzahl

der betreffenden Aktien besitzt und die Anteile zu einem künstlich aufgeblähten Preis an das Publikum loswerden will. Es gibt noch andere eigennützige Gründe. Der Punkt ist, dass Analystenempfehlungen nicht neutral sind. Zweitens erwartet man von TV-Analysten, dass sie eine Meinung haben und etwas dazu sagen, selbst wenn sie nicht die geringste Ahnung davon haben, was gerade passiert. Dies betrifft vor allem die Marktlage und die künftige Tendenz. Analysten müssen für die Zuschauer minutenlange interessante Kommentare abliefern, auch wenn es sich dabei um pure Spekulation handelt.

Die Aktienempfehlungen der Analysten sind meistens ganz einfach lachhaft. Sie setzen absurde Kursziele, die niemals erreicht werden; sie setzen Kursziele, die bereits überschritten sind; und manchmal geben sie Empfehlungen heraus, die nichts anderes sind als absoluter und vollkommener Schwachsinn. Ich zitiere hier eine meiner Lieblingsempfehlungen, sie wurde Anfang 2001 tatsächlich veröffentlicht:

„QCOM von SA erneut zum Kauf empfohlen (Strong Buy). Kursziel von 200 auf 110 US-Dollar gesenkt, denn angesichts der mäßigen erwarteten Gewinnzunahme für 2001 erscheint die Aktie auf dem derzeitigen Niveau eher teuer."

Finden Sie die Fehler auf diesem Bild? Nun, wie kann jemand ernsthaft eine Aktie als Strong Buy empfehlen, wenn er sie für überbewertet hält („auf dem derzeitigen Niveau eher teuer") und nicht damit rechnet, dass sich im gesamten darauf folgenden Jahr etwas Spektakuläres tut? Was für ein Unsinn! Natürlich besteht die eigentliche Frage darin, was für eine hohe Meinung dieser Analyst von der interessierten Öffentlichkeit haben muss, wenn er eine Empfehlung gibt, die nur ein Schwachsinniger befolgen kann.

Analysten sind deshalb Schrott, weil sie die Menschen absichtlich in die Irre führen, weil sie durch die Schaffung unrealistischer Erwartungen Aktienkurse manipulieren und weil sie Vorhersagen treffen, ohne einen blassen Schimmer zu haben, wovon sie reden.

WAXIES SCHLAUE WALL-STREET-SPRÜCHE:

Alle Analysten sind Schrott!

Market Maker

Market Maker (MM) sind Brokerhäuser oder Banken, die Aktien kaufen und verkaufen, um die Orders ihrer Klienten zu erfüllen. Große MM sind Goldman Sachs, Merrill Lynch, Morgan Stanley Dean Witter, First Boston, Hambrecht Quist, UBS Paine Webber und Lehman Brothers. Einige Market Maker haben institutionelle Großkunden, die Aktien in derartigen Mengen kaufen und verkaufen, dass sie den Markt beeinflussen. Die Market Maker der NASDAQ setzen ihr eigenes Kapital ein, um sich Aktienbestände zuzulegen, die sie dann an kaufwillige Kunden weiterverkaufen oder verkaufswilligen Kunden abkaufen. Im Grunde kann man sie als Finanz-Einzelhändler bezeichnen.

Die Market Maker müssen für alle Aktien, mit denen sie handeln, Geld- und Briefkurs veröffentlichen. Sie müssen an kaufwillige Kunden verkaufen, und sie müssen von verkaufswilligen Kunden abnehmen. Das bedeutet, dass sie mit jeder Aktie auf beiden Seiten gleichzeitig stehen. Aber zu einem konkreten Zeitpunkt überwiegt immer eine der beiden Seiten, je nach Art und Umfang der Orders, die von den Kunden eingehen. Anhand der einlaufenden Orders können sie erkennen, zu welcher Seite die Nachfrage neigt und wie groß sie ist. Wenn ein Market Maker mehr Kauf- als Verkaufsorders erhält, hat er mehr Interesse am Kauf, und er hat mehr Interesse zu verkaufen, wenn er mit Verkaufsorders überschüttet wird. Das liegt daran, dass der Market Maker, wenn er die eingehenden Orders ausführen können will, einen ausreichenden Aktienvorrat erhalten und gleichzeitig massive Überschüsse vermeiden muss.

Die Market Maker legen die Preise für die Aktien fest, mit denen sie handeln – sie bestimmen den Preis, zu dem sie kaufen beziehungsweise verkaufen wollen. Daher können sie mit den öffentlichen Preisen ihr Spielchen treiben. Wenn ein MM beispielsweise ganze Wagenladungen von Kauforders erhält, dann sollte man doch annehmen, dass er – um seinen Aktienbestand durch Aktienkauf aufrechtzuerhalten – den Geldkurs erhöht und eine große Kauforder stellt. In der Realität ist es unwahrscheinlich, dass ein MM das tut, denn dies würde dem gesamten Markt signalisieren, dass Kaufdruck besteht; dies würde den Preis nach oben treiben und dem MM zum Nachteil gereichen. Stattdessen versucht der MM, seine Absichten zu verbergen. Entweder stellt er nur eine kleine Order, die nach Ausführung automatisch erneuert wird, oder er blufft, indem er den Geldkurs senkt. Eine andere Möglichkeit, seine Absichten zu verbergen, ist die anonyme Umleitung von Orders über ein ECN.

„Tatsächlich?“, werden Sie fragen. „Aber soll der Market Maker nicht den Handel erleichtern und unmittelbar handeln, damit der Markt transparent und effizient bleibt?“

Werden Sie endlich realistisch! Womit verdienen die MM ihr Geld? Einerseits kassieren sie Gebühren von den Kunden, und andererseits verdienen sie Geld, indem sie Aktien am Markt preiswerter kaufen als sie sie an ihre Klienten oder wieder an den Markt verkaufen. Daher wollen sie Ihnen die Aktien billig abkaufen, aber teuer verkaufen. Anders ausgedrückt profitieren sie von der Kursspanne (dem Spread) zwischen Geld- und Briefkurs.

Denken Sie immer daran, mit wem Sie es wirklich zu tun haben, wenn Sie einem Market Maker gegenüberstehen. Nicht mit „der Bank" oder mit „Goldman Sachs". Das ist kein gesichtsloses Computerprogramm, sondern eine Person, ein Trader wie Sie, ein Wall-Street-Profi, der den Aufrag hat, Geld für seine Firma zu verdienen. Er ist ein ausgefuchster Trader, der es mit Ihnen aufnehmen kann und unter Druck steht, weil er den Bestand aufrechterhalten muss. Und dieser gewiefte Trader kennt alle Tricks.

TRADERSPRACHE:
Der **Spread** ist die Differenz zwischen Geldkurs und Briefkurs.

Wenn die Axt geschwungen wird

Den wichtigsten Market Maker für eine bestimmte Aktie nennt man auch die Axt. Die Axt beherrscht den Fluss der Aktie und kann Kursbewegungen hervorrufen. Es kann zum Beispiel sein, dass das Unternehmen als „Einzelhändler" diese Aktie in großen Stückzahlen verkauft, entweder weil die Erstemission in seinen Händen gelegen hat, oder weil die Analysten des Hauses intensiv über die Aktie berichtet haben.

TRADERSPRACHE:
Die **Axt** ist der Market Maker, der den Fluss einer bestimmten Aktie kontrolliert und Kursbewegungen hervorrufen kann. Dies liegt meist daran, dass er an dem betreffenden Unternehmen ein bestimmtes Interesse hat.

Wenn Sie Zugang zu Level-II-Kursinformationen haben, können Sie die Axt identifizieren und sie beobachten. Wenn Sie nicht über Level II verfügen, dann denken Sie zumindest daran, dass nicht jede sichtbare Kursbewegung das bedeutet, was Sie vielleicht glauben.

Ein Beispiel: Sie haben Level-I-Informationen, und Sie beobachten seit einigen Tagen die Rastarrific Corp. (OJAH), einen Medienriesen aus der Karibik, weil sich ein interessanter Trend abzeichnet. Die Erstemission der Aktie liegt etwa drei Wochen zurück, und die ruhige Phase vor Ende der Sperrfrist geht bald zu Ende. Wenn man annimmt, dass der Trend greift, dann sollte der Kurs in den letzten Tagen des ruhigen Geschäfts zu steigen beginnen (in Kapitel 6 mehr über spezielle Trends wie beispielsweise die ruhige Phase). Heute morgen war der Kurs von OJAH im Keller, und der gesamte Markt tendiert unter niedrigen Umsätzen schwach. Der Umsatz von OJAH ist quasi nicht vorhanden, kaum jemand kauft oder verkauft die Aktie.

Sie haben eine kleine Stückzahl günstig erworben und wollen später noch zukaufen, wenn der Preis weiter fällt oder das Volumen zunimmt, was anzeigt, dass sich die Aktie dem Trend anpasst. Nachdem Sie Ihre Aktien gekauft haben, fällt Ihnen etwas Seltsames auf: Der Geldkurs von OJAH fällt weiter, aber der Briefkurs nicht. Der Spread wird immer größer. Das bedeutet, dass die Käufer immer weniger zu bezahlen bereit sind, dass die Verkäufer aber nicht weniger verlangen, wenn jemand ihre Aktien kaufen will. In den wenigen Transaktionen, die getätigt werden, fällt der Preis weiter. Das liegt daran, dass die wenigen Ausführungen, die zu Stande kommen, auf dem fallenden Geldkurs beruhen.

In Zahlen ausgedrückt, haben Sie Folgendes beobachtet: Sie haben OJAH gekauft, als der Geldkurs bei 12,5 und der Briefkurs bei 12,6 stand. Folglich haben Sie 12,6 bezahlt. Dann ist der Briefkurs auf 12,8 gestiegen. Jemand hat dann zu 12,5 verkauft, und der Geldkurs ist auf 12,3 gefallen. Dann ist er von ganz alleine auf 11,85 gefallen. Der Briefkurs ist währenddessen gleichgeblieben – 12,8. Dann gibt es einen Verkauf zu 11,85, und der Geldkurs fällt auf 11,76. Was soll das? Der Spread beträgt mehr als einen US-Dollar – mehr als acht Prozent! Wenn OJAH immer mehr an Wert verliert, warum wollen die Verkäufer dann nicht preiswerter verkaufen? Hat da irgendjemand Marihuana erwischt?

Wenn Sie versuchen zu denken wie ein Market Maker, wird der Fall sonnenklar. Wenn Sie als Trader vor dem Computer des Emissionshauses sitzen würden und ein paar Pfennige für Ihren Chef verdienen wollten, was würden Sie zu erreichen suchen, und wie würden Sie das anstellen?

Der Trader des Market Makers weiß, dass die Ruhezeit bald vorbei ist. Als Profi weiß der Trader alles über den Trend zum Ende der ruhigen Phase und dass die Menschen die Aktie demnächst in viel größeren Stückzahlen kaufen werden. Und was ist die Aufgabe des Market Makers? Er erhält einen gewissen Vorrat an Aktien aufrecht, weil er an der Börse verkaufen und kaufen können muss. Ein schlauer Lagerverwalter – egal in welchem gewinnbringenden Geschäft – stockt seinen Bestand auf, wenn er mit steigender Nachfrage rechnet, und er tut dies zu einem möglichst niedrigen Preis. Als Trader im Auftrag des Market Makers ist es Ihr Ziel, den Bestand an Aktien aufzustocken, die Ihrer Meinung nach in den nächsten Tagen zum Verkaufsschlager werden. Und das soll möglichst wenig kosten, damit Sie mit den Aktien möglichst viel Geld verdienen, wenn Sie sie hinterher an die Käufer verkaufen. Da Sie als MM den Geldkurs bestimmen können (denn außer Ihnen kauft heute keiner), fackeln Sie nicht lange und tun dies auch.

Außerdem gilt die Grundregel, dass Sie jede Gelegenheit ausnutzen, mit einem Trade auf irgendeine Weise Geld zu verdienen. Dazu gehört es auch, eine Aktie zu immer niedrigeren Preisen zu verkaufen, denn ab einem gewissen Punkt löst der niedrige Preis die Stop-Loss-Orders der Aktionäre aus; sie steigen aus und verkaufen ihre Aktien – an Sie als Market Maker, und zwar billigst! So ein Handelstag mit geringen Umsätzen ist die optimale Gelegenheit, mit Geld- und Briefkursen zu jonglieren und dadurch zwei Dinge zu erreichen: Sie können Ihr Aktienlager nach Bedarf aufstocken, und Sie bekommen zu einem Schnäppchenpreis Aktien, die Sie später teurer verkaufen können. Währenddessen hält der (im Vergleich zum Geldkurs) hohe Briefkurs jedermann vom Kauf Ihrer Aktien ab. Das ist genau in Ihrem Sinne, denn Sie sind jetzt noch nicht am Verkauf interessiert.

Jetzt, nachdem Sie sich in die Lage eines Market Makers versetzt haben, ergibt der sinkende Geldkurs einen Sinn. Der MM versucht Aktien zu akkumulieren, weil er eine Nachfragesteigerung vorhersieht, und er versucht sie zu niedrigen Preisen zu bekommen, entweder weil die Verkäufer durch den fallenden Preis alarmiert sind oder weil sie die Positionen aus anderen Gründen aufgeben wollen – oder weil der Stopkurs durch den Kursverfall unterschritten wurde. Und anscheinend funktioniert das.

Aber mit Ihnen funktioniert das nicht, auch wenn Sie die Aktien zu 12,6 das Stück gekauft haben, denn Sie kennen das Denken eines Market Makers und erkennen ein Täuschungsmanöver, wenn Sie eines vor sich haben. Der deutlichste Hinweis, dass hier Unsinn passiert, ist die Tatsache, dass eine deutliche Preisbewegung ohne Umsatz stattfindet. Und das bedeutet, dass die aktuelle Nachfrage den Kurs nicht bewegt.

Dann aber stellen Sie fest, dass der Briefkurs von OJAH zu steigen beginnt und der Geldkurs nachzieht. Mittlerweile zieht der Markt insgesamt an und das Handelsvolumen nimmt zu. Bei OJAH kann allerdings von Volumen immer noch nicht die Rede sein. Trotzdem steigt der Briefkurs bei jedem Geschäft ein klein wenig, von 12,8 auf 12,95 und 13,0, und dann auf 13,2, 13,4 und 13,5. Was ist jetzt los? Wenn der Market Maker Aktien anhäufen will, warum verkauft er dann und erhöht gleichzeitig den Preis?

Wieder einmal müssen Sie sich in die Lage eines Market Makers hineinversetzen. Sie sitzen an Ihrem Computer und OJAH, die Aktie, für die Sie zuständig sind, krebst vor sich hin und tut im Endeffekt gar nichts. Sie haben den Geldkurs gedrückt, Sie haben so viele Stopps wie möglich erwischt und so viele Aktien gekauft, wie Sie konnten. Das Spiel ergibt sich nun fast von selbst. Der Markt kommt so langsam unter Dampf, und Sie wollen sich mit dieser verschlafenen Aktie nicht zu Tode langweilen. Vielleicht wollen Sie spaßeshalber den Eindruck erwecken, die Aktie würde nach oben laufen; vielleicht können Sie damit ein paar schöne Scheine verdienen. Schließlich haben Sie einen Haufen Aktien knapp über 12 und darunter gekauft, und wenn Sie sie um die 13 verkaufen können, machen Sie den sensationellen Gewinn von

einem Dollar pro Aktie. Was den Bestand angeht, so sind Sie sicher, dass Sie später auch noch aufstocken können, denn der künstliche Kursanstieg, den Sie hervorgerufen haben, wird zwangsweise wieder zusammenbrechen. Es könnte aber auch sein, dass das Interesse Ihres Arbeitgebers an OJAH darauf beruht, dass Ihr Unternehmen das Emissionshaus für den Börsengang war. In diesem Fall haben Sie wahrscheinlich mehr Anteilscheine auf der Hand als Ihnen lieb sein kann.
Der Market Maker treibt also den Briefkurs Stück für Stück nach oben. Das lockt ein paar Käufer an, die abwarten wollten, bis wohin die Aktie fällt, und die jetzt sehen, dass sie heute nicht mehr tiefer gehen wird. Die Käufe lösen weitere Käufe aus, und der Preis steigt weiter. So mancher mag denken, dass der Run am Ende der Ruhephase schon beginnt. Andere sehen nur eine steigende Aktie und glauben, sie könnten ein paar Zehntel Plus machen, wenn sie schnell genug einsteigen. An der Börse gibt es eine Menge Menschen, die nicht wissen, was sie tun. Was auch immer zutrifft, der Trader des MMs badet inzwischen im Geld, denn er hat die Aktien sehr preiswert gekauft und kann sie jetzt sehr teuer verkaufen.
Jetzt wissen Sie, wie ein Market Maker denkt. Wenn Sie als einzelner Trader schlau sind, dann können Sie das Gleiche versuchen wie der Market Maker. Sie verkaufen Ihre niedrig gekauften Aktien, sobald der Briefkurs 13 Dollar übersteigt. Es kommt darauf an, ob Sie glauben, dass Sie sie später zu einem günstigen Preis zurückkaufen können. Wenn Sie sich von der künstlichen Preissteigerung des MM nach oben tragen lassen und die Aktien, die Sie für 12,6 gekauft haben, für 13,4 oder so verkaufen können, dann haben Sie einen netten Gewinn von sechs Prozent gemacht. Sobald viele andere das Gleiche tun wie Sie oder wenn keine Käufer mehr da sind, dann fällt der Kurs in sich zusammen, und die Aktie wird am Ende des Tages wahrscheinlich ungefähr dort stehen, wo sie am Anfang stand.
Im Grunde wollen Market Maker Ihre Aktien günstig kaufen und Ihnen mit Aufschlag verkaufen. Sie haben die Macht, Preise zu verändern; gelegentlich rufen sie künstliche Kursbewegungen hervor, oder sie verbergen Absichten, die eigentlich tatsächliche Preisbewegungen hervorrufen würden. In Ihrer Lernphase als Trader sollten Sie immer daran denken, wenn Sie herausfinden wollen, was gerade passiert. Wenn Sie Zugang zu Level II haben, finden Sie heraus, welcher Market Maker für eine bestimmte Aktie als Axt fungiert, und versuchen Sie, so viel wie möglich über sein typisches Verhalten herauszufinden.

Institutionelle Anleger

Im Großen und Ganzen sind vermögende institutionelle Anleger die treibende Kraft, die die Richtung des Marktes bestimmt. Dies liegt daran, dass sie einen Großteil der Nachfrage stellen, aufgrund deren die Market Makers in Richtung Kauf oder Verkauf neigen.

Institutionelle Anleger haben säckeweise Geld, das sie investieren wollen. Sie verfügen auch über angestellte Finanzprofis, die für Anlageentscheidungen zuständig sind. Wenn es sich nicht um Investmentfonds handelt, dann investieren institutionelle Anleger entweder ihr eigenes Geld oder sie engagieren eine Vermögensverwaltung, die für sie große Summen verwaltet. Solche Unternehmen platzieren ihre Orders entweder selbst oder über große Market Maker, vorzugsweise über die jeweilige Axt.

Da die Institutionen sehr hohe Geldbeträge investieren, können ihre Orders zu größeren Preisbewegungen führen. Allerdings werden sie durch den Kauf und Verkauf solch großer Positionen auch wesentlich unbeweglicher als einzelne Trader. Das bedeutet, dass sie zwar kurzfristige Preisbewegungen und Trends schaffen können, dass sie aber daraus nicht so leicht Kapital schlagen können. Aus diesen Gründen sind institutionelle Anleger in erster Linie daran interessiert, Aktien von attraktiven Unternehmen in großen Stückzahlen in einem möglichst niedrigen Preisbereich zu kaufen, so dass die Aktie nach Auffassung des Investors eine gute Anlage ist. Um die gewünschten Preise zu bekommen, muss das Unternehmen seine Absichten vor dem Markt geheim halten. Wenn sein Vorhaben bekannt wird, behalten die Verkäufer ihre Aktie lieber, weil sie mit höheren Kursen rechnen; die Käufer werden aus dem gleichen Grund den Kurs nach oben treiben. Daher ist ein institutioneller Anleger in erster Linie daran interessiert, dass seine Trades so unbemerkt wie möglich ausgeführt werden. Manchmal kann er zu diesem Zweck einem anderen Unternehmen Aktien in einer privaten Transaktion abkaufen. Aber auch wenn es sich an den großen Markt wenden muss, gibt es Möglichkeiten, wie man kaufen und verkaufen kann, ohne den Markt aufzuschrecken. Man kann zum Beispiel einen Market Maker dazu bringen, die Aktien anonym über ein ECN zu kaufen, indem man eine Order über einen Teil der Aktien erteilt, die sich immer wieder erneuert, wenn sie erfüllt wurde, und zwar so oft, bis die gesamte Order ausgeführt wurde. Wenn die Institution beispielsweise 20.000 Aktien von HEAT zu 52 US-Dollar kaufen will, dann gibt sie ihrem Market Maker vielleicht eine erneuerbare Order über tausend Stücke zu 52. Wenn tausend Aktien gekauft sind, wird für die nächsten tausend Aktien automatisch der gleiche Kurs eingegeben, und der MM kann weitere tausend Stücke kaufen. Der MM setzt den Kurs noch 19-mal auf den gleichen Wert, um die komplette Order abzuwickeln.

Und wie nehmen Sie so etwas wahr? Es kommt manchmal vor, dass eine Aktie zunächst wie verückt steigt und dann ein Niveau erreicht, über das sie offenbar nicht hinwegkommt. Es kann zum Beispiel passieren, dass PHAT innerhalb einer Viertelstunde von 100 über 105 auf 110 steigt, kurz auf 107,5 zurücksetzt und dann weiter über 110,5, 111 und 112 bis auf 112,4 steigt. Nachdem der Kurs auf 111,6 zurückgefallen ist, beginnt er wieder zu klettern, aber bei 112,0 scheint er bei einem Briefkurs von 112,0 beim Kauf von 500 Stücken stecken zu bleiben. Indessen nimmt die Anzahl der gehandelten Aktien zu, und der „last trade" bleibt auf 112; Sie wissen also, dass jemand die Aktien kauft, die für 112 Dollar angeboten werden.

Daraus können Sie schließen, dass ein Market Maker entweder für sich selbst oder für eine große Institution eine große Tranche zu 112 verkauft. Vielleicht wollte sie aus der Position aussteigen, und jetzt ist das Kursziel erreicht, oder sie glaubt, dass die Aktie nicht mehr weiter steigen wird, oder es gibt einen anderen Grund, warum sie die Aktien bei 112 verkauft. Es ist Ihre Aufgabe, die wahrscheinlichste Erklärung zu finden und daraus zusammen mit allen Ihren anderen Erkenntnissen zu erschließen, was als Nächstes passieren wird. Aber die Handelsaktivität, die dafür sorgt, dass der Kurs bei 112 stehen bleibt, hat jedenfalls nichts Geheimnisvolles.

Einzelne Momentum Trader

Erfolgreiche professionelle Daytrader, wie ich es bin, leben und sterben für das Momentum. Wenn sie sehen, dass eine Aktie ein Momo aufbaut oder wenn sie eine beginnende Momentum-Bewegung wahrnehmen, kaufen sie eine große Menge dieser Aktie und verstärken dadurch selbst das Momentum. Momentum Trader beobachten die Orders mittels eines Level-II-Kursinformationssystems. Sie vergleichen die Kurse und den Umfang der Kauf- und der Verkaufsorders. Und sie achten auf die Aktivitäten der Market Maker, insbesondere der Axt. Sie springen auf den fahrenden Zug auf, wenn das Vorgehen eines Market Makers einen Momentum-Schub auslöst. Manchmal versuchen sie auch das gleiche Spiel wie die MM zu spielen und ein falsches Bild von der Markttendenz zu vermitteln.

Am besten kann man die Macht der Daytrader anhand von schnellen Kursanstiegen kleinerer und unbekannterer Aktien beobachten, an denen institutionelle Anleger wenig Interesse haben. Wenn sich eine Aktie eindeutig dadurch bewegt, dass Daytrader einsteigen und ein Momentum schaffen, dann müssen Sie denken wie ein Daytrader, wenn Sie wissen wollen, was die Aktie als Nächstes tun wird. Sie müssen wissen, wonach sie suchen (Momentum-Gelegenheiten sowie Unterstützungen und Widerstände aus technischer und psychologischer Sicht) und ihren Tradingstil nachvollziehen können. Dann können Sie mit ihnen auf dem Momo reiten und paar schöne Dollar verdienen.

Unprofessionelle Kleinanleger und ungeschickte Daytrader

An der Börse gibt es eine Menge Menschen, die kaum eine Ahnung von dem haben, was sie da tun. Manche haben nicht den blassesten Schimmer. Sie begehen die Trading-Sünden, die in Kapitel 5 beschrieben werden, sie handeln emotional und ohne rechtes Verständnis dessen, was der Markt und die anderen Marktteilnehmer tun beziehungsweise warum sie es tun. Wenn Sie eine Erklärung für eine bestimmte Marktbewegung suchen, dürfen Sie diese Gruppe nicht vernachlässigen.

Was genau ist eigentlich „Der Markt"?

Okay, es gibt also alle möglichen Marktteilnehmer mit unterschiedlich viel Macht, Wissen und Sachkenntnis. Wenn der NASDAQ Composite oder ein anderer Index sich bewegt, wer steht dann hinter dieser Bewegung?

Natürlich ist das eine Kombination aller Marktteilnehmer, aber wenn es zu wirklich großen Bewegungen kommt, dann werden sie von institutionellen Anlegern verursacht, denn sie haben das meiste Geld. Wenn eine Korrektur stattfindet, liegt das daran, dass die Institutionellen ihr Geld aus dem Markt abziehen. Nachhaltige marktbreite Kurserholungen werden durch institutionelle Käufe angetrieben. Was ist „der Markt" für eine bestimmte Aktie? Sie müssen sehen, wer alles die Möglichkeit hat, den Kurs der Aktie zu beeinflussen und bei wem die Wahrscheinlichkeit besteht, dass er es auch tut. Trends entstehen durch das Zusammenwirken aller Marktteilnehmer, aber gewisse Aktien werden von einer bestimmten Gruppe stärker beeinflusst als andere. Zum Beispiel werden große, wohlbekannte Aktien im Allgemeinen von institutionellen Anlegern angetrieben, wohingegen unbekannte Aktien ihr Momentum meistens von Daytradern bekommen.

Wie die Marktpsychologie Trends und Dynamik schafft

Hinter Börsentrends steht die kollektive Psychologie der Marktteilnehmer. Die Massenpsychologie erzeugt viele wiederkehrende Muster und andere marktdynamische Phänomene wie die folgenden:

- Psychologische Widerstände
- Typischer Tagesverlauf von Preis und Umsatz
- Preisbewegungen aufgrund aktienspezifischer Ereignisse
- Kurssprünge spekulativer Aktien
- „Heiße" und „tote" Sektoren, die in Abständen wechseln
- Unterschiede zwischen dem gesunden Menschenverstand und der „Trader-Wirklichkeit"
- Technisch bedingte Preisbewegungen

– Kontra-Indikatoren
  Alle genannten Trends und Phänomene ergeben einen Sinn, wenn man sie im Licht der Marktpsychologie betrachtet.

Psychologische Widerstände

Der Markt besteht aus Menschen, und der Mensch ist ein Gewohnheitstier. Wenn eine Aktie, die bei 5,00 stand, wie wild nach oben zu laufen beginnt und alle historischen Widerstände durchbricht, wo wird sie anhalten? Wenn sie über 8,00 steigt, dann gebe ich eine Verkaufsorder mit einem Limit von 9,95 auf. Warum? Weil 10 Dollar ein psychologischer Widerstand ist. Wenn ein Trader sieht, dass die Aktie über 8,00 steigt, dann denkt er sich:„ Wenn sie auf 10 steigt, verkaufe ich!" oder: „Mal gespannt, ob sie es über 10 schafft!" Er sagt nicht: „Wenn sie auf 9,2 steigt, verkaufe ich!" oder: „Mal gespannt, ob sie es über 11 schafft!" Die Menschen denken in runden Zahlen; bei einer Zwei-Dollar Aktie ist es die nächste Ganzzahl (also drei), bei teureren Aktien ist es das nächste Vielfache von fünf oder von zehn. Und wenn eine Aktie an einem Tag schon 17 Prozent zugelegt hat, dann wundert es mich nicht, wenn sie bis zum Ende des Tages bis auf 20 Prozent Plus steigt, zumindest kurzzeitig, aber ich würde kaum annehmen, dass sie die 20-Prozent-Marke hinter sich lässt. Wenn sie es dann doch bis 23 Prozent schaffen würde, dann würde ich verkaufen, wenn sie sich der Marke von 25 Prozent nähert. Und selbst wenn sie es letztendlich an diesem Tag doch noch bis 50 Prozent schaffen würde, dürfte sie erst noch einmal auf 25 Prozent zurücksetzen, was mir gegebenenfalls eine nochmalige Kaufmöglichkeit bieten würde. Die Menschen betrachten bestimmte Zahlen als Meilensteine. Wenn es keinen historischen Widerstand gibt, weil sich die Aktie in bisher unbekannte Höhen bewegt, dann ist davon auszugehen, dass sich die Trader psychologische Widerstandsmarken bei ganzzahligen Werten oder runden Prozent-Gewinnen schaffen werden.

TRADERSPRACHE:

Man spricht von einem **blue-sky breakout**, wenn eine Aktie den höchsten historischen Widerstand gebrochen hat – die letzte technische Grenze, die die Aufwärtsbewegung stoppen könnte.

Typischer Tagesverlauf von Preis und Umsatz

Im letzten Kapitel habe ich die Ursachen für das typische morgendliche NASDAQ-Gap besprochen, das von einer schwankenden Phase gefolgt wird: eine Kombination von Wissensvorsprung und größerer Macht aufseiten der Market Maker (sie wissen, ob die über Nacht aufgelaufenen Orders, die bei Handels-

beginn abgearbeitet werden, mehrheitlich Käufe oder Verkäufe sind; zweitens haben die Market Maker die Möglichkeit, den Preis im vorbörslichen Handel nach oben oder unten zu drücken) und der Tatsache, dass unbedarfte Trader und Anleger über Nacht Market Orders platzieren.
Ein weiteres Beispiel ist der Umsatz- und Volumeneinbruch zur Mittagszeit. So ungefähr zwischen 13:00 Uhr und 14:30 Uhr New Yorker Zeit machen die Trader Mittagspause, und das Handelsvolumen der meisten Aktien fällt beträchtlich ab. Aktien, die sich relativ stabil halten oder die bis zum späten Vormittag eine bestimmte Richtung eingeschlagen haben, sacken in dieser Zeit häufig leicht ab.

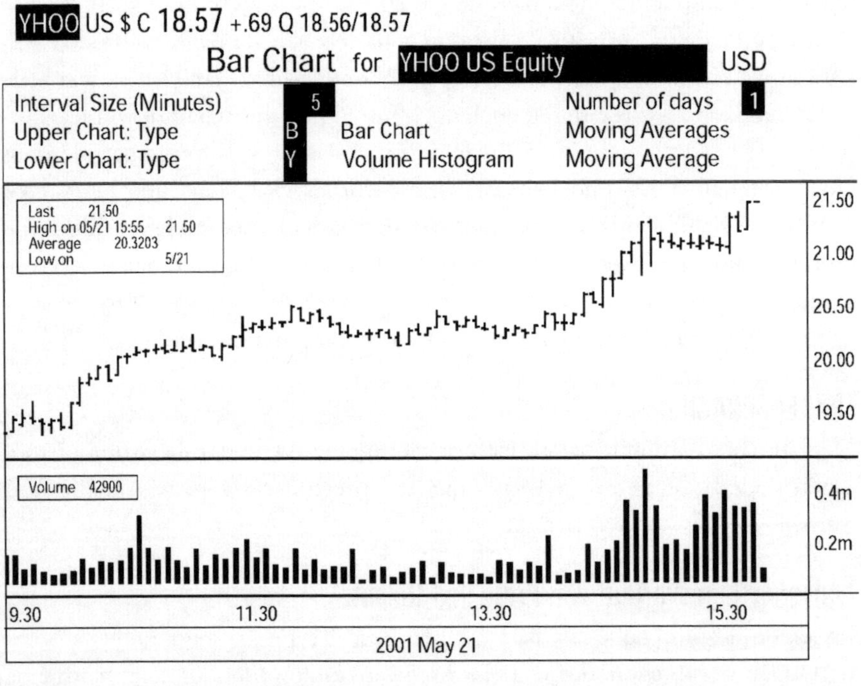

MITTAGSLOCH: Kurs und Handelsvolumen sacken oft ab, während die Trader essen.

Wie viele andere Trends erfüllt sich dieser selbst: Da die Trader wissen, dass viele andere Trader in der Mittagspause weniger aktiv sind, sind auch sie weniger aktiv und verstärken damit den Trend. Aus diesem Grund ist das Mittagsloch eine gute Gelegenheit, Aktien einzusammeln, die am Vormittag zu teuer geworden sind. Wenn aber andererseits eine Aktie in der Mittagszeit bei wachsendem Volumen steigt, dann deutet das darauf hin, dass sie ein echter Renner sein könnte, der noch weiter zulegen könnte – vor allem wenn es auf halb drei zugeht.

Preisbewegungen aufgrund aktienspezifischer Ereignisse

Zwei typische Ereignisse, die Kursbewegungen auslösen, sind Ergebnismeldungen und Aktiensplits (darüber und über andere immer wiederkehrende Trends mehr in Kapitel 6).

Am einfachsten zu erklären sind die Ergebnismeldungen: Wenn die Bekanntgabe der Quartalszahlen eines Unternehmens ansteht und mit guten Ergebnissen zu rechnen ist, dann steigt der Kurs im Vorgriff auf die gute Nachricht. Normalerweise beginnt der Kursanstieg zehn bis vierzehn Tage vor dem für die Ergebnisse geplanten Termin.

Was steckt dahinter? In diesem Fall wenden die Trader die klassische Regel an: „Kaufe das Gerücht, verkaufe die Nachricht." Nach dieser Regel geht man davon aus, dass die Ergebnisse zum Zeitpunkt ihrer Bekanntgabe bereits in den Aktienkurs eingepreist sind, denn wenn es keinen Grund gibt, schlechte Zahlen zu erwarten, nehmen die Trader die positive Nachricht vorweg und kaufen in der sicheren Erwartung, dass sie kommen wird (sie kaufen das Gerücht). Es ist egal, ob die positive Meldung dann auch wirklich kommt – der schlaue Trader verkauft seine Position vor Bekanntgabe der Ergebnisse. Somit wird der Gewinn von der – positiven oder negativen – Reaktion des Marktes nicht beeinflusst. Da zahlreiche Trader dies tun, beginnt der Aktienkurs üblicherweise am letzten Handelstag vor Bekanntgabe der Ergebnisse zu fallen.

SPIELREGEL:

Kaufe das Gerücht, verkaufe die Nachricht.

Aktiensplits sind schon ein wenig komplizierter. Wenn ein Unternehmen einen Split ankündigt, steigt der Kurs gewöhnlich eine Zeitlang. Da Splits üblicherweise einen bis drei Monate vor dem Zeitpunkt angekündigt werden, ab dem die Aktien zum neuen, aus dem Split resultierenden Preis gehandelt werden (ex-date), verläuft sich der Kursanstieg nach ein paar Tagen wieder, und der Kurs kehrt in seine normale Schwankungsbreite zurück. Eine oder zwei Wochen vor dem eigentlichen Split beginnt der Preis aber wieder zu steigen. In bullischen Zeiten kann es kurz vor dem Split zu deutlichen Kurssteigerungen kommen. Entweder setzt sich der Anstieg dann noch einen oder zwei Tage fort, oder er endet, sobald der neue Aktienkurs gilt.

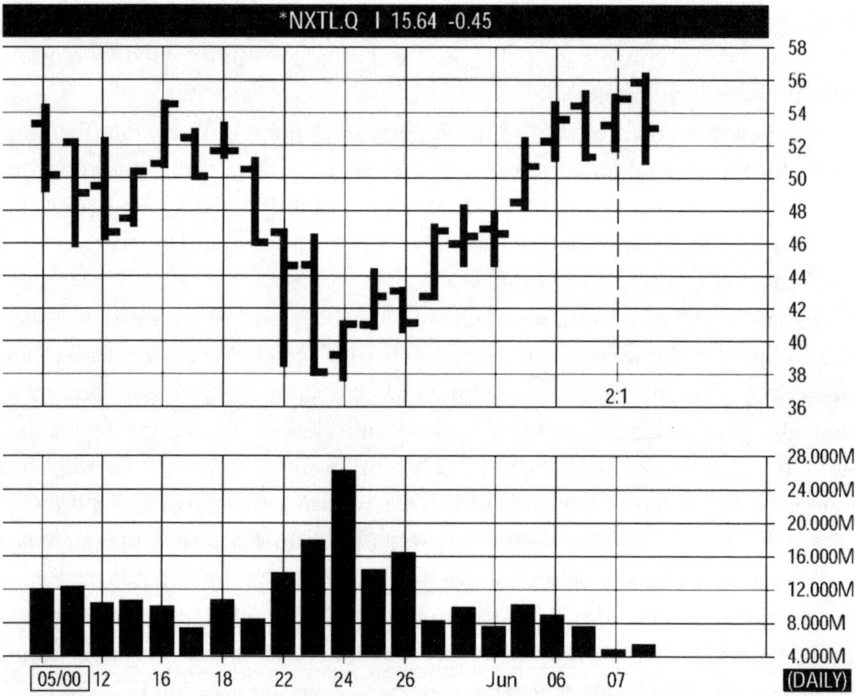

AKTIENSPLIT: **Der Kurs von NXTL stieg in den zwei Wochen vor dem 2:1-Split um mehr als 35 Prozent (das Splitdatum am 7. Juni ist mit "2:1" markiert).**

Chart von TradePortal.com, Inc.

Wie kommt dieser Trend zu Stande? Rein ökonomisch betrachtet, ist dieser Trend genauso unsinnig wie die meisten Aktienanalysten. Und Sie wissen, dass Analysten Schrott sind. Sie brauchen nur eine Tausendstelsekunde nachzudenken, und Ihnen wird klar, dass ein Aktiensplit den Wert der Aktie in keiner Weise erhöht. Nehmen wir einmal an, die Bland Corporation plant einen 2:1-Aktiensplit. Wenn die Bland-Aktie vor dem Split 50 US-Dollar pro Stück kostet, dann wird sie nach dem 2:1-Split für 25 US-Dollar gehandelt, aber es gibt dann doppelt so viele Bland-Aktien wie zuvor. Jemand, der vor dem Split 100 Aktien zu 50 Dollar hatte, besitzt nun 200 Aktien zu 25 Dollar: doppelt so viele Aktien, die jeweils die Hälfte wert sind. Da 100 X 50 Dollar das Gleiche ergibt wie 200 X 25 Dollar, hat sich der Wert der Position keinen Cent geändert. Ein Split hat absolut keinen Einfluss auf den Wert eines Unternehmens. Aber warum steigen dann die Aktien im Vorfeld von Splits?

Für uns als Trader kommt es letzten Endes nicht darauf an, ob etwas sinnvoll ist, sondern nur, ob etwas geschieht. Uns geht es nur um die Trader-Wirklichkeit. Um jedoch die Trader-Wirklichkeit zu erkennen, muss man die Psychologie verstehen, die einen Trend verursacht, auch wenn er ökonomisch betrachtet keinen Sinn ergibt. Zu dem Preisanstieg im Vorfeld von Splits gibt es zwei Theorien – eine dumme und eine intelligente.

Zunächst die dumme Theorie: Sie geht davon aus, dass die Anleger eine Aktie, die weniger kostet, „attraktiver" finden, weil sie sie sich dann eher „leisten können". Ich habe keine Ahnung, was das heißen soll, denn eine 5.000-Dollar-Investition in eine Zwei-Dollar-Aktie kostet das Gleiche wie eine 5.000-Dollar-Investition in eine 5.000-Dollar-Aktie – wichtig ist nur, dass man 5.000 Dollar investiert. Der Erfolg Ihrer Investition hat nichts damit zu tun, wie viele Aktien Sie haben. Sie ist entweder gut oder schlecht, und das einzige was zählt, ist die prozentuale Rendite, die Sie auf Ihr Geld bekommen. (Wenn überhaupt, dann macht es eine Aktie meiner Meinung nach eher weniger attraktiv, wenn man mehr Stücke kaufen muss, denn bei manchen Brokern werden die Transaktionsgebühren nach der Anzahl der Aktien berechnet, mit denen Sie handeln, große Orders kosten also mehr – aber was soll's!). Aber vielleicht gibt es unter den Anlegern wirklich viele Menschen, die eine preiswerte Aktie attraktiver finden und sie daher eher kaufen. Vielleicht sorgt das gesteigerte Interesse an der Aktie, nachdem sie billiger geworden ist, dafür, dass die Anleger groß einsteigen und den Preis hochtreiben. Aber sicher, und ich bin die erste Reinkarnation von Queen Victoria. Wer weiß? Nichts ist unmöglich!

Nun zu der intelligenteren Theorie. Sie ist eine Variation zum Thema „Kaufe das Gerücht, verkaufe die Nachricht". Gemäß dieser Theorie ist die Tatsache, dass ein Unternehmen seinen Aktienbestand splittet, ein gutes Zeichen, denn es bedeutet, dass das Unternehmen von steigenden Aktienkursen ausgeht. (Wenn Sie dagegen auf ein Unternehmen stoßen, das einen umgekehrten Split vornimmt – aus zwei Aktien wird eine zum doppelten Preis – , dann lassen Sie die Finger davon, denken Sie nicht einmal daran. Möglicherweise greift das Unternehmen zu verzweifelten Maßnahmen, um einen Kursverfall ins Mikroskopische zu verhindern.) Die Ankündigung des Splits und die Vorwegnahme ist demnach das Gerücht, und der tatsächliche Split ist die Nachricht – die Nachricht, dass der Split wirklich vorgenommen und nicht abgesagt wurde. Nach dieser Theorie steigt der Kurs nicht wegen des Splits an sich, sondern aufgrund dessen, was der Split bedeutet – nämlich dass das Unternehmen hinsichtlich der künftigen Aussichten seiner Aktien optimistisch ist. Mit anderen Worten: Die Aktie hat Potenzial (Merken Sie sich dieses Wort). Ich bevorzuge die intelligentere Theorie.

Kurssprünge spekulativer Aktien

Wie kam es, dass die Aktie von Amazon.com Ende 1998/Anfang 1999 unaufhaltsam an Wert zulegte? Alle schienen darin übereinzustimmen, dass der Kurs irrational war; das Unternehmen machte keinen Gewinn, und niemand wusste, wann es das je tun würde. Trotzdem stiegen die Aktien höher und höher. Von Januar 1998 bis März 1999 stieg der Kurs ungefähr um das Fünfzehnfache. Amazon war wie eine Tulpenzwiebel im berühmten Tulpenschwindel im Holland des 18. Jahrhunderts. Welches psychologische Marktphänomen steckt hinter solchen Tulpenzwiebelerscheinungen?

Bis vor ein paar Jahren handelte ich erfolgreich mit Sportsouvenirs, und ich habe viel darüber gelernt, wie die Wahrnehmung des Marktes den Wert bestimmt. Ich verkaufte damals Baseball-Bildchen – vorzugsweise ungeöffnete Wachspapierpäckchen. So kam ich zu dem Namen „Wachsmann" oder Waxie. Damals erreichte der Markt für Baseball-Bildchen seinen Höhepunkt, die Preise für gesuchte Exemplare gingen durch die Decke.

Ich lernte, dass die Preise wie eine Rakete hochschießen können, wenn die Menschen ein riesiges Potenzial sehen, aber keine Grenzen. Was bedeutet das? Dazu ein Beispiel: Ungeöffnete Wachspapierpäckchen wurden sehr, sehr wertvoll. Aber warum, wo doch niemand wusste, was sie enthielten? Es konnte passieren, dass vollkommen uninteressante Bildchen darin waren, gewöhnliche Bildchen, die so gut wie nichts wert waren. Aber was die Menschen gefangen nimmt, ist die Möglichkeit, dass sie darin ein unglaublich wertvolles Bildchen finden. So lange die Menschen in einer Sache ein Potenzial erkennen und nicht wissen, was sie wirklich wert ist, so lange kann der Wert unendlich hoch sein – er könnte, er könnte, ja, es lässt sich nicht leugnen, er könnte! Ein Wachspapierpäckchen könnte ein nur einmal vorkommendes Bildchen enthalten, das einen Wert haben könnte, der – soweit man weiß, unendlich hoch sein könnte. Bevor jemand das Päckchen öffnet, weiß man es einfach nicht.

Mit diesen Unbekannten habe ich eine Menge Geld verdient.
Und so war es damals mit den echten Tulpenzwiebeln auch. Der Grund für ihren hohen Wert lag darin, dass den Zwiebeln niemand ansehen konnte, ob die Blumen langweilige alte Tulpen sein würden oder einzigartige Tulpen von seltener und nicht wiederholbarer Schönheit. Das Potenzial einer Zwiebel, eine einzigartige Blume hervorbringen zu können, genügte, um den Preis in schwindelnde Höhen zu treiben. Erst wenn die Pflanze tatsächlich trieb, konte man den wahren Wert der Zwiebel erkennen.
Genauso war es mit Amazon. Auf dem Höhepunkt des Internetbooms blickt alle Welt auf die Aktien von Microsoft und von America Online und sah, dass sie gegenüber dem Emmissionspreis Tausende Prozent zugelegt hatten. Die Menschen dachten sich, wenn das mit diesen Aktien passieren konnte, dann kann es wieder passieren – und alle wollten die Aktie haben, die die nächste Microsoft sein würde. Da kam Amazon. Amazon war eine Aktie mit Potenzial, und niemand kannte ihren Wert, denn da noch keine Unternehmensergebnisse vorlagen, gab es keine objektiven Daten, auf die man eine Bewertung gründen konnte. Da gab es also eine Aktie mit Potenzial, und solange niemand wusste, was sie wert war, konnte sie unendlich viel wert sein, genauso wie Microsoft.
Sobald aber objektive Informationen bekannt werden, aufgrund deren man eine Bewertung errechnen kann, ist alles vorbei – puff! – einfach so. Dies hielt den Kurszuwachs von AOL schließlich auf. Als AOL zum ersten Mal Ergebnisse meldete, war der unglaubliche Lauf ins Unermessliche für immer vorbei.
Dies ist die Denkweise, die den Markt regiert, und mit solchen Dingen müssen Sie sich beschäftigen, wenn Sie die Marktbewegungen verstehen und vohersehen wollen.

Heiße und kalte Sektoren, zyklische Sektorenrotation

TRADERSPRACHE:

Ein **Sektor** ist ein Teilbereich des Marktes, dessen Unternehmen sich grob auf dem gleichen Geschäftsbereich betätigen.

Als Trader interessiert es uns nicht so sehr, wie sich der NASDAQ und der Dow Jones verhalten (wenn auch daran, wie sie sich auf unsere Trades auswirken können). Stattdessen interessiert uns der heiße Sektor des Tages. Selbst wenn sich der Markt als Ganzes kaum bewegt, kann ein bestimmter Sektor komplett am Rad drehen. Wenn sich Sektoren richtig warmlaufen, dann dauert der Zyklus gewöhnlich zwischen einem Monat und zwei Jahren.
Heiße Sektoren nehmen an marktbreiten Erholungen teil, kalte Sektoren

nicht. Selbst während bedeutender Erholungsphasen bewegen sich Aktien aus kalten Sektoren innerhalb einer Trading Range, oder sie fallen sogar. Und deshalb sollten Sie Sektoren beobachten.

Auch während sich ein Sektor in der heißen Phase seines Zyklus befindet, kann er für kurze Perioden wieder abkühlen. Ein Sektor kann zum Beispiel von November bis März brandheiß sein, aber innerhalb dieses Zeitraums gelegentlich kalte Tage oder Wochen durchmachen, während andere Sektoren gut laufen; oder der Kurs setzt zurück, weil Trader Kursgewinne mitnehmen.

Wenn ein Sektor seinen Höhepunkt erreicht hat, kann der Abfall sehr viel schneller vonstatten gehen als die Reise nach oben. Manchmal nimmt die Fahrt nach unten nur die Hälfte der Zeit in Anspruch, die die Aktie für den Aufstieg benötigt hatte, und manchmal sogar noch weniger. Egal ob Sie Anleger oder Trader sind, Sie müssen schnell handeln, wenn ein Zyklus endet, wenn Sie nicht zerschmettert werden wollen.

Was macht einen Sektor heiß? Während eines bullischen Aufschwungs ist es die gleiche Kraft, die spekulative Aktien – „Tulpen" – weiter und weiter in die Höhe treibt. Diese Kraft heißt Potenzial. Sektoren, in denen der Markt Potenzial sieht, können so lange heiß bleiben, wie das Gefühl für die Möglichkeiten nicht von irgendeiner ungünstigen Tatsache gestört wird, wie zum Beispiel klaren Hinweisen darauf, dass der Markt für die Produkte des Unternehmens schrumpft.

In eher bärischen Zeiten können Sektoren im Spiel bleiben, wenn sie etwas Zusätzliches bieten, das ihnen zu großem Wert verhilft. Zum Beispiel haben sich in solchen Zeiten Halbleiter- und Glasfaser-Aktien sehr viel besser entwickelt als der elektronische Einzelhandel und Online-Banken. Der Grund dafür ist folgender: Einen elektronischen Vertrieb oder eine Online-Bank zu eröffnen ist relativ einfach (und diese Leichtigkeit war der Untergang dieser Aktien) – insbesondere für konventionelle Einzelhändler und Banken –, wohingegen Hersteller von Halbleitern, Internet-Infrastruktur und Glasfaserprodukten über einzigartige eigene Technologien verfügen. Dritte können nicht so ohne Weiteres die gleichen oder konkurrierende Produkte herstellen.

Der objektive gesunde Menschenverstand im Gegensatz zur „Trader-Wirklichkeit"

Ihnen mag klar sein, dass eine Aktie oder ein ganzer Sektor überbewertet ist und dass da irrationaler Überschwang am Werk ist. Allerdings sollte sich das nicht sehr stark auf Ihre Trading-Entscheidungen auswirken, denn kurzfristiges Trading hat wenig mit der letztendlichen objektiven Realität zu tun, aber sehr viel mit der aktuellen – und vorübergehenden – Wahrnehmung des Marktes.

Wenn Sie zum Beispiel sehen, dass der Umsatz des Börsenlieblings FLUF in diesem Jahr 400 Millionen US-Dollar betragen wird, das Unternehmen allerdings eine Marktkapitalisierung von mehr als 70 Milliarden US-Dollar aufweist, dann ist es mehr als offensichtlich, dass schon viele gute Nachrichten – die weit in die Zukunft reichen – in den Aktienkurs eingepreist sind. Und dann lesen Sie einen Artikel, gemäß dem der gesamte Markt für FLUFs Produkte nur ein Volumen von 6,5 Milliarden haben wird, und zwar in drei Jahren. Selbst wenn es das Unternehmen irgendwie schaffen würde, einen Marktanteil von 100 Prozent zu erringen, würde die Aktie immer noch für das Zehnfache des Umsatzes verkauft. Momentan hat FLUF einen Marktanteil von rund 22 Prozent. Es ist Unsinn zu erwarten, dass sich der Marktanteil je an die 50 Prozent annähern wird, und die Bewertung von FLUF ist in jedem Fall mehr als absurd.

Trotz alledem hat ein Analyst letzte Woche auf CNBC FLUF empfohlen, weil es seinem Hauptkonkurrenten Marktanteile abjagt. Ihnen ist klar, dass die Aktie selbst für den Fall, dass FLUF den gesamten Marktanteil des Mitbewerbers übernommen hätte (was unmöglich ist), ein lächerliches Kurs-Umsatz-Verhältnis aufweisen würde. (Die meisten Unternehmen werden zu dem Fünf- bis Siebenfachen ihres Gewinns – nicht Umsatzes – gehandelt, der in spätestens fünf Jahren erwartet wird. Ein typisches bodenständiges Unternehmen kostet höchstens das Fünf- bis Zehnfache des diesjährigen Gewinns.) Die Empfehlung von FLUF ist ein seltener Unsinn. Sie müssen aber immer daran denken, dass es beim Trading immer um Wahrnehmungen geht. Darum sind vernünftige Bewertungen keine nützlichen Werkzeuge für kurzfristige Trader. Man kann nicht einfach FLUF shorten und dann Urlaub in Tahiti machen. Am Ende wird FLUF sein angemessenes Niveau erreichen, genauso wie die elektronischen Einzelhändler und die Onlinebanken. Die Überbewertung ist vielleicht die objektive Realität, der gesunde Menschenverstand wird vielleicht am Ende siegen und die überbewerteten Aktien nach unten drücken. Aber wenn die Wirtschaft boomt, gibt es immer übertriebene und den Rahmen sprengende Bewertungen, weil so viel Geld in den Markt strömt.

Der Grund, weshalb Sie nicht einfach FLUF shorten und nach Tahiti fahren können, liegt darin, dass sich die Trader-Wirklichkeit häufig von der objektiven Realität und dem objektiven gesunden Menschenverstand unterscheidet. Es könnte sein, dass eine Aktie zu einem nach allen Kriterien lächerlichen Preis gehandelt wird, aber als Trader kaufe ich diese Aktie vielleicht für kurze Zeit, ohne lange zu fackeln.

Warum? Weil der Markt aus Tradern besteht. Fonds und Institutionen sind im Kern Trader. Die Aktien, die heute überbewertet sind, fallen irgendwann auf die paar Dollar, die sie wirklich wert sind, aber bis dahin findet sich immer ein tüchtiger Analyst, der sie auf der Grundlage des Zauberwortes hochstuft, das Trader so gerne hören – Potenzial. Die Menschen haben mehr Angst davor, eine Kurserholung zu verpassen, als Geld zu verlieren, wenn der Markt erstirbt. Solange Potenzial wahrgenommen wird, kann und will der Markt Sprünge machen und Erholungsphasen über Gebühr ausdehnen.

Es ist eine zwingende Realität, dass sich eine Aktie mit einer Marktkapitalisierung von neun Milliarden und einem Umsatz von 450 Millionen sowie verlangsamtem Wachstum ab einem gewissen Punkt abwärts in Richtung ihres wirklichen Wertes bewegen muss. Es ist allerdings auch eine zwingende Trader-Realität, dass sie möglicherweise erst 100 Prozent zulegt, bevor das passiert. In einer richtig schönen Erholungsphase kann die Aktie ihren Kurs mehr als verdreifachen. Der Trick der Trader besteht darin, sich nicht so sehr um die objektive Wirklichkeit zu kümmern, oder darum, was etwas kosten sollte, sondern ausschließlich um die Trader-Wirklichkeit. Für Sie als Trader bedeutet das, dass Sie den Markt in sehr kleinen Zeitabschnitten betrachten und entsprechend traden sollten. Sie sollten sich keine Gedanken um Überbewertungen machen, es sei denn, die Wahrnehmung des Marktes wird mit dieser erdrückenden Wirklichkeit identisch. Wenn dies eintritt, ist es für Sie Zeit, short zu gehen und die überbewerteten Aktien bis zu ihrem unvermeidlichen Tod zu reiten.

Die Wahrnehmung, dass sich die Konjunktur bessert, dass der Boden nahe ist und dass sich eine Wende anbahnt, kann FLUF zu einem großartigen Kauf machen. Ein Trader muss auf die Wahrnehmung des Marktes achten und sich um Bewertungen erst dann sorgen, wenn es der Markt tut. Das Wasser sucht sich seinen Pegel, aber in seinem eigenen Tempo. Anstatt Bullen oder Bären zu werden, sollten die Trader einfach nur wachsam sein. Wenn Sie nicht gerade zum Anleger werden wollen (das schrecklichste aller Schicksale), dürfen Sie sich nicht von der objektiven Realität fesseln lassen. Und wenn Sie Anleger sind, dann müssen Sie wissen, wie Sie sich durch Put-Optionen oder Hedging schützen können.

Kursbewegungen aus technischen Gründen

Die charttechnische Analyse sagt nichts Fundamentales über den Wert eines Unternehmens oder seiner Aktien aus, oder darüber, was mit der Aktie geschehen sollte. Sie liefert nur Messwerte, die jeder kompetente Trader beobachtet. Und deshalb funktionieren sie: Alle blicken auf sie, und alle wissen, dass alle auf sie blicken; dadurch werden sie wichtig, und alle handeln danach. Deshalb hört eine steigende Aktie bei 51 auf zu steigen, dem Kurs, bei dem sie schon früher angehalten hat, obwohl 51 im Hinblick auf die Fundamentaldaten eine vollkommen beliebige Zahl ist. Und ebenfalls deswegen fällt die

Aktie nicht unter 38, außer wenn die Lage sehr, sehr schlecht ist. Die Zahl 38 ist nichts Besonderes; nur weiß eben jeder, dass die Aktie schon früher von 38 aus wieder nach oben geschnellt ist, und deshalb erwarten alle, dass sie das wieder tun wird – weil alle anderen das auch erwarten.

Kontra-Indikatoren

Ein Kontra-Indikator bedeutet das Gegenteil dessen, was er zu bedeuten scheint. Die besten Kontra-Indikatoren für Trader sind allgemein verbreitete und vorherrschende Meinungen, die derart festgefügt sind, dass man die Menschen auf keine Weise davon abbringen kann. Wenn beispielsweise absolut jeder der Meinung ist, dass der Markt niemals aufhören wird zu steigen, dann ist es für den guten Trader an der Zeit, ein Börsenhoch zu erwarten. Ebenso ist die Zeit zum Kaufen noch nicht gekommen, wenn die Analysten während einer Korrektur Bodenbildungen voraussagen. Die rechte Zeit ist erst dann gekommen, wenn die Analysten aufgehört haben, Tiefpunkte vorherzusagen – wenn sie die Achseln zucken und zugeben, dass sie keine Ahnung haben, wann der Markt seinen Fall beenden wird. Das ist das Gleiche wie die Aussage, dass der Markt ewig fallen könnte. Und wenn erst einmal alle glauben, dass der Markt ewig fallen wird, dann ist es für den guten Trader an der Zeit, über Käufe nachzudenken.

Wieso funktionieren Kontra-Indikatoren? Wenn alle Marktteilnehmer passend zum Trend gleichzeitig das Gleiche tun, dann kann der Trend das nicht überleben. Wenn der Markt noch mit einem Höhepunkt rechnet, dann gibt es immer noch Menschen, die glauben, dass der Markt nicht endlos steigen wird; und diese Menschen haben noch nicht eingekauft. Wenn allerdings alle davon überzeugt sind, dass der Markt ewig steigen wird, dann kaufen alle, die kaufen wollen, tatsächlich; und danach gibt es keine Käufer mehr. Und dann erreicht der Markt seinen Höhepunkt. Ebenso ist es während einer Korrekturphase; erst wenn alle glauben, dass der Markt nicht aufhören wird zu fallen – dieser Glaube ist der Kontra-Indikator –, werden schließlich alle Verkäufer aufgeben und verkaufen. Diese Kapitulation ist die einzige Möglichkeit, den Verkaufsdämon aus dem Markt auszutreiben.

Die sieben Todsünden und die Angst
Erkennen Sie Ihre psychologische Achillesferse

Zum Inhalt dieses Kapitels:

- Warum Trader ihre eigenen schlimmsten Feinde sind
- Acht psychologische Fußangeln, die dafür sorgen, dass Trader regelmäßig scheitern
- Wie man die Fußangeln herausfindet, die Ihren Erfolg verhindern
- Warum es nicht Ihr Ziel sein sollte perfekt zu sein, sondern die emotionalen Barrieren zu kontrollieren, die den Erfolg versperren
- Wie durch Beständigkeit langfristiger Trading-Erfolg erreicht werden kann
- Wie Sie jeden Trade mit einer positiven Einstellung angehen

Sie selbst sind Ihr schlimmster Feind

Geschichte wiederholt sich. Das trifft nirgends so sehr zu wie an der Börse. Wie schon im letzten Kapitel gesagt, der Markt besteht weniger aus geheimnisvollen Überraschungen als aus vorhersehbaren Trends und wiederkehrenden Mustern. Und er ist deshalb vorhersehbar, weil alles, was geschieht, aus den Motivationen der Marktteilnehmer resultiert. Alles beruht auf den Grundlagen der menschlichen Natur, die Sie in der Grundschule gelernt haben.

Der Markt ist nicht das einzige vorhersehbare oder das einzige, das gemäß den Grundlagen der menschlichen Natur funktioniert. Es gibt beim Trading noch einen weiteren Faktor, der gemäß diesen Prinzipien funktioniert, und dieser Faktor sind Sie.

Sie sind als Trader Ihr eigener schlimmster Feind. Denn Sie haben – wie jeder Trader – psychische und emotionale Schwachstellen, Achillesfersen, die Sie dazu bringen, immer und immer wieder die gleichen Fehler zu begehen, ohne dass Sie es je merken. Der Unterschied zwischen einem erfolgreichen und einem gescheiterten Trader besteht darin, dass der erfolgreiche Trader seine oder ihre psychischen Achillesfersen erkannt hat und gelernt hat, sie so zu kontrollieren, dass sie nicht das Trading unterwandern und den Erfolg sabotieren.

Viele Menschen sagen, die zwei Antriebskräfte des Marktes seien Gier und Angst. Auf der einfachsten Ebene trifft das zu. Die Gier treibt die meisten Menschen zum Kauf, und die Angst treibt sie zum Verkauf. Gier und Angst sind auch zwei Dinge, die dem Trader zugute kommen können. In vernünftigen Dosen ist Gier, oder zumindest der Wunsch, Geld zu verdienen, unsere hauptsächliche Motivation, uns am Markt zu engagieren und Erfolge zu erzielen. Angst kann eine gesunde Reaktion sein, wenn wir spüren, dass Gefahr oder eine Katastrophe im Anmarsch ist. Sie bringt uns dazu, eine Situation zu verlassen, die uns ruinieren könnte.

Wenn aber Gier und Angst außer Kontrolle geraten, sind sie zwei der psychologischen Fallstricke, die Trader zum Scheitern bringen. Es gibt noch sechs weitere. Ich nenne sie zusammenfassend „die sieben Todsünden und die Angst". Viele Trader können mehrere dieser psychischen und emotionalen Schwachstellen ausmachen, indem sie Tradingfehler analysieren, die sie begangen haben. Jede einzelne kann Sie ruinieren. So ist zum Beispiel der Stolz eine besonders tödliche Sünde; er verhindert ein gesundes Angstgefühl, aufgrund dessen Sie eine Position abstoßen, die Sie in den Untergang treibt. Zorn und sonstiger emotionaler Stress im Privatleben kann den gesunden Wunsch verdrängen, am Markt Erfolg zu haben. Wollust, Unersättlichkeit und Neid sind spezielle Formen der Gier. Und die Faulheit macht Sie zu einem trägen, schlampigen Trader, der nicht gewinnen kann.

Trader, die regelmäßig scheitern, machen Fehler, die in eine oder mehrere dieser acht Kategorien fallen. Gehen Sie die Liste durch und sehen Sie, wie viele davon Trades verursacht haben, die Sie nach Disasterville geführt haben.

Die sieben Trading-Todsünden und die Angst

1.Gier. Wie ich weiter unten ausführe, ist es hauptsächlich der Wunsch, Geld zu verdienen, der uns dazu motiviert, erfolgreiche Trader zu werden, und das ist eine gute Sache. Aber der Wunsch nach Erfolg ist etwas anderes als die Todsünde der Gier, der Sünde zu versuchen, aus einem Trade den allerletzten Cent herauszupressen. Diese Art der hemmungslosen Gier bringt Trader dazu, an ihren Positionen auch noch festzuhalten, lange nachdem der Verlust den Gewinn kompensiert hat und das Risiko den potenziellen Lohn überwiegt.

Hier ein Beispiel: Der gierige Trader sieht, dass BUXX einen steilen Aufstieg beginnt; es sind positive Meldungen bekannt geworden und die Aktie hat an diesem Tag schon 20 Prozent zugelegt, aber das Handelsvolumen nimmt immer noch zu, der Kurs ist momentan stabil, der Markt tendiert fest, und es sieht so aus, als würde BUXX noch weiter steigen. Der Gierhals kauft 1.000 Stücke BUXX zu sechs US-Dollar. Bis 12:15 Uhr ist die Aktie auf zehn US-Dollar gestiegen – ein Tagesgewinn von 66 Prozent beziehungsweise ein Gewinn von 4.000 Dollar auf die 1.000 Aktien.

Der Gierhals weiß sehr gut, dass runde Zahlen wie die Zehn für Trader eine psychologische Barriere darstellen und dass eine Aktie, wenn sie die Bremse zu ziehen beginnt, dies vermutlich an einem solchen Punkt tun wird. Und tatsächlich hört der Kurs auf zu steigen, nachdem er kurzzeitig auf 10,03 US-Dollar hochgeschossen war, und er beginnt zu fallen. Der Gierhals weiß, dass er jetzt aussteigen und erst später wieder kaufen sollte, aber er denkt auch: Was, wenn sie auf zwölf steigt und erst dann wieder abfällt? Und wenn sie 100 Prozent Gewinn macht? Könnte ich es mir je verzeihen, wenn ich einen zusätzlichen Gewinn von 2.000 US-Dollar verpassen würde, weil ich zu früh ausgestiegen bin?

Natürlich kommt es am Ende so, dass BUXX auf 9,50 und dann bis auf 8,75 fällt, um mit 8,90 US-Dollar zu schließen. Am nächsten Tag steht der Markt mit dem falschen Bein auf, der Gierhals kann froh sein, wenn er mit 8,70 US-Dollar aussteigen kann – und mit 1.300 US-Dollar weniger Gewinn als er hätte haben können.

Man umgeht die Falle, die einem die Gier stellt, in dem man äußerst gewissenhaft seine Gewinne mitnimmt. Nehmen Sie sie einfach mit! Es ist egal, ob die Aktie noch einen oder zwei Dollar weiter steigt, nachdem Sie die Position verlassen haben. Wichtig ist nur, dass Sie einen sauberen Gewinn gemacht haben und mit mehr Kapital als zuvor in den nächsten Trade gehen können. Und es ist besser, zum nächsten Trade überzugehen als am alten festzuhalten, wenn er zu riskant geworden ist, denn der nächste Trade hat ein Gewinnpotenzial, das den potenziellen Verlust überwiegt (wenn nicht, hätten Sie keinen Grund, die Position einzugehen, oder?), während das Verlustrisiko des alten Trades inzwischen die Gewinne überwiegt, die Sie wahrscheinlich machen würden.

SPIELREGEL:
Sichern Sie gewissenhaft Ihre Gewinne. Es ist noch keiner pleite gegangen, der Gewinne mitgenommen hat!

SPIELREGEL:
Gier = Tod. Schweine werden geschlachtet!

SPIELREGEL:
Versuchen Sie nicht, über den Zaun zu schlagen; ein Single reicht – und Homeruns ergeben sich dann von selbst.

2. Stolz. Die Schwäche des Hochmuts dürfte allein im Jahr 2000 Tausende Menschen Millionen von Dollars gekostet haben. Diese Tradingsünde besteht darin, dass man sich weigert, kleinere Verluste hinzunehmen und auszusteigen. Ein anderes Wort dafür ist die gute alte Dickköpfigkeit. Was haben die Menschen dagegen, kleine Verluste einzustecken und zu besseren Trades überzugehen? Sie wollen einfach nicht zugeben, dass ihre Entscheidung für eine bestimmte Position nicht brillant war. Sie wollen einfach nicht zugeben, dass sie sich mit der Aktie geirrt haben.
Ich weiß nicht, wie es mit Ihnen ist, aber ich halte es für lächerlich und völlig kontraproduktiv, von sich selbst zu erwarten, dass man mit allem, was man tut, Recht behält. Hallo, hier spricht die Wirklichkeit! Wie kann ein erwachsener Mensch behaupten, er habe immer Recht? In meinen Augen ist das kindisch und sehr, sehr dumm. Eine reife Persönlichkeit stellt fest, dass sie manchmal falsch und manchmal richtig liegt. Sie versucht, so oft wie möglich richtig zu liegen, aber wenn sie falsch liegt, gibt sie es vor sich selbst und allen Beteiligten offen zu, kommt darüber hinweg und macht in der richtigen Richtung weiter. Es ist leichter, seine Fehler hinter sich zu lassen und aus ihnen zu lernen, wenn man sie nicht über Tage, Wochen oder Monate beibehält.
Beispiel: Der hochmütige Trader blättert für 500 Aktien von Ambiguity Incorporated zu 20 US-Dollar das Stück 10.000 Dollar hin. Er glaubt, dass das Konzept der neuen, innovativen Ambiguity-Software ein großer Renner werden

wird, und er verfügt über eine Masse an zuverlässigen Informationen, die diese Auffassung stützen. In letzter Zeit ist der Kurs stetig gestiegen, von 16 auf 20 US-Dollar. Und es stimmt, dass der Kauf von AMBI keinesfalls ein unvernünftiges Geschäft ist.

Aber aus irgendeinem Grund setzt sich das neue Konzept nur langsam durch. Herr Hochmut hält AMBI drei Wochen lang, während deren der Kurs im Prinzip dort bleibt, wo er zum Zeitpunkt des Kaufs war. Er steigt einen Dollar und fällt wieder einen Dollar und so weiter – die Aktie bewegt sich seitwärts und weist keine Anzeichen einer bestimmten Tendenz auf. Dann trübt sich der Markt ein, und alle Technologiewerte fallen. AMBI fällt nicht sofort in den Keller, aber in den nächsten Wochen fällt der Kurs langsam wieder auf 16 US-Dollar zurück. Umsätze sind praktisch keine vorhanden, anscheinend interessiert sich niemand für die Aktie.

Herr Hochmut hält daran fest, dass sich AMBI, wenn er es einfach weiter hält, nicht nur wieder erholen, sondern ihm auch noch einen großen Profit einbringen wird, wenn der Markt erst einmal den Wert erkannt hat. Er hält die Aktie über die nächsten fünf Monate und schaut zu, wie sie zwischen 15 und 16 US-Dollar schwankt. Nach mehr als sechs Monaten schließlich läuft die Aktie nach oben – bis auf 22 Dollar. Hochmut tut das Richtige und nimmt auf diesem Niveau den Gewinn mit. Jetzt hat er gegenüber allen seinen Freunden Recht behalten, die sicher waren, dass er mit der Aktie keinen Cent gewinnen würde. Er erzählt es jedem: „Ich habe dir gesagt, dass das am Ende eine heiße Sache wird."

Aber wen kümmert das? Die Wahrheit ist, dass Herr Hochmut 10.000 US-Dollar sechs Monate lang für einen Gewinn von zehn Prozent blockiert hat, während er mindeststens das Gleiche jede Woche hätte verdienen können, wenn er auf bessere Trades umgestiegen wäre. Es gab keinen zwingenden Grund für die Annahme, dass AMBI demnächst steigen würde, und Hochmut hatte keinen Ausstiegsplan.

Das wirklich Beängstigende an der Sache ist, dass AMBI genauso gut auf sechs Dollar hätte fallen können.

SPIELREGEL:

Nehmen Sie kleinere Verluste in Kauf.

SPIELREGEL:

Sie müssen nicht mit jedem Trade Gewinn machen.

SPIELREGEL:

Seien Sie nicht mit Aktien verheiratet.

3. Wollust. Hier geht es um das Problem von sexy Aktien. Sie wissen, was ich meine: Den angesagten Sektor, die heiße Aktie, die in aller Munde ist, die Ihnen das Gefühl gibt, ein Gewinner zu sein, wenn Sie sie haben, und wie ein Verlierer, wenn Sie sie nicht haben – egal ob der Trade sinnvoll ist oder nicht. Die Menschen jagen diesen heißen Aktien nach, weil sie meinen, sie müssten sie unbedingt haben. Etwas Ähnliches geschieht, wenn eine beliebige Aktie plötzlich steil nach oben klettert: Die Menschen sehen, dass sie populär ist, und sie wollen an der Action beteiligt sein (was immer das heißen mag); am Ende rennen sie der Aktie hinterher, während der Preis steigt, und sie bezahlen dafür so viel, dass der Trade nicht funktionieren kann.

Dies ist ein rein emotionales Verhalten, das nichts mit Denken zu tun hat. Hier ist der innere Schweinehund am Werk.

SPIELREGEL:

Jagen Sie keinen Aktien nach; warten Sie, bis sie zu Ihnen kommen. Wer bis zum Schluss im Pool bleibt, schwimmt mit der Kacke!

SPIELREGEL:

Beherrschen Sie Ihren inneren Schweinehund.

Hier ein Beispiel dafür, wie man es nicht machen sollte: Nehmen wir an, Sie haben sich mit Slam Executables, Inc. (SEXY) befasst. Das Unternehmen gehört zu einem heißen Sektor und hat gerade einen Aktiensplit angekündigt. SEXY steht bei 18, und Sie glauben, es könnte bis zum Split auf 25 oder noch ein bisschen höher steigen. Die Börse tendiert bullisch, und es sieht nach einem großartigen Trade aus.

Das Problem ist, dass SEXY seit vier Tagen steigt. Bei 12 hat es angefangen, aber Ihnen ist es erst bei 18 aufgefallen – nach 50 Prozent Gewinn –, und die Aktie steigt weiter. Bis zum Split ist es noch einen Monat, und Sie wissen, dass sich die Lage vor dem Split zunächst ein wenig abkühlen dürfte. Immer noch redet alle Welt von SEXY und dem Executables-Sektor; und was wenn die Aktie eine Gewinnsträhne erlebt und der nächste Blockbuster wird? Sie müssten sterben, wenn Ihnen auf diese Art der Bus vor der Nase wegfahren würde. Und außerdem wollen Sie anderen Menschen erzählen können, dass Sie eine Position SEXY halten.

Also packen Sie für 18,50 US-Dollar SEXY ein und richten sich mit Ihren 1.000 Aktien darauf ein abzuwarten.

In den nächsten zwei Wochen steigt SEXY auf 19 komma soundso, flacht dann ab, verliert an Fahrt und driftet auf 17 herab. Dann geben ein paar führende

NASDAQ-Unternehmen Gewinnwarnungen heraus, der Markt geht auf Tauchstation, SEXY rutscht auf 15 ab und löst den Stopp aus, den Sie für die Hälfte Ihrer Position auf 16 gesetzt haben. Eine Woche lang läuft die Aktie seitwärts und beginnt dann auf den Split hin zu steigen. Am zweiten Tag nach dem Split steigt SEXY knapp über 20,50 US-Dollar, dann versiegt das Volumen, und Sie verkaufen mit einem Gewinn von zwei Dollar pro Aktie. Da aber die Hälfte Ihrer Aktien bei 16 ausgestoppt wurde, haben Sie auf diese Hälfte 2,50 US-Dollar pro Stück verloren, und das ergibt einen Nettoverlust von 0,50 auf 500 Stücke.

Was ist schief gegangen?

Der Fehler war, dass Sie die Aktie nicht haben zu sich kommen lassen. Stattdessen sind Sie ihr hinterhergejagt, während der Preis gestiegen ist, wobei Sie genau wussten, dass sie – entsprechend dem Split-Trend – wahrscheinlich noch einmal zurückfallen würde, bevor sie wieder steigt.

Sie wussten, dass ein Rücksetzer wahrscheinlicher war als ein Durchmarsch bis 25, und Sie wussten, dass Sie bei 18 oder mehr zu viel bezahlten. Sie haben Ihr Wissen zugunsten dessen ignoriert, was hätte passieren können – auch wenn die Chance, dass so etwas Unwahrscheinliches passiert, sehr klein war. Sie hätten der Aktie die Chance geben sollen, zu Ihnen zu kommen, zu einem Preis, den Sie als vernünftig empfunden hätten. Wenn die Aktie überraschenderweise nicht so weit gefallen wäre, wie Sie gedacht hatten, dann wäre das in Ordnung gewesen – es gab noch viele andere Aktien, die Sie hätten kaufen können, und ein paar davon wären auf Ihren Kurs gefallen. Sie brauchten SEXY nicht. Zwei Monate später hätte sich keiner mehr darum gekümmert (und auch jetzt kümmert sich außer Ihnen niemand ernsthaft darum), und Sie wollen nicht, dass der Grund, weshalb Sie sich darum kümmern, darin besteht, dass Sie durch die Aktie einen Sack voll Geld verloren haben.

Was wäre die richtige Art gewesen, mit SEXY umzugehen?

Wenn der Markt bullisch tendiert, ist es sehr wahrscheinlich, dass eine Aktie nach Ankündigung eines Splits erst steigt, dann nach ein paar Tagen wieder abfällt und etwa eine Woche vor dem Split wieder zu steigen beginnt. Wenn dieser Trend gilt und es keinen Grund zu der Annahme gibt, dass die Aktie sofort wie eine Mondrakete durchstartet, sollten Sie sie erst ein paar Tage sinken und sich stabilisieren lassen, bevor Sie sie kaufen. Wenn Sie das mit SEXY gemacht hätten, hätten Sie bei 16,50 US-Dollar kaufen und bei 20,50 US-Dollar verkaufen können, mit vier Dollar Gewinn auf alle 1.000 Aktien. Wenn Sie einen handfesten Grund zu der Annahme gehabt hätten, dass sich die Aktie weiter erholt, hätten Sie die Hälfte der gewünschten Aktien zu einem Kurs kaufen können, der sich vielleicht als überhöht herausgestellt hätte, und mit dem Kauf der anderen Hälfte einen niedrigeren Kurs abwarten können. Wenn sich der Kurs als zu hoch herausgestellt hätte, dann hätte dies den Gewinn nur ein wenig geschmälert.

WAXIES SCHLAUE WALL-STREET-SPRÜCHE

Keine Aktie steigt oder fällt ununterbrochen. Warten Sie mit dem Kauf einen Rücksetzer ab.

Die gleiche Strategie müssen Sie bei einer Erholung im Tagesverlauf anwenden. Da steigende Aktien während der Mittagspause (13:00 bis 14:30 Uhr New Yorker Zeit) zurückfallen, ist dies oft ein guter Zeitpunkt, in einen Trade einzusteigen. Es ist wirklich frustrierend, wenn man eine Aktie zu hoch kauft und dann zusehen muss, wie sie abfällt und erst wieder auf den Kurs kommen muss, zu dem man sie gekauft hat, bevor man endlich daran denken kann, etwas daran zu verdienen.

Das gleiche gilt für Leerverkäufe, allerdings mit umgekehrten Vorzeichen. Jagen Sie nicht der fallenden Aktie nach, die Sie shorten wollen. Warten Sie stattdessen, dass sie ein wenig steigt, bevor Sie die Position eingehen.

4. Neid. Der Neidhammel vergeudet einen Haufen Energie, indem er darauf schaut, was andere Trader tun (oder zu tun behaupten). Er blockiert sich dann selbst vollständig, weil er sich darum Gedanken macht, dass alle anderen mit ihren Portfolios 30 Prozent pro Woche machen, dass alle anderen tolle Aktien finden, die ihm entgehen, und dass alle anderen wissen, was sie tun, er aber nicht. Deshalb versucht er nachzumachen, was die anderen seiner Meinung nach tun, er tut es aber zu spät und tut vor allem Dinge, die keine gute Idee sind. Er gerät in Verwirrung, weil er derart viele Aktien verfolgt, dass er bei keiner einzigen so recht versteht, was vor sich geht. Wenn man zu viele Hasen auf einmal jagt, entkommen sie alle! Er begeht schließlich auch die Sünde – ja – der Wollust und jagt Aktien hinterher, deren Kurs steigt, anstatt die Aktien zu sich kommen zu lassen.

ANFÄNGERFEHLER:

Wenn man zu viele Hasen auf einmal jagt, entkommen sie alle.

Der Neidhammel begreift nicht, dass vieles von dem, was die Menschen sagen, entweder stark übertrieben oder vollkommener Blödsinn ist. Er versteht nicht, dass er damit umgehen muss, als wäre es vollkommener Blödsinn, egal ob es wirklich so ist oder nicht. Er begreift nicht, dass auf jeden klugen Trader Hunderte von Möchtegerns, Nichtskönnern und Einfaltspinseln kommen.

Ein enger Verwandter des Neids ist das Konkurrenzdenken. Manche Trader wollen allen zeigen, dass sie die besten, die schlauesten und die durchtriebensten sind. Sie sollten sich fragen: Worum geht es in dieser Übung eigentlich – um einen Wettstreit oder darum, Geld zu verdienen? Wenn es Ihnen um den Wettbewerb geht, sollten Sie ein anderes Spiel spielen. Der einzige Grund für den Aktienhandel ist Geldverdienen, und wenn Sie irgendeinen imaginären Wettbewerb im Kopf haben, um den nur Sie sich scheren, werden Sie nie Geld verdienen.

Der schlaue Trader lässt eitle Übertreibungen, Gerüchte und Aufschneidereien links liegen. Stattdessen benutzt er sein eigenes Wissen und seine Urteilskraft, um sinnvolle Trades zu finden, auf die er vertraut. Das heißt nicht, dass er den neuesten Klatsch missachtet – denn Börsengeflüster bringt manchmal günstige Tradinggelegenheiten. Allerdings weiß er, was er vernünftigerweise von seinem Trading erwarten kann und wie er das erreichen kann, ohne sich um das zu sorgen, was die anderen tun.

5. Unersättlichkeit. Der Vielfraß fällt dem eigenen Erfolg zum Opfer. Er hat einmal mit einem bestimmten Aktientyp dermaßen viel Glück gehabt, dass er einfach nicht genug davon bekommen kann, und am Ende setzt er mit seinem Portfolio zu sehr auf eine Aktie oder einen Sektor.

Sektoren bewegen sich häufig gemeinsam, und häufig fällt der eine Sektor, wenn der andere steigt. Sektoren unterliegen Zyklen, das heißt, sie machen heiße und kalte Phasen durch. Keine Aktie und kein Aktientyp ist jederzeit heiß, und wenn ein Leitwert in einem Sektor in Schwierigkeiten gerät, zieht er häufig den ganzen Rest mit hinab.

Der Vielfraß hat genau in dem Moment Biotech-Aktien gekauft, als der große Run auf diesen Sektor begonnen hat. Er hat BioGem Therapeutics und Radgene, Inc. gekauft und gesehen, was für Kraftpakete das waren, als sie 40 Prozent am Stück stiegen. Daraufhin hat er sich mit BioMiracle, BioSalvation und Hallelujah Genetics eingedeckt, wofür er alle anderen Positionen aufgelöst hat, die er in Technologieunternehmen und einigen traditionellen Bluechips gehalten hatte.

Aber leider kündigte das führende Biotech-Unternehmen der Vereinigten Staaten an, dass es wahrscheinlich auch in den nächsten zehn Jahren noch nicht profitabel würde arbeiten können. Der gesamte Biotech-Sektor soff im vorbörslichen Handel ab, und der Vielfraß stand mit weniger als leeren Taschen da, als er gezwungen war, all seine Biotechaktien mit großem Verlust abzustoßen.

Auch für kurzfristig orientierte Trader ist Diversifizierung wichtig. Gegen manche Börsenbewegungen kann man sich nicht schützen, und wenn man alle Positionen nur in einem oder wenigen Sektoren hat, ist man verwundbar und bettelt geradezu um eine Fahrkarte nach Disasterville.

WAXIES SCHLAUE WALLSTREET-SPRÜCHE

Konzentrieren Sie Ihre Positionen nicht auf einen oder wenige Sektoren. Streuen Sie sie breit, damit sie nicht alle für die gleichen Marktereignisse anfällig sind.

6. Faulheit. Trader arbeiten nicht, oder? Sie loggen sich einfach ein und machen Geld, indem Sie das Auf und Ab der Kurse beobachten, oder?
Weit gefehlt! Das trifft nur zu, wenn Sie von Verlierern reden. Träge und faule Trader machen mit Sicherheit Verlust, auch wenn sie für eine Weile Glück haben mögen. Faule Trader vernachlässigen das Research und die Beobachtung der Aktien, so dass sie keine Ahnung haben, was mit ihren Aktein passiert oder warum. Faule Trader haben sich nicht genug Gedanken gemacht, um einen Plan zu haben, und planloses Trading ist einer der sichersten Wege, an der Börse zu verlieren.
Der faule Trader kauft vielleicht die Aktie MOJO, weil er sieht, dass sie seit eineinhalb Wochen stetig steigt. Er weiß nicht, warum, aber er weiß, dass MOJO eine „starke" Aktie ist und denkt sich, dass sich über Erfolg nicht streiten lässt oder ähnlichen Unsinn. Er kauft am Morgen, die Aktie steigt ein paar Prozentpunkte, und er hält sich für einen schlauen Fuchs.
Zu seiner Überraschung dreht sich MOJO am Nachmittag um 180 Grad und bewegt sich genauso stetig abwärts wie es am Vormittag gestiegen ist. Der faule Trader kann sich nicht vorstellen, was schief gegangen ist. Warum hat MOJO seine Power verloren? Wenn er sich die Mühe gemacht hätte, den Ergebniskalender zu checken, hätte er gesehen, dass das Unternehmen für diesen Tag nach Börsenschluss die Bekanntgabe der Zahlen geplant hatte. Der stetige Anstieg beruhte auf der Ankündigung der Zahlen, und dann haben die Trader ihre Gewinne mitgenommen und sind für den Fall ausgestiegen, dass die Ergebnisse eine negative Reaktion nach sich ziehen könnten.

Was lernen wir daraus? Sie müssen

- wissen, warum sich der Kurs bewegt.
- wissen, warum Sie eine Aktie kaufen.
- grundlegende Informationen über die Aktie einholen.
- den Markt beobachten, sobald Sie die Position eingegangen sind; Nachrichten über die Aktie und den entsprechenden Sektor verfolgen und das Verhalten der Aktie im Tagesverlauf beobachten.

– wissen, welche das Unternehmen betreffenden Ereignisse bevorstehen, damit Sie Richtungswechsel vorhersehen können.

Wenn Sie diese Aufgaben beiseite schieben, erleben Sie unangenehme Überraschungen, und offen gesagt haben Sie es dann auch verdient. Denken Sie an Ihre Träume und an das, was Sie mit Ihrem Trading erreichen wollen. Ist Ihnen das wichtig? Wenn ja, dann investieren Sie die notwendige Arbeit und machen Sie Ihre Träume wahr.

7. Zorn. Dies ist die am reinsten emotionale Tradersünde. Ich verwende den Begriff des Zorns, um jeglichen emotionalen Stress zu bezeichnen, der dazu führt, dass Sie einen schlechten Tag haben.

Hier gilt eine einfache Regel: Wenn Sie krank sind, wenn Ihr Hund gestorben ist oder Ihre Frau Sie verlassen hat, oder sogar wenn Sie einfach mit dem falschen Fuß aus dem Bett gestiegen sind, traden Sie nicht. Tun Sie an diesem Tag – oder so lange es dauert, bis Sie sich beruhigt haben – etwas anderes. Machen Sie eine Pause. Gehen Sie spazieren. Freuen Sie sich über den Sonnenschein, wenn das Wetter schön ist, oder lümmeln Sie sich mit einem guten Buch oder einem Video auf das Sofa, wenn das Wetter nicht schön ist.

Warum das? Wenn Sie traden, obwohl Sie sich körperlich oder emotional nicht gut fühlen, dann traden Sie nicht gut. Sie verlieren dann Geld. Vielleicht neigen Sie dann sogar zur Selbstzerstörung, Sie tun unsinnige Dinge und verlieren dann fast schon absichtlich. Selbst im besten Fall sind Sie zu zerstreut, um erfolgreich traden zu können.

SPIELREGEL:

Machen Sie an schlechten Tagen einen Spaziergang.

Zu wissen, wann Sie nicht traden sollten, ist eine wichtige Form der Disziplin, die Sie lernen müssen. Diese Disziplin ist auch an Tagen erforderlich, an denen der Markt so richtungslos und unstet ist, dass kein Trade etwas bringen würde und Sie nur an Ihrem Depot nagen würden, wenn Sie versuchen würden zu traden. Der wichtigste Punkt ist aber, dass Sie mit Ihrem inneren Zustand vertraut genug sein müssen, um zu erkennen, wann Ihre Stimmung eine Gefahr für das Wohlergehen Ihres Depots darstellt.

Auf jeden Fall ist es heilsam, dem Markt von Zeit zu Zeit für ein, zwei Tage oder sogar für ein paar Wochen fern zu bleiben. Durch diese Auszeit bekommen Sie wieder den Blick dafür, was im Leben wirklich zählt. Und wenn Sie unbedingt jeden Tag traden müssen, könnte dies ein Anzeichen für ein ungesundes Suchtverhalten sein.

SPIELREGEL:
Sie müssen nicht jeden Tag traden.

8. Angst. Die Angst ist eine der klassischen Motivationen an der Börse, und sie hat einen Sinn: Sie hält Sie davon ab, etwas unglaublich Gefährliches und Selbstzerstörerisches zu tun. Ein Übermaß an Angst ist allerdings ungesund, und paradoxerweise führt es dazu, dass Sie unglaublich gefährliche und selbstzerstörerische Dinge tun, insbesondere Panikkäufe und Panikverkäufe.
Panikkäufe und Panikverkäufe waren die Sünden, die ich immer wieder beging, als ich noch Mr. Loser war.
Ich kaufte Aktien, sah, dass sie fielen, verkaufte sie panisch mit Verlust, sah, dass sie sich drehten und wieder stiegen, kaufte sie panisch zurück, als sie schon wieder zu hoch standen, sah, dass sie sich drehten und wieder fielen, verkaufte sie panisch mit Verlust, und so weiter und so weiter, bis ich den Großteil meines Geldes verloren hatte. Anstatt niedrig zu kaufen und hoch zu verkaufen, tat ich das genaue Gegenteil – hoch kaufen und niedrig verkaufen. Das ist eine sichere Fahrkarte nach Disasterville.
Dagegen gibt es zweifache Abhilfe: Erstens einen Plan zu haben und sich daran zu halten, zweitens die Angst zu kontrollieren, die den inneren Schweinehund zu eigenschädlichen Handlungen treibt.

SPIELREGEL:
Planen Sie den Trade und traden Sie nach Plan.

Die schlechteste Art zu traden ist emotional zu traden, außerhalb Ihres Plans. Anstatt den Gefühlen nachzugeben, sollten Sie wissen, was Sie tun wollen, gute Gründe dafür haben und sich an Ihren Plan halten. Ein guter Plan umfasst Alternativen, so dass Sie wissen, was Sie in verschiedenen vorhersehbaren Situationen tun müssen. Halten Sie sich an Ihren Plan, es sei denn es gibt einen verflucht guten Grund, das nicht zu tun – aber nicht aus Panik.

Welche Fallstricke behindern Ihren Erfolg?

Wenn Sie als Trader besser werden wollen, müssen Sie herausfinden, welche Fehler Sie immer wieder machen, damit Sie Ihre eigenen psychologischen Achillesfersen erkennen können. Blicken Sie zu diesem Zweck auf zehn Trades zurück, mit denen Sie in den letzten Wochen Verlust gemacht haben.
Finden Sie Ähnlichkeiten? Schauen Sie genau hin und seien Sie rückhaltlos ehrlich sich selbst gegenüber. Zu einem guten Trader gehört die Fähigkeit, die Dinge mit klarem Blick zu betrachten und zu sehen, was wirklich da ist –

nicht wovon Sie wünschen, dass es da sei.
Und das ist der schwierige Teil: Blicken Sie auf Ihre jüngsten erfolgreichen Trades zurück und finden Sie diejenigen heraus, die nur aufgrund von Glück gelungen sind. Wie wären sie ausgegangen, wenn Sie nicht Glück gehabt hätten? Welche Fehler haben Sie bei diesen Trades gemacht?
Bestimmen Sie die zwei Fehler, die Sie am häufigsten begehen. Identifizieren Sie Ihre katastrophalsten Trades und die Fehler, die Sie dabei gemacht haben. Von jetzt an müssen Sie Ihre psychischen und emotionalen Schwachstellen jederzeit im Kopf haben, wenn Sie traden. Es mag blöde klingen, aber ich klebe manchmal kleine Notizzettel an meinen Computer, auf denen Aussagen stehen wie zum Beispiel „Gier = Tod" – damit erinnere ich mich regelmäßig selbst daran.

Nicht Perfektion ist das Ziel, sondern Selbstkontrolle

Es sollte nicht Ihr Ziel als Trader sein, jederzeit perfekt zu traden, mit jedem Trade Gewinn zu machen oder auf irgendeine andere Weise vollkommen zu sein. Sich selbst zu sehr unter Perfektionsdruck zu setzen ist eine der sichersten Methoden, haufenweise Fehler zu machen. Abgesehen davon, dass niemand vollkommen sein kann, ist es auch eine Tatsache, dass Sie nicht vollkommen zu sein brauchen. Warum sollten Sie sich diesem Stress aussetzen? Sie können an der Börse erstaunlich viel Geld verdienen, wenn Sie ein guter und beständiger Trader sind.
Stellen Sie sich eine Baseballmannschaft vor. Nicht jeder Spieler kann Rekorde aufstellen, der wichtigste Mann auf dem Platz sein oder der bestbezahlte Spieler der Liga. Tatsächlich ist es so, dass beim Baseball selbst der beste Schlagmann nur bei jedem dritten Schlag trifft. Ich wäre schon glücklich, wenn ich in der obersten Liga spielen und meinen Job regelmäßig und anständig erledigen könnte. Sie werden Ihre Sache besser machen als 99 Prozent der anderen Aktienhändler am Markt, ganz zu schweigen von den Geldverwaltern, Analysten und sonstigen Wallstreet-Scharlatanen.
Anstelle von Perfektion sollte die Kontrolle über Ihre emotionalen Erfolgsbarrieren das Ziel sein. Das und die Befolgung aller Spielregeln sind die beiden wichtigsten Dinge, die Sie tun können, um ein besserer Trader zu werden. Langfristiger Tradingerfolg beruht auf Beständigkeit: beständig kleine Verluste und größere Gewinne mitnehmen, beständig Trades ablehnen, die zu riskant sind oder nicht auf guten Argumenten beruhen, beständig das tun, was Sie als richtig erkennen, anstatt wider besseres Wissen zu handeln. Beständigkeit ist eine Disziplin, die Ihnen im richtigen Leben genauso viel helfen wird wie beim Trading.

Spielen Sie auf Sieg!

Der Zweck der Suche nach Ihren psychischen Schwachpunkten ist nicht das Gefühl, ein schlechter Trader zu sein. Alle Trader, auch die besten, haben Achillesfersen, nur erkennen und kontrollieren sie sie. Der Zweck der Erforschung Ihrer Schwachstellen ist die Entwicklung eines realistischen Gefühls für Ihre Stärken und Schwächen, damit Sie Fehler erkennen, bevor sie passieren. Realistisch sein und einen klaren Blick haben – auf sich selbst, auf den Markt und auf Ihre Trades –, das ist der Weg zum erfolgreichen Trader.

Wenn Sie einen Fehler begehen oder wenn Ihre Emotionen bei einem Trade die Oberhand gewinnen – wenn es also zu dem kommt, was man bei einer im Aufwärtstrend befindlichen Aktie als „Ausrutscher" bezeichnet –, machen Sie sich deswegen keine Vorwürfe. Was würde das bringen? Es würde den Fehler nur in die Länge ziehen. Versuchen Sie nicht, den schlechten Trade „wieder gut zu machen". Der ist schon längst Geschichte, gestorben und vergessen. Wenn Sie sich dem Druck aussetzen, einen Fehler „wieder gut zu machen", brechen Sie außerdem wahrscheinlich Trades übers Knie, die Sie lieber lassen sollten. Lernen Sie stattdessen aus der Erfahrung und gehen Sie mit einer frischen und positiven Einstellung in den nächsten Trade. Spielen Sie immer auf Gewinn!

SPIELREGEL:

Spielen Sie auf Gewinn!

Teil III
Auf Gewinn spielen
Wie man sich mit dem Trend anfreundet
Die richtige Art, Aktien auszuwählen

Zum Inhalt dieses Kapitels

- Warum die beste kurzfristige Trading-Stragegie darin besteht, Börsentrends zu erkennen
- Zwei Dinge, die Sie über jeden Trade wissen müssen, bevor Sie ihn ausführen
- Fünf starke Börsentrends:
- Ergebnisse
- Aktiensplits
- Nachrichten
- Shorten schwacher Aktien, die aufgrund von Nachrichten gestiegen sind
- Heiße Sektoren/mitziehende Aktien
- Weitere Trends, die man ausnutzen kann
- Wie man IPOs ausnutzt

TRADERSPRACHE:
Ein **Trend** ist ein Muster, das von verschiedenen Aktien wiederholt wird und mithilfe dessen man die Preisbewegungen ähnlicher Aktien verlässlich vorhersagen kann.

Der Trend ist Ihr bester Freund

Trend Trading ist die beste Art der Aktienauswahl, um Geld zu verdienen – und zwar in jeder Marktlage. Der Markt beinhaltet Hunderte von Trends – wiederkehrende Muster von Kursbewegungen –, Sie brauchen sie bloß zu suchen. Sie haben es im letzten Kapitel gelesen: So lange Trading-Entscheidungen von Menschen getroffen werden, werden Trends entstehen, weil der Mensch ein Gewohnheitstier ist, das dazu neigt, bestimmte Muster zu wiederholen.

Denken Sie an die Person, die Aktien für einen großen Investmentfonds kauft und verkauft. Nehmen wir an, der Mann heißt Eric, wohnt in Manhattan an der Upper West Side und arbeitet in der Nähe des Times Square. Eric, der ein schrecklich aktiver Mensch ist, steht um sechs Uhr morgens auf, geht eine halbe Stunde auf das Laufband und eine Runde Gewichte stemmen. Auf dem Heimweg nimmt er im Laden um die Ecke ein Brötchen und eine Tasse Kaffee zu sich. Zurück in seiner Wohnung nimmt er eine Dusche, rasiert sich und zieht sich an, dann geht er zu Fuß den Broadway hinunter zur U-Bahn-Station und nimmt die Linie 9 zur Arbeit. Die Menschen im Fitnessstudio, in der Imbissbude und an der U-Bahn-Station könnten die Uhr nach Eric stellen; wenn jemand in seine Wohnung einbrechen wollte, bräuchte er ihn nur ein paar Tage lang zu beobachten und die besten Zeiten dafür herauszufinden. Natürlich gibt es Tage, an denen Eric frei hat oder krank ist oder am Vorabend zu lange aus war, so dass er nicht um sechs aufsteht. Aber in 90 Prozent der Fälle folgt er dem gleichen Zeitablauf.

Da Aktien von Menschen gehandhabt werden, entwickeln sie und die Börse insgesamt ebenfalls Gewohnheiten. Diese Verhaltensmuster sind die Trends, und ähnlich wie ein Einbrecher gut daran täte, Erics Verhaltensmuster auf eine Einbruchgelegenheit hin zu beobachten, können wir Aktien auf Trends hin beobachten, die gute Trading-Gelegenheiten bieten.

Trends sind das täglich Brot meines Tradings. Es gibt so viele davon, dass immer irgendeiner am Werk ist, egal ob die Börse gerade bullisch oder bärisch tendiert.

Trends sind auch deshalb von Bedeutung, weil ich weiß, dass ich nicht gegen einen Trend traden kann. Das hieße gegen eine starke Strömung anschwimmen – das wäre verrückt, und das funktioniert nicht.

WAXIES SCHLAUE WALLSTREET-SPRÜCHE

Kämpfe nicht gegen den Trend an.

Der Trend ist dein Freund. Ebenso wie Freunde bieten Ihnen Trends die meiste Zeit Hilfestellung, aber es gibt auch Zeiten, in denen sie Sie hängen lassen. Wir wissen, dass unsere Freunde nicht vollkommen sind, und wir verzeihen ihnen; genauso sollte es auch mit den Trends sein. Tatsächlich ist es sogar gut, dass ein Trend nicht in hundert Prozent der Fälle funktioniert – denn wenn irgendetwas in 100 Prozent der Fälle funktionieren würde, dann wäre es für jedermann offensichtlich; die Menschen würden ihr Verhalten ändern, um daraus größeren Vorteil zu ziehen. Und wenn sie erst einmal ihr Verhalten geändert hätten, dann würde der Trend nicht mehr funktionieren.

Und genau das geschieht in der Tat mit Trends, die erkannt werden. Im Allgemeinen funktioniert ein Trend, der zu vielen Menschen bekannt ist, nicht mehr.

Bevor wir dazu kommen, wie man Trends für die Aktienauswahl nutzt, müssen Sie noch wissen, welche zwei Dinge Sie bei jedem Trade herausfinden müssen, bevor Sie ihn tätigen.

Zwei Dinge, die Sie über einen Trade wissen müssen

Egal aus welchem Grund Sie eine Aktie ausgewählt haben – wegen eines Trends, aufgrund einer charttechnischen Analyse oder weil Sie ein Anleger sind, der seine Entscheidungen auf Fundamentaldaten von Unternehmen gründet –, es gibt zwei Dinge, die Sie bedenken müssen. Diese zwei Dinge müssen bei jedem Trade, den Sie je machen, zum Prozess der Entscheidungsfindung gehören. Wenn Sie so diszipliniert sind, sich diese zwei Fragen immer zu stellen und von dem Trade zu lassen, wenn die Antworten falsch ausfallen, dann sind Sie auf dem besten Wege, ein erfolgreicher Trader zu werden.

Sie müssen sich bei jedem Trade fragen, ob Sie einen guten Grund haben zu glauben, dass der Trade funktionieren wird und wie das Chance-Risiko-Verhältnis aussieht.

Gibt es einen guten Grund zu glauben, dass der Trade funktionieren wird?

Bevor Sie irgendeine Aktie kaufen, müssen Sie in der Lage sein, einen handfesten Grund für die Annahme zu formulieren, dass ihr Wert in naher Zukunft steigen wird. Wenn Sie shorten, brauchen Sie einen guten Grund für die Annahme, dass der Wert fallen wird.

Manche Trader gehen Positionen aus Gründen ein, über die ich lachen würde, wenn ich gemein wäre. Ich habe tatsächlich schon Menschen sagen hören, sie hätten Aktien gekauft, weil sie „sehen wollten, was die Aktie tut", weil Sie das Unternehmen „mögen", weil sie glauben, es sei ein „Ausbruch fällig" oder weil sie glauben – hören Sie nur! – „der Besitz dieser Aktie würde Spaß machen".

Es würde Spaß machen, die Aktie zu besitzen? Ach, mein Lieber, das reicht wohl nicht. Wenn Sie etwas haben wollen, das Spaß macht, dann machen Sie es wie ich und kaufen sich ein paar nette Spielzeuge. Ich weiß, was Spaß macht und was nicht, und mit einer Aktie Geld zu verlieren macht keinen Spaß. Außerdem sind Aktien zum Geldverdienen da, und nicht zum Besitzen. Benutzen Sie sie!

Betrachten wir einmal die anderen „Nicht-Gründe". Wissen zu wollen, was die Aktie tut, klingt für mich nach Glücksspiel – ein bisschen Geld setzen und abwarten, ob man gewinnt oder verliert. Eine Spielermentalität hat im Trading keinen Platz – damit verliert man so sicher Geld wie man vom Genuss zwei Wochen alten Sushis krank wird. Was das „Mögen" eines Unternehmens betrifft, das ist einfach naiv. Das Unternehmen mag Sie nicht, das Management und der Vorstand mögen Sie nicht, und derartige Emotionen haben im Trading keinen Platz. Sie sollten Ihre Freunde mögen, vielleicht auch Ihre Nachbarn und Kollegen, aber es ergibt keinen Sinn, ein Unternehmen zu „mögen", dessen Aufgabe es im Grunde ist, an Ihnen Geld zu verdienen.

Sie sollten es stattdessen als die Geldverdienmaschine betrachten, die es ist, und Ihrerseits versuchen, ein wenig Geld zurückzuholen. Gebrauchen Sie sie ohne Skrupel! Das Unternehmen und sein Management wollen Ihr Geld. Sie sollten alles Geld mögen, das es Ihnen gibt. Wenn Sie seine Produkte mögen, dann kaufen Sie sie auf jeden Fall und erfreuen Sie sich daran – schlagen Sie sich selbst k.o. -, aber bringen Sie die Dinge nicht durcheinander und glauben, Sie müssten deswegen auch die Aktie kaufen.

Und schließlich gibt es Trader, die am Boden liegende Aktien kaufen, von denen sie denken, es sei ein „Ausbruch fällig". Dieses Argument ist zwar nicht ganz so schwachsinnig wie manches andere, aber es ist trotzdem kein gutes Argument.

Betrachten Sie es einmal so: Wenn Sie eine Baseballmannschaft managen müssten und einen Schlagmann bestimmen sollten, würden Sie dann einen dauerhaft guten Schlagmann mit einem Schnitt von 0,370 wählen oder einen schwachen mit einem Schnitt von 0,100, bei dem vielleicht ein „Treffer fällig" wäre? Was ist eindeutig sinnvoller? Folgen Sie der Strategie mit der größten Erfolgswahrscheinlichkeit. Setzen Sie nicht auf „Vielleichts".

SPIELREGEL:

Setzen Sie nicht auf Eventualitäten. Lassen Sie es im Zweifelsfall sein!

Wenn Sie immer ein gutes Argument für die Aktienauswahl haben und immer einen guten Grund für einen Trade, dann bringt das noch mehr Vorteile. Es passiert Ihnen dann eher nicht, dass Sie eine Aktie aus einem Impuls heraus kaufen oder sich auf etwas aufgrund eines „heißen Tipps“ einlassen.

Ich mache niemals einen Trade, wenn ich nicht absolut der Meinung bin, dass er ein Gewinn wird. Ich weiß, dass manche Trades stärker sind als andere, und ich stecke mehr Geld in die stärkeren als in die schwächeren, aber ich lasse mich niemals auf einen Trade ein, wenn ich nicht weiß, ob er funktioniert. Warum sollte ich einen Trade eingehen, von dem ich nicht glaube, dass er funktioniert? Natürlich liege ich nicht immer richtig – das tut niemand –, aber ich habe öfter Recht als Unrecht, weil ich nur diejenigen Trades mache, an die ich aus guten, handfesten Gründen glaube. Und weil ich weiß, dass einige Trades nicht funktionieren werden, aber nicht weiß, welche das sind, denn ich glaube an alle – deshalb setze ich bei allen Trades Stoppkurse, damit ich mit denen, die nicht funktionieren, nicht zu viel verliere.

Sie müssen sich vor einem Trade also immer als erstes fragen, ob Sie einen soliden Grund zu der Annahme haben, dass er funktionieren wird.

SPIELREGEL:

Haben Sie immer einen guten Grund. Kein Grund, kein Spiel!

Wie ist das Chance-Risiko-Verhältnis des Trades?

Das zweite, was Sie sich vor einem Trade immer fragen müssen, ist Folgendes: Wie ist das Chance-Risiko-Verhältnis? Mit anderen Worten, wie hoch ist der wahrscheinliche Ertrag des Trades, falls er planmäßig verläuft, und wie viel verlieren Sie wahrscheinlich, wenn er nicht funktioniert?

Damit ein Trade sinnvoll ist, muss die potenzielle Belohnung den potenziellen Verlust so deutlich wie möglich übersteigen. Wenn ein Scheitern wahrscheinlicher ist als ein Erfolg, dann lassen Sie es. Wenn Erfolg und Scheitern des Trades gleich wahrscheinlich sind, ist er nicht besser als das Werfen einer Münze. Machen Sie auch diesen Trade nicht.

Wenn der Erfolg nur eine Spur wahrscheinlicher ist als das Scheitern, dann sind Sie zumindest auf der richtigen Seite des Chance-Risiko-Verhältnisses, aber ist es das wirklich wert? Wenn keine gute Trading-Gelegenheit in Sicht ist, warten Sie einfach ab.

Wie finden Sie die potenzielle Belohnung und das potenzielle Risiko heraus? Dies müssen Sie immer tun, denn Sie sollten sich auf einen Trade nur einlassen, wenn Sie einen Plan haben, und Ihr Plan basiert auf dem, von dem Sie glauben, dass es passieren wird. Sie sehen die Belohnung aufgrund der Stärke der Aktie, des Ergebnisses ähnlicher Trades mit anderen Aktien aus dem gleichen Grund (dem Trend), der Marktbedingungen sowie technischer und psychologischer Widerstandsniveaus vorher, die Sie bei der Aktie feststellen. Wenn Sie Bull Run, Inc. (TORO) aufgrund eines Trends kaufen wollen, den Sie bei vier anderen Aktien beobachtet haben (Sie also ein gutes, schlagendes Argument für das Geschäft haben), schätzen Sie die Stärke von TORO ab (das Unternehmen ist auf seinem Sektor führend, bringt immer gute Ergebnisse und legt in Haussen kräftig zu); Sie überprüfen die prozentuale Rendite der vier anderen Aktien (zwischen acht und 22 Prozent), die Marktlage (die zusehends fester wird) und die Widerstandsiveaus von TORO (derzeit wird die Aktie zu 18 gehandelt, charttechnischer Widerstand liegt bei 23, aber obwohl bei 20 ein leichter psychologischer Widerstand auftreten dürfte, geht es eher um 25 oder gar 30).

Ein Kurszuwachs von zehn Prozent würde TORO auf knapp unter 20 bringen. Da die Aktie und der Markt fest tendieren und vier weitere Aktien im gleichen Spiel gute Erträge gebracht haben und da die Aktie zuvor schon einmal bei 23 gestanden hat, ist es vernünftig anzunehmen, dass sie – es sei denn, der Markt verschlechtert sich – auf 23 steigt, wenn sie einmal richtig damit angefangen hat. Das wäre eine Rendite von mehr als 25 Prozent. Die potenzielle Rendite dieses Handels liegt also offenbar zwischen zehn und 25 Prozent, mit einer ganz netten Wahrscheinlichkeit, dass sie eher am oberen Ende angesiedelt sein wird.

Und wie groß ist der potenzielle Verlust? Das hängt davon ab, wo Sie Ihre Stopps setzen, und das wiederum hängt von den Dingen ab, die in Kapitel 9 diskutiert wurden. Sagen wir einmal, Sie glauben nicht, dass TORO unter 17 fallen wird, weil der Chart dort eine starke Unterstützung zeigt. Wenn Sie Ihren Stopp knapp unter 17 legen und die Aktie ausgestoppt wird, beträgt Ihr Verlust circa sechs Prozent. Das ist recht viel, aber da es sehr unwahrscheinlich erscheint, dass die Aktie so tief sinken wird, ist das Verlustrisiko in Wirklichkeit nicht groß.

TORO bietet Ihnen also eine wahrscheinliche Gewinnchance von mindestens zehn bis 25 Prozent bei einem relativ unwahrscheinlichen Verlustpotenzial von sechs Prozent. Das ist ein gutes Chance-Risiko-Verhältnis.

Wenn Sie für jeden Trade, den Sie machen, einen guten Grund haben und nur Trades mit sicheren und günstigen Chance-Risiko-Verhältnissen machen, dann spielen Sie auf Gewinn und gewinnen auch.

SPIELREGEL:

Spielen Sie auf Gewinn!

Fünf starke Börsentrends

An der Börse gibt es unzählige große und kleine Trends, aber einige sind stärker und stabiler als andere. Die folgenden fünf Trends sind im entsprechenden Marktumfeld stabil und bieten einen guten Überblick darüber, welche Arten von Mustern am Markt auftreten.

Ergebnisse

Der Ergebnistrend ist einer der stärksten Trends, die es gibt. Wenn erwartet wird, dass ein Unternehmen gute Ergebnisse meldet (wenn Sie wissen wollen, was die Analysten von den Unternehmensergebnissen wirklich erwarten, kriegen Sie die so genannte „whisper number" heraus), steigt der Aktienkurs gewöhnlich an, und zwar etwa zwei Wochen vor dem für die Bekanntgabe der Ergebnisse vorgesehenen Termin. In Erwartung eines guten Ergebnisberichts

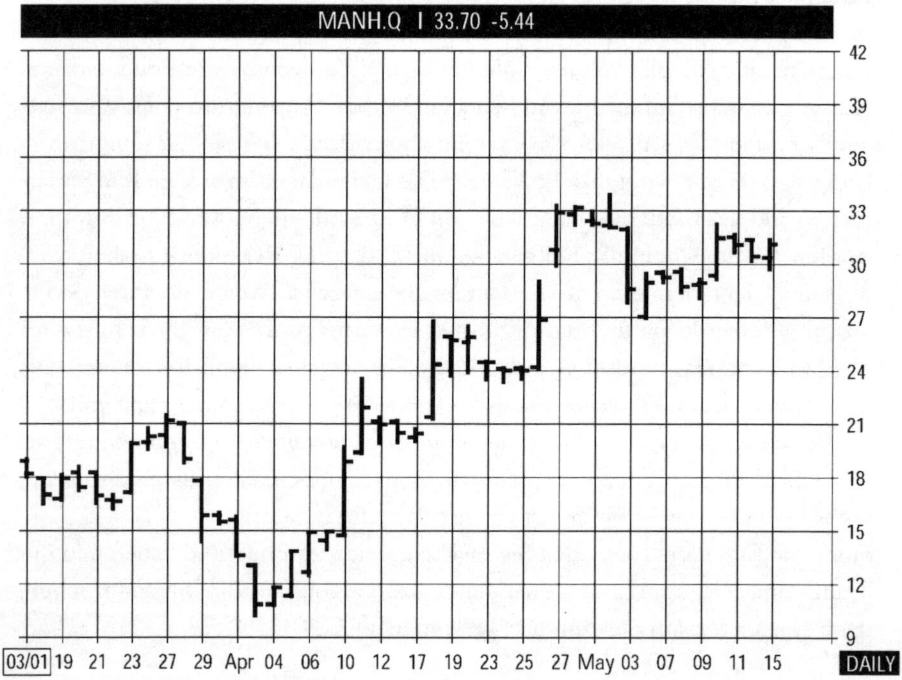

ERGEBNISTREND: **Der Kurs von MANH stieg in den drei Wochen vor der Ergebnisbekanntgabe am 26. April um mehr als 160 Prozent.**

Chart von TradePortal.com, Inc.

kann der Aktienkurs um 50 bis 100 Prozent oder noch mehr steigen.
Wenn ein Unternehmen dagegen eine Gewinnwarnung herausgibt, ist die Aktie wohl eher kein guter Kandidat für das Ergebnis-Spiel. Wenn allerdings das Marktumfeld stimmt, kann der Ergebnistrend aber trotz allem funktionieren.
In meinen Augen besteht die einzige Art, auf den Ergebnis-Run zu spekulieren, darin, die Aktie immer, immer, immer vor der Bekanntgabe der Ergebnisse zu verkaufen. In Prozenten ausgedrückt bringt es Verlust, eine Aktie über die Ergebnismeldung hinaus zu halten.
Häufig fallen Aktienkurse nach der Ergebnismeldung wie ein Stein, selbst wenn die Meldung positiv ist, denn die gute Nachricht war schon vor der Bekanntgabe vollständig in die Aktie eingepreist. Denken Sie daran, kaufen Sie das Gerücht, verkaufen Sie die Nachricht! Aktien steigen gelegentlich nach Bekanntgabe der Zahlen, aber wenn man regelmäßig über die Meldung hinweg hält, verliert man in der weitaus überwiegenden Mehrzahl der Fälle eher Geld, als dass man es verdient, und das ist ein Spiel für Verlierer.
Und die Verluste würden groß ausfallen, denn die meisten Unternehmen veröffentlichen ihre Zahlen entweder vor Börseneröffnung oder nach Börsenschluss, so dass die Kurse im vorbörslichen Handel abstürzen können und man keine Möglichkeit hat, der Verwüstung zu entrinnen. Ich verkaufe normalerweise sogar frühzeitig, weil die Aktien gegen Ende des letzten Tages vor der Bekanntgabe der Ergebnisse manchmal massiv verkauft werden.
Denken Sie immer daran, dass es Ihr Ziel ist, Ihr Geld unter Kontrolle zu bekommen. Überlassen Sie es nie einer Situation, über die Sie keine Kontrolle haben. Da Sie absolut keine Kontrolle über den Ergebnisbericht haben, den ein Unternehmen präsentieren wird, sollten Sie nie, niemals Aktien über die Ergebnisse hinweg behalten.

WAXIES SCHLAUE WALLSTREET-SPRÜCHE:
Verkaufen Sie eine Aktie immer vor der Bekanntgabe der Ergebnisse.

SPIELREGEL:
Kaufe das Gerücht, verkaufe die Nachricht.

Aktiensplits

Ein weiterer starker und dauerhafter Trend besteht darin, dass die Aktie eines Unternehmens, das einen Aktiensplit angekündigt hat, vor dem Ausführungsdatum steigt. Obwohl, wie in Kapitel 4 dargelegt, ein Aktiensplit den Wert eines Unternehmens nicht wirklich erhöht, übertreffen Aktien, denen ein Split bevorsteht, den Markt. Zwar beginnt dieses Muster gewöhnlich zehn Tage bis

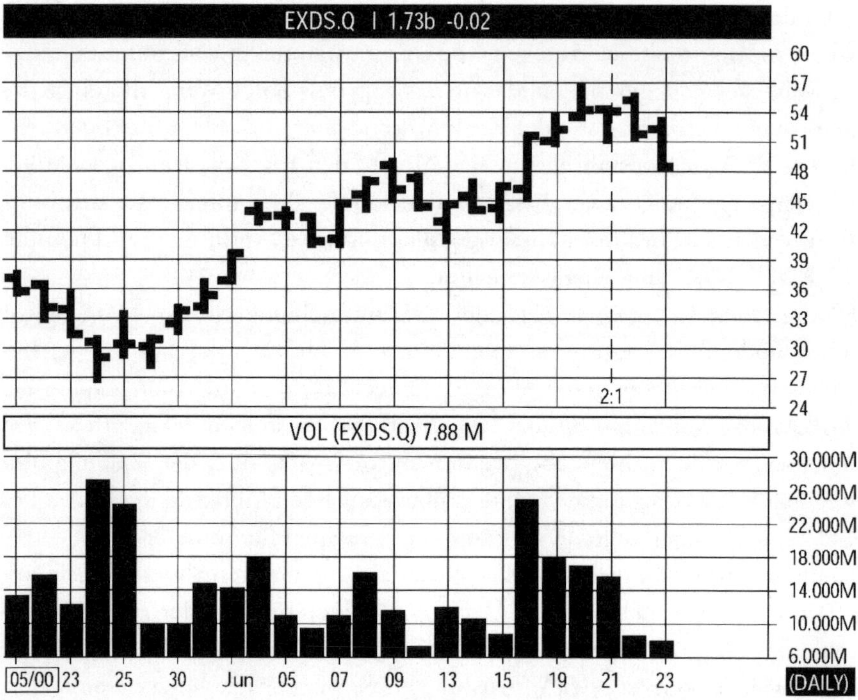

AKTIENSPLIT: **Der Kurs von EXDS stieg in den drei Wochen vor dem 2:1-Split (das Splitdatum am 21. Juni ist mit „2:1" markiert) um mehr als 80 Prozent.**

Chart von TradePortal.com

zwei Wochen vor dem Ausführungsdatum des Splits, aber am besten ist es zu warten, bis die Aktie mit dem Aufstieg beginnt, bevor man eine Position eingeht. Im Allgemeinen erstreckt sich der Kursanstieg bis zum Ausführungsdatum und manchmal auch einen oder zwei Tage darüber hinaus. Konkrete Hinweise, wie man auf den Split spekulieren sollte, findet man normalerweise, indem man nachschaut, wie sich andere Aktien verhalten haben, die kürzlich gesplittet wurden. Legen Sie zur Sicherheit wie immer Kauflimite und Stoppkurse. Wenn sich der Markt gegen Sie wendet oder die Aktie keine Anstalten macht zu steigen, können Sie immer noch mit wenig Verlust aussteigen und später, wenn es die Situation zulässt, wieder einsteigen.

Informationen über bevorstehende und erfolgte Splits finden Sie in den Splitkalendern auf Websites wie TrendFund.com oder Yahoo! Finance (http://biz.yahoo.com/c/s.html). Bedenken Sie dabei, dass Yahoo! mal mehr, mal weniger genau ist. Splitkalender zeigen zwar mehrere Daten, aber entscheidend ist allein das Ausführungsdatum („ex-date"). In manchen Kalendern findet man ein „record date" (Registrierungsdatum), das so überflüssig ist wie ein Kühlschrank am Südpol.
Bei der Auswahl von Aktien für Splitspekulationen sollten Sie darauf achten, dass das Split-Verhältnis mindestens zwei Aktien für eine beträgt. Im Allgemeinen deutet ein höheres Verhältnis (drei zu eins oder gar vier zu eins) auf einen stärkeren Kurszuwachs. Splits im Verhältnis drei zu zwei bringen keine großartigen Kurserhöhungen. Und fassen Sie niemals eine Aktie an, die einem umgekehrten Split unterliegt (zum Beispiel eine für vier). Gewöhnlich sind umgekehrte Splits verzweifelte Versuche bankrotter Unternehmen, ihre schwindenden Aktienkurse abzufangen. Vermeiden Sie sie wie eine anstekkende Krankheit.

TRADERSPRÜCHE:

Das **Ausführungsdatum** (ex-date) ist der Tag, an dem sich der Preis einer Aktie ändert, um einen Aktiensplit widerzuspiegeln, und an dem den Depots der Aktionäre neue Stückzahlen zugeordnet werden.

Nachrichten

Wenn Aktienkurse so richtig schön Amok laufen, dann wird das oft von guten Nachrichten ausgelöst, entweder über das Unternehmen selbst, oder über ein anderes Unternehmen aus dem gleichen Sektor, wenn der Sektor gerade heiß ist. Wenn man an Kurssteigerungen teilhaben will, die auf guten Nachrichten beruhen, ist es entscheidend, frühzeitig dabei zu sein, vor allen anderen. Wenn Sie als letzter kommen, kaufen Sie zum höchsten Kurs und schauen dann zu, wie der Preis fällt. Ist das eine Art zu traden?
Ebenso können schlechte Nachrichten den Kurs einer Aktie in den dunkelsten Keller abstürzen lassen. Und wie immer in Börsendingen kommt es nicht so sehr darauf an, ob die Meldung wirklich gut oder schlecht ist, sondern als was sie der Markt wahrnimmt. Sie können denken, dass die Reaktion des Marktes auf eine bestimmte Meldung absolut keinen Sinn ergibt, aber was Sie denken, ist für Ihr Trading irrelevant. Gehen Sie immer mit dem Markt.
Wieso ist es manchmal möglich, dadurch Geld zu machen, dass man auf neu erscheinende Nachrichten hin handelt, wo doch die Spielregel besagt, man solle das Gerücht kaufen und die Nachricht verkaufen? Das funktioniert, weil

es in diesen Fällen kein Gerücht gegeben hat. Da die Nachricht nicht erwartet wurde, gab es auch keine Vorlaufzeit, in der ihr Wert schon in die Aktie eingepreist wurde. Und die Meldung verleiht der Aktie den magischen Glanz des Potenzials.

Das Wichtigste im Zusammenhang mit Nachrichten ist die Tatsache, dass Nachrichten andere Trends ausstechen. Was bedeutet das?

Nehmen wir an, Sie halten Da Bomb Co. im Hinblick auf den bevorstehenden Split. BOMB ist wirklich explosiv – ein Gewinnerunternehmen in einem heißen Sektor, das einen seltenen vier zu eins Split angekündigt hat. Und los geht's! Die Sache lässt sich ganz nett an, und in drei Tagen wird der Split vollzogen.

Am nächsten Morgen hören Sie die überraschende Meldung, dass die Geschäfte in BOMBs Sektor im letzten Quartal scharf zurückgegangen sind und dass die Abkühlung noch mindestens sechs Monate anhalten soll. Was passiert nun mit dem Split-Anstieg? Nachrichten stechen andere Trends aus. Wenn der Markt nicht gerade beschließt, die Nachricht zu ignorieren (was aber nicht wahrscheinlich ist), dann ist der Aufstieg von Da Bomb vorbei. Sie müssen die Aktie loswerden, denn wenn Sie das nicht tun, dann explodiert das Ding direkt vor Ihrer Nase.

Wenn wichtige Nachrichten bekannt werden, vergessen Sie die anderen Trends. Unerwartete Nachrichten sind einer der wichtigsten Gründe, weshalb Sie bei jedem Trade Limite legen müssen.

Ähnlich ist es, wenn Sie Leerverkäufe getätigt haben, um einen Trend auszunutzen, aufgrund dessen Aktien normalerweise fallen; dann dürften bedeutende Positivmeldungen über die Aktie ihr kräftigen Rückenwind verleihen. Behalten Sie im Gedächtnis, dass sich nur wahre und gehaltvolle Nachrichten deutlich auf die Aktie oder den Trend auswirken, es sei denn, der Markt ist völlig meschugge. Triviale Meldungen oder lobende Presseveröffentlichungen, die von dem Unternehmen selbst in die Welt gesetzt wurden, tun dies gewöhnlich nicht. Es ist Ihre Aufgabe zu beurteilen, wie der Markt die Nachrichten beurteilen wird.

Betrachten wir als nächstes einen Trend, den Sie shorten können.

Das Shorten schwacher Aktien, die aufgrund von Nachrichten gestiegen sind

In Haussen wie in Baissen können Aktien aufgrund von Trends zum Objekt von Leerverkäufen werden (siehe Kapitel 10). Shorten ist vor allem in Baissen die bessere Strategie, aber viele Shortgelegenheiten funktionieren auch ausgesprochen gut in Bullenmärkten – tatsächlich treten gewisse Shortgelegenheiten in Bärenmärkten gar nicht auf, weil viele Trends, die zum Shorten ge-

eignet sind, das Nebenprodukt von Trends sind, die zum Kaufen einladen.
Ein Beispiel ist der äußerst zuverlässige Trend schwacher Aktien, die wie überreife Früchte fallen, nachdem sie in Folge von mittelmäßigen Meldungen hochgeschnellt waren. Nehmen wir an, der Biotech-Sektor wäre seit einigen Wochen heißer als heiß. Jede noch so kleine Gesellschaft, die gerade mal ein Produkt in Arbeit hat und die eine Pressemeldung über eine Phase-I-Studie (das allererste Teststadium) veröffentlicht, legt 40 bis 200 Prozent zu.
Nun veröffentlicht das Fünf-Personen-Unternehmen Radical Biology eine Meldung, dass sein neues gentechnisch erzeugtes Schmerzmittel, das es mit Advil vergleicht, Schmerzen besser bekämpft als ein Placebo und dass es in Phase I als unbedenklich eingestuft wurde. Rums! Es gibt ja schließlich sonst keine Schmerzmittel mittlerer Stärke auf dem Markt, oder?
Und alles was sich in Phase I befindet, ist noch mindestens ein oder zwei Jahre von der Marktreife entfernt, selbst wenn man davon ausgeht, dass die Phasen II und III glatt verlaufen.
Was jedoch zählt, ist die Wahrnehmung der Nachricht durch den Markt, und Sie wissen ganz genau, dass der Markt im Moment bei allem durchdreht, was so aussieht, als hätte es etwas mit angewandter Genetik zu tun. Deshalb läuft RADB Amok und gewinnt in anderthalb Tagen 45 Prozent.
Sie wissen, dass das nicht von Dauer sein wird und dass RADB dieses Niveau nicht halten wird. Wie könnte es auch? Das Produkt wird die Grenzen der Medizin nicht erweitern, und es ist zweifelhaft, ob dieses Winzlingsunternehmen noch mehr Produkte in der Pipeline hat. Daher ist es fast sicher, dass sich die Dinge wieder beruhigen, bis Meldungen zur Phase II erscheinen. Also warten Sie am zweiten Tag auf den vermutlich letzten Aufwärtsschub der Aktie, shorten sie in der Nähe des Hochs, setzen Stopps (natürlich!) und warten ab, dass RADB abrutscht wie das Kaninchen am Steilhang.
Aktien wie RADB, die von Nachrichten angetrieben werden, kann man in beiden Fahrtrichtungen ausnutzen – auf dem Weg aufwärts „long“ und auf dem Weg abwärts „short“. Sie sind ideale Tradingobjekte, denn wenn man ein paar davon beobachtet hat, bekommt man ein Gefühl dafür, wie weit die Trader sie nach oben zu treiben bereit sind und wann ihnen die Puste ausgeht. Und es sind vor allem einzelne Trader, die sie pushen – es gibt vermutlich nur wenige echte Investoren, die sich anlässlich eines Kurssprungs aufgrund einer Positivmeldung bei diesen possierlichen Tierchen einkaufen.
Außerdem sind diese Aktien so billig und haben einen derart geringen Float, dass schon durch vergleichsweise wenige Trades ein großes Volumen erzeugt wird (im Vergleich zu großen Unternehmen mit kostspieligeren Aktien und immensem Aktienumlauf).

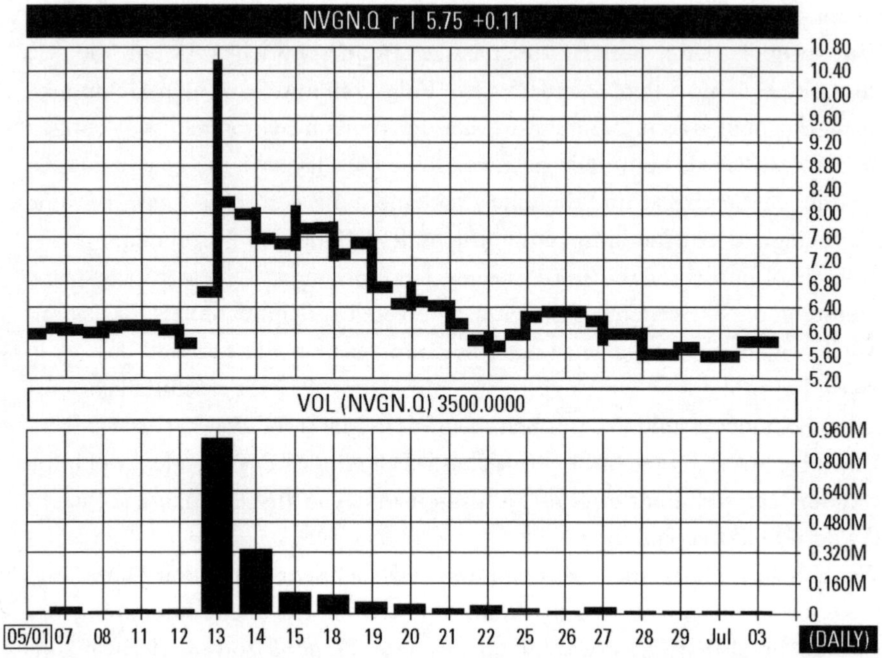

SHORTGELEGENHEIT DURCH KURSZUWACHS INFOLGE VON NACHRICHTEN:
NVGN legte nach der Meldung, es gebe Anzeichen dafür, dass das in der Erprobungsphase befindliche Medikament ein Krebswachstum förderndes Enzym hemmt, mehr als 80 Prozent zu; danach fiel die Aktie über Wochen hinweg stetig, bis der Kurs niedriger war als vor der Meldung.

Chart von TradePortal.com, Inc.

Heiße Sektoren/Mitziehende Aktien

Da wir nun zum Thema heiße Sektoren kommen (siehe auch Kapitel 4), werfen wir einen Blick auf einen verwandten Trend: mitziehende Aktien. Wenn eine Aktie in einem heißen Sektor positive Meldungen bringt und zu steigen beginnt, fangen die anderen Unternehmen des Sektors häufig ebenfalls an, nach oben zu klettern – in Sympathie mit dem ersten Aufsteiger. Und wenn es zu einer Aktie schlechte Nachrichten gibt und sie abzutauchen beginnt, tendieren häufig auch andere Aktien des Sektors nach unten. Welche Überlegung des Marktes steckt dahinter? Sollte man nicht annehmen, dass gute Nachrichten für das eine Unternehmen schlechte Nachrichten für seine Mit-

bewerber sind und ihre Preise nach unten statt nach oben drücken?
Nun – nein. So lange sich die Nachrichten positiv auf die Aussichten der Industrie oder der Branche auswirken, in dem die betreffende Gesellschaft tätig ist, bildet sich in den Köpfen der Marktteilnehmer ein Gefühl der Möglichkeit. Wenn es einem Unternehmen in dem Sektor gut geht, ist es möglich, dass die Nachfrage nach dem Angebot des gesamten Sektors zunimmt oder dass der gesamte Sektor seine Produkte beziehungsweise Märkte so entwickelt, dass alle Unternehmen des Sektors Kraftpakete mit so erstaunlichen Aktien wie der Microsoft-Aktie werden. Das ist doch möglich, oder? Ja, es ist möglich. Der Sektor besitzt Potenzial.
Und das ist alles, was der Markt wissen will.
Die beste Art, mit mitziehenden Aktien umzugehen ist, alle Aktien des Sektors darauf hin zu überprüfen, ob welche gemeinsam mit derjenigen, von der die Nachricht stammt, zu steigen beginnen. Wenn dem so ist, suchen Sie Nachzügler – Aktien, die auch steigen müssten, aber noch nicht damit angefangen haben. Durch den Kauf eines Nachzüglers steigen Sie mit einem guten Preis ein, und die Aktie hat noch den größten Teil ihres Aufstiegs oder den gesamten Aufstieg vor sich. Stellen Sie sicher, dass es keinen weiteren Faktor gibt, der die betreffende Aktie am Steigen hindert, zum Beispiel schlechte unternehmensspezifische Nachrichten, die es daran hindern, dem Sympathietrend zu folgen – denken Sie daran: Nachrichten stechen andere Trends aus.
Sektoren machen heiße und kalte Phasen durch. In unsicheren Marktlagen ist es besonders nützlich zu wissen, welche Sektoren heiß sind. Immer wenn es zu einer plötzlichen allgemeinen Kurserholung kommt, haben nur die Aktien der heißesten Sektoren daran teil. Aktien aus kalten oder sterbenden Sektoren sitzen nur unbeweglich da wie hässliche kleine Giftpilze. Seien Sie immer auf dem Laufenden, welche Sektoren heiß oder angesagt sind, damit Sie auf die richtigen Aktien springen können, wenn sich der Markt erholt. Seien Sie ebenfalls damit vertraut, welche Aktien extrem überbewertet sind, damit Sie wissen, welche Sie shorten müssen, wenn der Markt nach unten dreht. Als Trader ist es Ihr Ziel, Positionen der stärksten Aktien und Sektoren zu halten, wenn Sie long sind, und in den schwächsten, wenn Sie short sind.

Sonstige Trends, die sich zum Trading eignen

Es gibt derart viele verschiedenartige Trends, dass ich sie hier nicht einmal ansatzweise behandeln kann. Vielleicht entdecken Sie selbst welche. Nicht alle sind immer vorhanden, sondern sie sind eine Zeit lang in Kraft, werden dann latent und tauchen Monate später wieder auf. Im Folgenden finden Sie eine kurze Aufzählung einiger hervorstechender Trends, auf die Sie achten sollten.

Denken Sie daran, dass kein Trend eine hundertprozentig sichere Sache ist und dass Sie bei Ihren Trades immer Stoppkurse verwenden müssen. Eine Diskussion der morgendlichen Gaps an der NASDAQ finden Sie in Kapitel 3.

IPO-Spinoffs

Wenn der IPO-Markt boomt, ist dieser Trend wahnsinnig aufregend. Das ist außerdem der erste Trend, den ich entdeckt habe.

Ein Unternehmen, das einen Teil seiner selbst in einem IPO an die Börse bringt, steigt meist bis zum Emissionsdatum an, und die Aufwärtsbewegung beginnt eine oder zwei Wochen vor diesem Tag. An dem Tag, an dem der IPO zum ersten Mal gehandelt wird – manchmal buchstäblich in der Minute, in dem er auf dem Markt erscheint, manchmal mit einer kurzen Verzögerung oder gar nach einem letzten kleinen Kursanstieg –, klappt die Aktie der Muttergesellschaft wie tot zusammen. Tauchstation! Man kauft die Muttergesellschaft, sobald sie im Hinblick auf den IPO zu steigen beginnt, man verkauft sie einen Tag vor dem ersten Handelstag und shortet sie einen Tag danach. Doppelter Reibach!

Ende der Stillhalteperiode

Die „Stillhalteperiode" für IPOs sind die ersten 25 Tage nach der Neuemission. Die SEC verbietet dem Unternehmen und den beteiligten Banken, in dieser Zeit Informationen herauszugeben, die nicht in den IPO-Prospekt oder im endgültigen Registration Statement enthalten sind. Die organisierenden Banken unterliegen außerdem noch weiteren Beschränkungen, was die Veröffentlichung von Research betrifft.

Während das Ende der stillen Zeit naht, steigen die meisten Aktien im Vorgriff auf die „Kaufen"-Empfehlung des Emissionshauses unmittelbar nach Ablauf der Frist. Der Aufstieg beginnt in der Regel etwa zehn Tage vor Fristablauf und wird häufig von steigenden Umsätzen begleitet. Klugerweise verkauft man solche Aktien einen Tag bevor die Empfehlungen erscheinen.

Warum hält man die Aktie nicht auch noch nach der Kaufempfehlung? Hier gilt wieder einmal: Kaufe das Gerücht, verkaufe die Nachricht. Und noch ein Tipp: Am besten nutzt man diesen Trend mit Aktien aus, die von hochrespektablen Emissionshäusern gemanagt werden und die aus heißen Sektoren stammen.

Ende der IPO-Sperrfrist

Eine weitere solide Trendspekulation ist das Shorten von Aktien kurz vor Ablauf der IPO-Sperrfrist. Die Sperr- oder Lockup-Frist dauert meist sechs bis 18 Monate. Währenddessen können Insider, die die neue Aktie zum Emissionskurs oder darunter bekommen haben, ihre Anteile nicht verkaufen. Häufig nehmen die Insider nach Ablauf der Frist ihr Geld und machen, dass sie davonkommen. Das würde ich auch tun!

Der Trend eignet sich zum Shorten, denn je größer die Anzahl der frei werdenden Aktien ist, desto wahrscheinlicher ist es, dass die Insider ihre Aktien verschleudern, insbesondere wenn es dem Markt nicht gut geht, aber der Aktienkurs höher liegt als der Emissonskurs (je mehr Aktien frei werden, desto wahrscheinlicher ist eine negative Wirkung auf den Kurs). Diese Spekulation funktioniert am besten, wenn die Anzahl der frei werdenden Aktien mehr als 25 Prozent des aktuellen Float beträgt. Sie sollten die Aktie rund zehn Tage vor Ablauf der Lockup-Frist shorten, denn das Bevorstehen dieses Ereignisses treibt die Trader gewöhnlich schon deutlich vor dem tatsächlichen Datum von der Aktie weg. Decken Sie den Verkauf etwa fünf Tage nach dem Ablaufdatum ein. Um diese Zeit werden die meisten Insider verkauft haben, und diese Nachricht ist in die Aktie eingepreist.

Wie alle anderen Geschäfte ist auch dieses nicht narrensicher – eines der Emissionshäuser könnte die Aktie wie von Zauberhand hochstufen, wenn das Ende der Frist näher rückt; oder das Unternehmen veröffentlicht eine Pressemeldung, um den Aktienkurs entgegen der Verkaufstätigkeit hochzutreiben. Und überprüfen Sie die Unternehmensnachrichten genau, denn wenn die Marktlage schlecht ist und die Kurse am Boden liegen, können Sperrfristen verlängert werden.

Aufnahme in Indizes

Investmentfonds, die große Indizes nachbilden, müssen jede Aktie kaufen, die neu in einen Index aufgenommen wird, damit sie mithalten können und ihre Anlagerichtlinien befolgen. Je höher die Marktkapitalisierung eines aufgenommenen Unternehmens ist, desto mehr Aktien müssen die Fonds kaufen. Der erhöhte Kaufdruck, dem Aktien ausgesetzt sind, die in Indizes aufgenommen werden, zieht die Kurse tendenziell nach oben, so dass dieser Trend eine großartige Kaufgelegenheit darstellt.

Es kann sein, dass die Aktie schon an dem Tag ihren Wert ändert, an dem die Aufnahme in den Index angekündigt wird, oder auch nicht; im Allgemeinen beginnt die ernstliche Aufwärtsbewegung zwei oder drei Wochen, bevor die Aufnahme tatsächlich stattfindet. Wenn die Aktie dann zum Index gehört, fällt der Preis eher wieder, weil Trader Gewinne mitnehmen – sie verkaufen die Nachricht. Die Aktie kann nach Aufnahme in den Index über mehrere Tage fallen. Deshalb kann dieser Trend auf dem Weg nach oben so lange „long“ ausgenutzt werden, bis die Aktie zu dem Index gehört; auf dem Weg nach unten, wenn die Aktie aufgenommen ist, kann man davon „short“ profitieren.

Window dressing

An jedem Quartalsende versuchen die Investmentfonds, ihre Portfolios auf Vordermann zu bringen, indem sie die Aktien kaufen, die im zuende gehenden Quartal die beste Performance gebracht haben. Dadurch wollen sie die Anleger fälschlicherweise glauben machen, die Fondsmanager seien geschickte Stockpicker.

Wenn beispielsweise die Halbleiteraktien ein gutes Quartal hatten, kaufen sie die Fonds massiv in der letzten Woche des Quartals, damit die Liste der Fondspositionen den Eindruck vermittelt, sie wüssten, was sie tun. Der Eindruck ist jedoch vollkommen oberflächlich, und deshalb spricht man auch von Window Dressing (ungefähre dt. Entsprechung: „Frisieren“, d. Übers.).

Mithilfe dieses Trends kann man Geld verdienen, indem man kurz vor Quartalsende Aktien kauft, die eine gute Performance gezeigt haben; so erwischt man noch die Kurszuwächse, die daraus resultieren, dass die Fonds sie in großen Stückzahlen kaufen.

Die Kehrseite des Window Dressing besteht darin, dass die Fonds ihre Sorgenkinder – Aktien aller Art, die im Quartal schlechte Leistungen gebracht haben – kurz vor Quartalsende abstoßen. Sie können zum Quartalsende versuchen, Aktien aus unterdurchschnittlichen Sektoren einzusammeln, denn im nächsten Quartal werden sie häufig von den gleichen Fonds wieder gekauft, die sie gerade abgestoßen haben. Die Fonds wollen die Aktie immer noch haben, aber sie wollen die Tatsache vor den Anlegern verbergen, dass sie so viele unterdurchschnittliche Aktien gehalten haben.

Wie man mit IPOs handelt

Wenn der IPO-Markt heiß ist, lassen sich viele Menschen von dem Verlangen nach heißen, sexy IPOs mitreißen, die man unbedingt haben muss. Dadurch begehen sie eine ähnliche Tradingsünde wie die der Platzierung von Marketorders über Nacht: Sie platzieren Marketorders auf einen IPO, bevor dieser seinen ersten Handelstag erlebt hat, und dies führt zu extremen Kurssprüngen sofort nach Eröffnung des Handels. Für den Market Maker sind solche Marketorders nichts anderes als die Lizenz zum Stehlen. Für den Trader sind sie eine sichere Methode, Geld zu verlieren:

Die Order wird zu einem lächerlich hohen Preis ausgeführt, den die Aktie womöglich nie wieder sehen wird.

Andere Trader, die klug genug sind, keine Orders vor Handelsbeginn zu platzieren (die meisten IPOs werden erstmals zwischen 12:00 und 13:30 New Yorker Zeit gehandelt), machen einen anderen Fehler: Sie jagen der Aktie hinterher, deren Preis nach Handelsbeginn steigt. Jagen Sie nie einer Aktie hinterher; warten Sie, bis sie zu Ihnen kommt. Hinterherlaufen ist eine sehr gute Methode, der letzte zu sein, der einsteigt, kurz bevor der Kurs auf das Niveau zurückzufallen beginnt, auf dem Sie die Aktie hätten kaufen sollen.

SPIELREGEL:
Jagen Sie Aktien nicht hinterher; warten Sie, bis sie zu Ihnen kommen. Wer bis zum Schluss im Pool bleibt, schwimmt mit der Kacke!

Wenn Sie versuchen wollen, am ersten Tag mit einem IPO zu spekulieren, dann platzieren Sie keine Marketorder vor Handelsbeginn (auweia!) und verwenden Sie überhaupt keine Marketorders. Die richtige Art zu kaufen ist eine Limitorder, nachdem die Aktie einen kleinen Rücksetzer vollführt hat und im Begriff ist, zu wenden und wieder nach oben zu laufen.
Es ist sehr schwer zu erkennen, wann die Wende eintritt, wenn man nicht Level II hat, und deshalb rate ich von IPO-Trading am Emissionstag ab, wenn Sie diese Art von Informationen nicht haben. Ziel ist es, am Boden zu kaufen, wenn der Wendepunkt bevorsteht, während der Kurssteigerung zu halten und genau dann zu verkaufen, wenn der Kurs wieder zu fallen beginnt. Vielleicht schaffen Sie das mehrmals hintereinander, bis das Momentum der Aktie so weit gesunken ist, dass sie keine großen Aufwärtsbewegungen mehr schafft. (In den ersten 30 Tagen dürfen Neuemissonen nicht geshortet werden.)
Wenn Sie die Neuemisson über den ersten Tag hinaus halten wollen, ist der richtige Einstiegspunkt schwer abzuschätzen, aber man sollte auf jeden Fall warten, bis die anfängliche Volatilität vorüber ist (das kann bis zu 15 Minuten dauern).
Je höher das IPO eröffnet hat, desto geringer ist die Wahrscheinlichkeit, dass er den ganzen restlichen Tag lang nach oben klettert. Wenn die Emission zu einem unverschämt hohen Kurs eröffnet hat, fällt sie möglicherweise innerhalb von ein oder zwei Stunden auf ein relativ stabiles Niveau. Falls nicht, und falls Sie glauben, der Kurs könnte noch weiter steigen, dann können Sie schon ziemlich bald nach Ende der anfänglichen Kursschwankungen kaufen. Eine Möglichkeit wäre es, die Hälfte der Aktien gleich zu kaufen und abzuwarten, ob der Kurs am späteren Nachmittag durchhängt, so dass Sie dann den Rest preiswerter kaufen können.

Übungen

Einschätzung des Chance-Risiko-Verhältnisses von Trendspekulationen. Im Folgenden finden Sie vier mögliche Trend-Trades mit jeweils drei möglichen Aktien. Welche ist der beste Trading-Kandidat? Welche der schlechteste?

I. ERGEBNISSE

Welche der folgenden Aktien ist die beste Ergebnis-Spekulation?
Welche die schlechteste?

Aktie A hat immer solide Ergebnisse gemeldet. Es wird damit gerechnet, dass sie die Gewinnschätzungen übertrifft. Der Sektor ist nicht unbedingt heiß. Der Markt tendiert uneinheitlich.

Aktie B hat noch keinen Gewinn gemacht. Es ist damit zu rechnen, dass die Verluste unter den Analystenschätzungen liegen, somit also die Erwartungen übertreffen. Der Sektor ist mehr als glühend heiß – sozusagen weißglühend.
Andere Aktien aus diesem Sektor sind in dieser Berichtssaison unglaublich gestiegen. Der Markt tendiert steigend.

Aktie C hat vor zwei Wochen eine Gewinnwarnung gebracht. Der Sektor war heiß, ist es aber jetzt nicht mehr. Der Markt tendiert steigend.

II. AKTIENSPLITS

Welche der folgenden Aktien ist die beste Split-Spekulation?
Welche die schlechteste?

Aktie A wird zwei zu drei gesplittet und gehört zu einem kalten Sektor. Der Markt tendiert steigend, und der Split-Trend war in letzter Zeit zwar schwach, aber erkennbar.

Aktie B splittet im Verhältnis fünf zu eins. Sie ist in ihrem Sektor führend. Der Sektor ist zwar nicht der heißeste, aber er ist recht beliebt. Der Markt tendiert steigend, und der Split-Trend war in letzter Zeit zwar schwach, aber erkennbar.

Aktie C wird zwei zu eins gesplittet und gehört zu einem relativ heißen Sektor. Die Markttendenz ist fallend, und der Split-Trend war in letzter Zeit zwar schwach, aber erkennbar.

III. NACHRICHTEN

Welche der folgenden Aktien ist die beste Nachrichtenspekulation?
Welche die schlechteste?

Aktie A ist eine winzige Aktie in einem heißen Sektor. Sie bringt eine Pressemeldung über eine Kooperation mit einer größeren Gesellschaft. Der Markt ist eine Höhle brummender Bären.

Aktie B ist eine starke Aktie in einem kalten Sektor. Sie bringt aufregende

Nachrichten, die auf unglaubliches künftiges Wachstum schließen lassen. Der Markt tendiert bärisch.

Aktie C ist eine starke Aktie in einem heißen Sektor. Sie bringt Nachrichten von mittelmäßigem Interesse. Der Markt gleicht einer Stampede – wer lässt die Bullen los?

IV. HEISSE SEKTOREN/SYMPATHIE

Welche der folgenden Aktien ist die beste Sympathie-Spekulation? Welche die schlechteste?

Aktie A gehört zu einem mittelheißen Sektor, dessen führendes Unternehmen kürzlich immense Umsatzzuwächse gemeldet hat; die Aktie des führenden Unternehmens ist darauf hin gestiegen. Der Markt tendiert uneinheitlich.

Aktie B gehört zu einem sehr heißen Sektor, dessen führendes Unternehmen kürzlich immense Umsatzzuwächse gemeldet hat; die Aktie des führenden Unternehmens ist darauf hin gestiegen. Aktie B hat auf die Meldung hin 20 Prozent zugelegt. Der Markt tendiert steigend.

Aktie C gehört zu einem heißen Sektor, dessen führendes Unternehmen soeben eine nicht besonders aufregende Partnerschaft mit einem anderen Unternehmen angekündigt hat. Der Markt tendiert steigend.

V. DISKUSSION DER LÖSUNGEN

I. Ergebnisse: Aktie B ist die beste, Aktie C die schlechteste. In bullischen Zeiten zu einem heißen Sektor zu gehören wiegt zahlreiche Sünden auf. Da Aktie B noch keinen Gewinn gemacht hat, steckt sie voll goldenem Potenzial – es ist nicht abzuschätzen, wie immens die Gewinnmöglichkeiten sein könnten. Aktie C ist aufgrund der Gewinnwarnung sowieso kein Kandidat für eine Kurssteigerung aufgrund der Ergebnisse.

II. Aktiensplits: Aktie B ist die beste, Aktie A die schlechteste. Aktie B macht einen spektakulären Fünf-zu-eins-Split und ist ein gutes Unternehmen in einem soliden Sektor. Die bullische Markttendenz spricht dafür, dass der Splittrend funktioniert. Wenn eine Aktie den Trend widerspiegelt, dann ein solides Unternehmen mit einem Fünf-zu-eins-Split. Aktie A kommt als Splitkandidat schon wegen des niedrigen Verhältnisses von zwei zu drei kaum in Frage. Auch wenn der Markt steigt, sorgt der kalte Sektor von Aktie A dafür, dass sie den Trend nicht erfüllt.

III. Nachrichten: Aktie C ist die beste, Aktie A die schlechteste. Der bullische Markt sorgt dafür, dass gute Nachrichten in die Breite wirken, selbst wenn sie wie im Fall von Aktie C nur mäßig interessant sind. Aktie A ist schlechter als Aktie B, weil der Baisse-Markt uninteressante Nachrichten über kleine Unternehmen ignoriert, wohingegen fantastische Nachrichten über ein gutes Unternehmen eine Kurserholung auslösen könnten.

IV. Heiße Sektoren/ Sympathie: Aktie A ist die beste, Aktie B die schlechteste. Aktie A ist für einen Aufwärtstrend bestens positioniert, hat aber noch nicht damit begonnen. Als Nachzügler ist sie somit reif zum Pflücken. Aktie B wäre eine gute Spekulation gewesen, wenn Sie sie früher bekommen hätten, aber das Chance-Risiko-Verhältnis ist jetzt nicht mehr günstig, weil der ganze Lohn vielleicht schon dahin ist.

Heiße Tipps aus der Hölle
Fünf schlechte Methoden der Aktienauswahl

Zum Inhalt dieses Kapitels:

- Warum man für jeden Trade einen guten Grund haben muss
- Warum man keine Tipps aus Internet-Foren befolgen sollte
- Warum man keine E-Mail-Tipps befolgen sollte
- Was bezahlte Promoter sind, wie man sie erkennt und warum man die Aktien, die sie empfehlen, nicht kaufen sollte
- Warum man keine OTC-/BB-Aktien kaufen sollte
- Warum man keine Empfehlungen von Investmentbanken, Analysten und Brokern befolgen sollte
- Warum man seine Zweifel ernst nehmen sollte

Erkennen Sie es, wenn Ihnen die Ideen ausgehen

Viele Trader bringen sich selbst in Schwierigkeiten, wenn es sie in den Fingern juckt zu traden, sie aber keine Ahnung haben, was sie kaufen sollen. Wie Spieler in einem Casino gieren sie nach Action. Also gehen sie auf Ideenbummel und surfen auf der Suche nach Inspiration durch das Web. Sie vergessen, dass man niemals eine Aktie kaufen sollte, wenn man nicht einen guten, handfesten Grund und einen Plan hat. Ohne guten Grund ist Aktienkauf nicht besser als Geld am Roulettetisch zu setzen, manchmal sogar noch schlimmer.

SPIELREGEL:

Haben Sie immer einen guten Grund. Kein Grund, kein Spiel!

Aktientipps sind etwas für Verlierer

Warum sollte ich mich vorsichtig ausdrücken?

Aktientipps sind etwas für Verlierer!

Das ist eine gute Faustregel, die man befolgen sollte. Sicher kann sich ein willkürlicher Aktientipp rentieren, aber schließlich geht auch eine kaputte Uhr immerhin zweimal am Tag richtig. Es gibt viele Arten, Aktien auszuwählen, und manche sind mit Abstand sinnvoller als andere. Eine Methode ist sehr gut, wenn sie in mehr als 40 Prozent der Fälle funktioniert. Sie ist nicht so toll, wenn sie seltener funktioniert. Es gibt aber ein paar Auswahlmethoden, mit denen man quasi garantiert in 90 Prozent der Fälle Geld verliert. (Wenn Sie Geld loswerden wollen, dann würde ich eher eine Therapie oder einen besseren Steuerberater vorschlagen.) Die meisten dieser Verlierermethoden sind verschiedene Formen von Aktientipps.

Für all jene, die wissen, dass es gut ist zu wissen, welche Stockpicking-Methoden das größte Unheil stiften, liste ich sie hier auf. Einige davon sind alles andere als plausibel, aber es fällt erstaunlich leicht, der Versuchung nachzugeben, wenn man verwundbar ist – selbst wider besseres Wissen. Sie würden es nicht glauben, wie viele intelligente Menschen auf diese Art und Weise jeden Tag Geld an der Börse verlieren.

SPIELREGEL:

Die meisten Tipps laufen nicht.

WAXIES SCHLAUE WALLSTREET-SPRÜCHE

Es kommt vor, dass ein guter Stockpicker wie Waxie Tradingempfehlungen gibt, die er in seinem eigenen Depot befolgt. Das fällt nicht unter die Verliertipps, um die es in diesem Kapitel geht. Eine gute und wohlüberlegte

Empfehlung, die man selbst überprüfen kann, ist etwas völlig anderes, als wenn Ihnen jemand sagt, Sie sollten eine Aktie kaufen, „weil sie definitiv steigen wird". Waxie sagt den Chatroom-Mitgliedern bei TrendFund.com immer wieder, sie sollten seinen Vorschläge nie blindlings folgen, sondern jeden einzelnen genau bedenken und auf Informationen beruhende Entscheidungen treffen.

Fünf absurd schlechte Stockpicking-Methoden

Hier nun meine Liste der fünf dumpfbackigsten Arten, kaufenswerte Aktien zu finden. Ich darf das sagen, weil ich viele dieser Tradingsünden selbst begangen habe, Geld verloren habe, aus meinen Fehlern gelernt habe und nun aufrichtiges Interesse daran habe, allen anderen diese harte Schule zu ersparen.

1. EITLES GEREDE VON HOFFENDEN UND NAIVEN

Wunschdenken wird in Internetforen von wohlmeinenden, aber hoffnungslos unwissenden und einseitigen Anlegern als Faktenwissen präsentiert.

2. MANIPULATIONEN VON WERBERN UND PUSHERN

Forenbeiträge und E-Mails von regelrechten Betrügern und Schwindlern.

3. BEZAHLTE AKTIENWERBER

Websites mit Aktien-„Analysen", die neutral erscheinen, es aber nicht sind, weil der „Analyst" persönliche finanzielle Interessen hat.

4. EMPFEHLUNGEN VON OTC-/BB-AKTIEN

Tipps für Mülltonnen-Aktien, die garantierte Verlierer sind. Wenn Ihnen jemand eine OTC-/BB-Aktie empfiehlt, sollten Sie nicht mehr auf ihn hören.

5. EMPFEHLUNGEN VON WALLSTREET-PROFIS

Publicity von Investmentbanken, Analysten und Brokern, auch im Fernsehen.

Schauen wir einmal, was Menschen passiert, die diese fünf Verlierermethoden der Aktienauswahl ausprobieren.

1. EITLES GEREDE VON HOFFENDEN UND NAIVEN

Sie haben gehört, dass es gut ist, als Anleger gut informiert zu sein und lesen deshalb viel im Internet. Insbesondere lesen Sie die Foren von Internetseiten wie Raging Bull und Silicon Investor. Sie können zu dem Forum einer bestimmten Aktie gehen und lesen, was alle dazu zu sagen haben. Viele Menschen – meistens solche, die die Aktie besitzen – sagen in ihren Beiträgen, sie sei die nächste Microsoft, besser als Cisco in den besten Zeiten oder sie verdoppele sich garantiert in sechs Monaten.

Die Fallen liegen hier im sonnigen und wohlmeinenden Optimismus sowie in dessen dunklem Zwillingsbruder, der ängstlichen Hoffnung. Die Menschen haben die Aktie gekauft und wollen, dass sie gut läuft. Sie glauben wirklich daran, dass sie gut laufen wird. Zumindest hoffen sie wirklich, dass sie gut läuft. Und wie gerne sie darüber sprechen! Sie erzählen Ihnen, wie toll das Unternehmen ist, wie klug das Management und wie unglaublich der Geschäftsplan. Sie sagen Ihnen, dass die Aktie bis zum Jahresende um 50 Prozent steigen wird. Sie verfügen über Insiderinformationen, die sie großzügigerweise mit dem Forum teilen. Sie kennen jemanden, der in dem Unternehmen arbeitet. Sie arbeiten selbst in einer Firma, die dem Unternehmen Produkte abkauft. Sie kennen alle möglichen Dinge, und sie haben Meinungen dazu. Die Aktie ist ein Gewinner, ein Sieger, ein ungeschliffener Edelstein. Sie ist das kommende große Ding oder ein Kraftpaket, das nie zum Stillstand kommt. Es gibt einem einfach ein gutes Gefühl, mit dieser Aktie zu tun zu haben. Sie verleiht Macht und Sexappeal. Und sie macht Sie reich!

In anderen Fällen bieten Ihnen Menschen (wie immer aufgrund ihrer Herzensgüte) einen heißen Tipp an, weil sie ganz einfach nett sein wollen. Es kann sein, dass sie fest an ihren Tipp glauben und dass sie viel eigenes Geld in die Aktie gesteckt haben, die sie anpreisen. Aber all das macht sie nicht zu einem guten Geschäft.

Das Problem ist, dass diese Menschen überhaupt nichts wissen und dass sie das Gegenteil von objektiv sind. Sie haben sich in ihre Aktien und in ihre Tipps verliebt, sie können das Risiko nicht richtig einschätzen und es gegen ein realistisches Gefühl für den potenziellen Lohn abwägen. Sie sehen nur den Lohn, und der erscheint unbegrenzt.

Also könnten Sie schlauerweise denken, wenn diese unwissenden und einseitigen Aktienbesitzer keine Ahnung haben, sollten Sie vielleicht genau das Gegenteil von dem tun, was sie sagen. Wenn sie sagen „kaufen", dann sollten Sie vielleicht shorten. Wenn sie sagen „verkaufen", dann sollten Sie vielleicht kaufen. Das Problem dabei ist, dass der Versuch, Entscheidungen aufgrund baren Unsinns zu treffen, nicht mehr Sinn ergibt.

Die Meinungen dieser Menschen sind nicht das diametrale Gegenteil der Wahrheit, sondern sie bedeuten gar nichts – sie sind vollkommen irrelevant. Das ist so, als würden Sie eine Münze werfen, um zu entscheiden, in welche Richtung Sie gehen sollen, und dann in die entgegengesetzte Richtung zu gehen. Sie kann richtig oder falsch sein, aber die richtige Antwort hat nichts mit dem Werfen der Münze zu tun. Diese Anleger können genauso gut Recht wie Unrecht haben – das ist rein zufällig. Ich sage es noch einmal: Sogar eine kaputte Uhr geht zweimal am Tag richtig.

Auf den elektronischen Schwarzen Brettern lesen Sie auch Dinge wie „Diese Aktie ist Schrott. Das Unternehmen unterliegt einem schreienden Missmanagement. Ihr werdet euer letztes Hemd verlieren." Solche Beiträge stammen von Shortsellern, die nicht objektiv sind und die andere dazu verleiten wollen, ihre Aktien zu verkaufen, damit der Preis sinkt und die Leerverkäufer ihre Shorts mit einem schönen Profit eindecken können.

Das soll nicht heißen, dass Internetforen keinerlei Nutzen haben. Sie können nützliche Informationen bieten. Nehmen wir an, dass eine Aktie plötzlich steigt und Sie keine Ahnung haben, warum.

Es gibt keine Nachrichten zu dem Unternehmen, es folgt nicht dem Markt, und es gibt nichts anderes, was den Kurszuwachs erklärt. Das ist ein guter Moment, um die Foren durchzusehen – nicht etwa, weil sie die Wahrheit sagen (und bedenken Sie, dass die Wahrheit an der Börse ohnehin irrelevant ist), sondern weil sie Ihnen vielleicht sagen, was die anderen Trader zum Kauf treibt. Das kann ein Gerücht oder irgendetwas anderes sein, das Ihnen entgangen ist. Wenn es irgendwie um überprüfbare Nachrichten geht, dann müssen Sie diese natürlich selbst nachprüfen, indem Sie eine verlässliche Quelle wie zum Beispiel TrendFund.com zu Rate ziehen.

Wenn sich die Nachricht bestätigt, entscheiden Sie, was dies für Ihre Trading-Entscheidung bedeutet – ist es wichtig genug, ist der Zeitpunkt der richtige, etc. (siehe in Kapitel 6, wie man Aktien mittels Werkzeugen wie beispielsweise Nachrichten auswählt). Dann können Sie aufgrund von Informationen eine intelligente Einschätzung des möglichen Nutzens und Risikos treffen.

2. MANIPULATIONEN VON WERBERN UND PUSHERN

Würden Sie Aktien aufgrund eines nicht bestellten Anrufs kaufen? Versprechen Sie mir, dass Sie das niemals tun. Kennen Sie den Film Boiler Room? Wenn nicht, dann leihen Sie ihn sich jetzt aus. (Nein, ich träume höchstens davon, persönliches Interesse an den Film-Tantiemen zu haben.)

Was in Boiler Room passiert – nämlich dass eine Bande von dubiosen Aktienbrokern naive, leichtgläubige Menschen aus heiterem Himmel anruft und ihnen den Kauf wertloser Aktien aufschwatzt –, ist genau das, was im Internet passiert; nur dass es viel leichter ist, einer Liste von 100 Menschen eine E-Mail zu senden oder einen Beitrag abzusetzen, der von Tausenden gelesen wird, als jeweils einen Menschen anzurufen.

Wegen dieser Art der Aktienmanipulation wird gegen viele Menschen polizeilich ermittelt. Berichte über solche Fälle erscheinen regelmäßig im

Wirtschaftsteil der New York Times. Man kennt sie unter der Bezeichnung „Pump and Dump".

TRADERSPRACHE:

„Pump and Dump" ist eine betrügerische Aktivität, bei der Werber einen Aktienkurs „aufpumpen", indem sie die Aktie entweder Anlegern schmackhaft machen, oder indem sie erfundene positive Nachrichten beziehungsweise Gerüchte verbreiten. Wenn der Preis dann überstürzt ansteigt, stoßen die „Pumper" ihre Aktie mit Gewinn am Markt ab und lösen dadurch einen Kurseinbruch aus, von dem sich die Aktie nicht mehr erholt. Schwerfällige Anleger, die zu dem aufgeblähten Kurs kaufen, verlieren ihr Geld, wenn der Kurs wieder fällt.

3. BEZAHLTE AKTIENWERBER

Mr. Loser liest eine Pressemitteilung: Der Analyst Wilbur Kartoffel von Wall Street Partners, Inc. hat die FlimsyTech Corporation aus Miami, Florida, als Strong Buy eingestuft. Die Pressemeldung beschreibt dann, wie viel Wachstumspotenzial die Gesellschaft hat, wie gut ihre Finanzlage ist, und so weiter. Die Meldung verweist die Leser auf einen ausführlichen Unternehmensbericht unter www.wallstreetpartnersinc.com.

Der Bericht auf der Website erscheint gründlich und sorgfältig. Er erstreckt sich über fünf Seiten und beschreibt genauestens den Geschäftsplan, die Gewinnerwartungen und andere attraktive Eigenschaften des Unternehmens. Mr. Loser übersieht das Kleingedruckte am Fuß der letzten Seite, wo es heißt: „Wall Street Partners, Inc. hat für die Erstellung dieser Analyse möglicherweise eine Entschädigung in Form von Aktien oder Geld erhalten."

„Was denn?", werden Sie fragen. Werden nicht alle Wallstreet-Analysten für ihre Arbeit bezahlt? Selbstverständlich, aber während man schon über die echten Wallstreet-Analysen (diejenigen der großen Investmentbanken) nicht viel Gutes sagen kann, sind diese bezahlten Werber auf andere Art schlimm. Im Grunde sind sie Öffentlichkeitsarbeiter, die von fragwürdigen Unternehmen bezahlt werden, welche von regulären Analysten keine Aufmerksamkeit erhalten, und der einzige Zweck der bezahlten Sprachrohre besteht darin, die Aktie potenziellen Investoren schmackhaft zu machen. Sie sind weitaus schlechter als die Analysten der Investmentbanken, und was ich von diesen regulären Analysten halte, erfahren Sie ein wenig später in diesem Kapitel.

Bilanz: Lesen Sie jegliche Aktien-„Analysen" sorgfältig und suchen Sie nach dem Zauberwort „Entschädigung", um zu sehen, ob das Papier von einem bezahlten Werber anstatt eines regulären Wallstreet-Analysten erstellt wurde. Wenn dem so ist, fragen Sie sich, welche Art von Unternehmen jeman-

den bezahlen muss, damit er es anpreist.
„Einen Moment!“, sagen Sie. Da steht nur, dass die Promoter möglicherweise eine Entschädigung erhalten haben. Vielleicht haben sie in Wahrheit gar keine bekommen. Und wenn sie eine bekommen haben, dann haben sie vielleicht die Bezahlung in Aktien akzeptiert, und das bedeutet, dass die Aktie ihrer Meinung nach etwas wert ist.
Für diese Vielleichts und einen Dollar können Sie sich eine Tasse billigen Kaffee kaufen. Seien Sie nicht so naiv: „möglicherweise empfangen“ bedeutet empfangen, und „in Form von Aktien oder Geld “ bedeutet Geld.
Da steht genau, was los ist, wenn Sie lesen und verstehen wollen. In der Haftungsausschlussklausel könnte auch stehen: „Wall Street Partners, Inc. hat im Austausch für die Erstellung der Analyse eine finanzielle Entschädigung erhalten, oder gebrauchte Katzenstreu für ein Jahr.“ Was halten Sie für wahrscheinlicher? Wie viel ist die Aktie tatsächlich wert?

WAXIES SCHLAUE WALLSTREET-SPRÜCHE

Meiden Sie immer Aktien, die von bezahlten Werbern angepriesen werden.

OTC/BB-Aktien

Aktien, die von bezahlten Promotern beworben werden, sind häufig OTC-/BB-Aktien. Egal ob übertrieben angepriesen oder nicht, sind OTC-/BB-Aktien eine Gruppe von Aktien, die Sie meiden sollten wie die Pest, und zwar ohne Ausnahme.

TRADERSPRACHE:

OTC-/BB-Aktien („Over-the-counter-/Bulletin-board“-Aktien) werden nicht an einer Börse notiert oder gehandelt. Da sie nicht den Berichtsanforderungen börsennotierter Aktien unterliegen, sind über die Unternehmen, die sie repräsentieren, nur wenige Finanz- oder sonstige Informationen verfügbar. OTC-/BB-Aktien sind auch unter den Bezeichnungen bulletin board stocks, unlisted stocks, penny stocks und pink sheet stocks bekannt. (Verwechseln Sie OTC-/BB-Aktien nicht mit NASDAQ-OTC-Aktien, denn das sind gelistete NASDAQ-Aktien.)

WAXIES SCHLAUE WALLSTREET-SPRÜCHE

OTC-/BB-Aktien sind der größte Schrott. So ziemlich alle OTC-/BB-Aktien werden von Unternehmen ausgegeben, die ernste Probleme haben. Viele sind einfach Betrug, sie werden von Kriminellen oder fast Kriminellen geleitet. Es ist bekannt, dass die Mafia in OTC-/BB-Pump-and-Dump-Aktionen verwickelt ist.

Wenn Sie glauben, dass dot.com- und andere Internetaktien Papierkörbe sind, dann ist eine OTC-/BB-Aktie hundertmal schlimmer. Gesellschaften, die an der NASDAQ, der NYSE oder der AMEX gehandelt werden, müssen zumindest regelmäßig Finanzberichte veröffentlichen und werden von den Börsen reguliert. Sie müssen sich zumindest so benehmen wie richtige Unternehmen. OTC-/BB-Aktien müssen niemandem irgendwelche Informationen geben – und normalerweise wollen sie das auch nicht, weil diese Unternehmen in vielen Fällen aus nicht mehr als einem Raum mit Telefon bestehen. Sie glauben mir nicht? Dann sind Sie naiv.

Dann sagen Sie, aber Waxie, wen kümmert es, ob es ein echtes Unternehmen

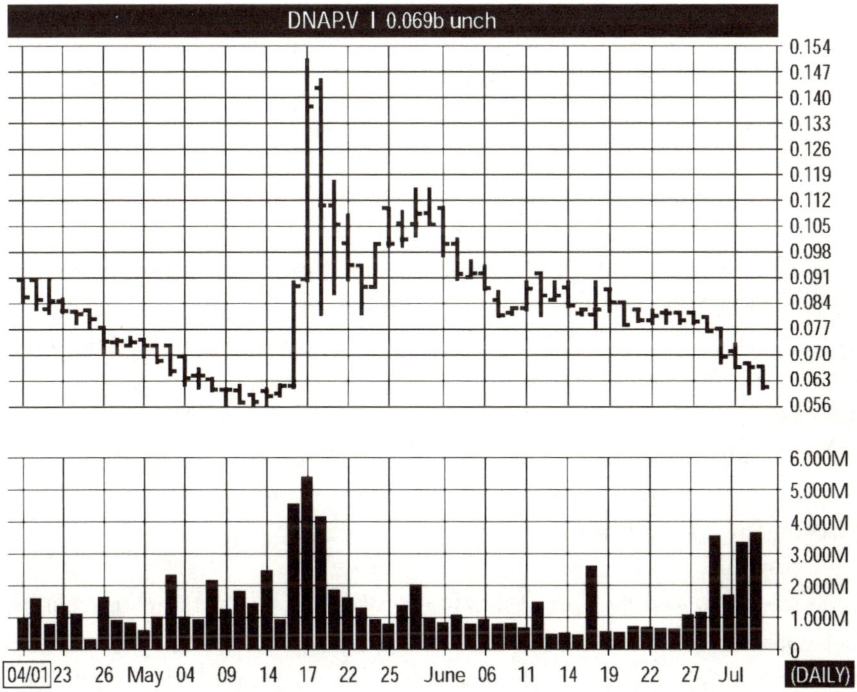

DER RASANTE AUFSTIEG UND FALL EINER OTC/BB-AKTIE: **Am 16. und 17. Mai schnellte DNAP ohne ersichtlichen Grund nach oben, verlor am nächsten Tag einen Großteil der Zunahme und kehrte dann auf das vorherige Niveau zurück.**

Chart von TradePortal.com, Inc.

ist, wenn ich durch den Handel mit der Aktie einen schnellen Dollar machen kann? Ich investiere doch nicht in die Aktie, sondern kaufe und verkaufe sie wieder.

Nun, der Deal sieht so aus: Zunächst einmal werden OTC-/BB-Aktien jederzeit von Insidern, von lästigen Typen und von kleinen Betrügern manipuliert. Diese Aktien können unglaublich leicht durch das Verbreiten falscher Gerüchte oder durch künstlich erzeugte Kursänderungen bewegt werden – und das sind kriminelle Handlungen. Also warum sollten Sie nicht zusammen mit den Betrügern dem Steigen der Aktie folgen, wenn Sie dabei nichts Ungesetzliches tun? Zunächst einmal ist da die Tatsache, dass Sie bewusst zum kriminellen Ruin der ganzen armen Schweine beitragen, die nach Ihnen eingestiegen sind. Weiter unten sage ich dazu mehr.

Nebenbei gesagt werden auch Sie selbst fast mit Sicherheit zu spät einsteigen, mitten im Hoch, und die Aktie wird sofort wieder fallen, nachdem Sie sie verkauft haben. Derartige Manöver sind dazu gedacht, von Menschen wie Ihnen zu profitieren. Pump-and-Dump-Aktionen sollen nur den Menschen Vorteile bringen, die sie geplant haben – nicht Menschen, die umsonst mitfahren wollen. Und es gibt so gut wie keine Chance, dass sie Ihnen etwas nützen.

Als wäre das nicht schon genug, gibt es noch das kleine Problem der Stopps: Dummerweise kann man für OTC-/BB-Aktien keine Stopps setzen. Es ist einfach nicht möglich. Die einzigen Order-Arten für OTC-/BB-Aktien sind Market- und Limit-Orders, daher sind Sie hinsichtlich der Verlustbegrenzung dem Market Maker und dem Markt ausgeliefert. Wenn die Aktie abtaucht, was sie fast immer tut, sind Sie nicht der erste, der aussteigt, und der Preis wird noch deutlich fallen, bevor Sie aussteigen können.

WAXIES SCHLAUE WALLSTREET-SPRÜCHE

Bei OTC-/BB-Aktien kann man keine Stopps verwenden! Schon das ist Grund genug, sie vollständig zu meiden.

Nun zurück zu unserer moralischen Frage: Warum sollte der Kauf einer künstlich nach oben laufenden OTC-/BB-Aktie, von der Sie wissen, dass sie unweigerlich abstürzen wird, schlechter sein, als eine börsennotierte Aktie zu kaufen, von der Sie wissen, dass sie abstürzen wird?

Wenn Sie das Spiel der Wall Street so zynisch betrachten wie ich, dann ist diese Frage berechtigt. Und hier die Antwort: Ich bin kein Anleger und will auch nie einer werden, aber es gibt auf jeden Fall Menschen und Institutionen, die in börsennotierte Unternehmen investieren; ich rate zwar nicht dazu, aber in bestimmten Marktlagen ist das sicherlich nicht das Allerdümmste.

Aber niemand, der nur einen Funken Verstand besitzt, würde ernsthaft in eine OTC-/BB-Aktie investieren. Das ist wahrscheinlich wirklich schlechter, als im Spielcasino zu spielen, denn Ihr Geld wird mit an Sicherheit grenzender Wahrscheinlichkeit verschwinden – im Casino haben Sie zumindest eine gewisse Chance zu gewinnen. Trotzdem gibt es Menschen, denen auch dieser Funke Verstand abgeht und die versuchen in solche Aktien zu investieren. Sie verdienen Mitleid und sie brauchen auf jeden Fall Aufklärung, aber sie verdienen sicherlich nicht noch mehr Missbrauch. Selbst wenn ich glauben würde, ich könnte mit OTC-/BB-Aktien Geld machen (was ich nicht kann), würde ich nicht zu dem Elend unwissender und verzweifelter Menschen beitragen wollen.

ANFÄNGERFEHLER:

Viele Neulinge fühlen sich von den „billigen" Pennystocks angezogen, weil man so viele Aktien für so wenig Geld kaufen kann. Das ist ein Denkfehler. Was zählt, sind der Prozentsatz, den Sie gewinnen müssen, die Wahrscheinlichkeit, dass Sie gewinnen, die Wahrscheinlichkeit, dass Sie verlieren und der Prozentsatz, den Sie verlieren können. Sie können mit zehntausend Aktien eines Pennystocks für 50 Cent genauso viel Geld verlieren wie mit 50 Stücken einer NASDAQ-Aktie zu 100 US-Dollar; die Wahrscheinlichkeit ist sogar höher. Auch auf der Gewinnseite sieht es schlechter aus, denn die Chancen, dass man mit einer OTC-/BB-Aktie wirklich Geld verdient, sind lachhaft gering.

Empfehlungen von Wallstreet-Profis

Meine Meinung über die Anzugträger von der Wall Street ist recht einfach: Analysten sind Schrott! Broker sind Schrott!

WAXIES SCHLAUE WALLSTREET-SPRÜCHE

Denken Sie daran: Analysten sind Schrott. Broker sind Schrott. Im besten Falle sind sie Kontra-Indikatoren.

TRADERSPRACHE:

Ein **Kontra-Indikator** ist ein Marktindikator, der anscheinend anzeigt, in welche Richtung sich der Markt bewegt, den aber ein Contrarianer als Zeichen dafür nimmt, dass der Markt in die entgegengesetzte Richtung tendiert.

Wenn beispielsweise alle Fernsehanalysten sagen, der Markt werde in alle Ewigkeit steigen, dann bedeutet dies anscheinend, dass der Markt weiter steigen wird. Als Kontra-Indikator bedeutet es allerdings, dass der Markt bald wieder fallen wird.

Wie Sie in Kapitel 4 gelesen haben, ist es die Aufgabe der Wallstreet-Analysten, die Menschen dazu zu bringen, dass sie die Aktien von Unternehmen kaufen, die ihre Firma repräsentiert. Die Aufgabe von Brokern ist es, so viele Kauf- und Verkaufstransaktionen zu schaffen wie sie können. Damit verdienen diese Menschen ihren Lebensunterhalt. Es ist durchaus klar, dass ihr Hauptinteresse darin besteht, Sie zum Aktienkauf zu bewegen, und nicht darin, dafür zu sorgen, dass das gut für Sie ist. Ob es sich dabei wirklich um eine gute Investition handelt, ist ganz einfach nicht ihr Problem. Wenn Sie je darauf achten, wie institutionelle Analysten Zielkurse setzen und Aktien herauf- beziehungsweise herabstufen, sehen Sie, dass alles ein zynisches Spiel ist. Und da von Analysten, die im Fernsehen auftreten, erwartet wird, dass sie selbst dann etwas sagen, wenn sie keine Ahnung haben, was geschieht oder was geschehen wird, sagen sie häufig einfach irgendwas und rechnen sich aus, dass sich in ein paar Wochen niemand mehr daran erinnert, was sie gesagt haben. Die meisten von ihnen verstehen kaum, was an der Börse passiert. Und warum sind sie dann im Fernsehen? Nun, diese Frage könnte man bei fast allem stellen, was es im Fernsehen gibt. Das gibt es nur, weil die Menschen es anschauen, und so lange Menschen es anschauen, wird es das geben.

Viele Menschen, darunter auch ich, haben viel Geld verloren, weil sie auf Analysten und Broker gehört haben. Lernen Sie aus ihren Fehlern und begehen Sie nicht die gleichen.

Seien Sie skeptisch
Nehmen Sie Ihre Zweifel ernst.

Außer den von mir besprochenen gibt es noch viele andere schlechte Arten, Aktien auszuwählen, und es gilt die Faustregel: Wenn etwas nach einer schlechten Idee aussieht, dann ist es das wahrscheinlich auch. Selbst wenn Sie sich anders entscheiden und es funktioniert, fragen Sie sich selbst, ob es funktionieren sollte oder ob dieses eine Mal eine Ausnahme war, das eine Mal von hundert Malen, da diese Idee aus keinem anderen Grund als aus Zufall funktioniert hat. Nehmen Sie einen Glücksfall nicht als Selbstverständlichkeit. Denken Sie darüber nach, und werden Sie ein intelligenterer Trader.

Wenn Ihnen eine innere Stimme sagt: „Vielleicht sollte ich das nicht tun", dann hören Sie auf sie! Trauen Sie sich selbst und Ihren Instinkten etwas zu! Es ist bedeutend besser, zu vorsichtig zu sein, als Geld zu verlieren, weil man zu viele Risiken eingeht. Wenn Sie denken: „Es funktioniert vielleicht", oder „ich hoffe, es funktioniert", dann sagen Sie nein zu der ganzen Sache! „Vielleicht" und „hoffen" sind für einen guten Trader schmutzige Wörter, und ich will diese beiden Wörter niemals hören.

SPIELREGEL:
Setzen Sie nicht auf Eventualitäten. Lassen Sie es im Zweifelsfall sein.

Gute Auswahl ist erst die halbe Miete

Denken Sie immer daran, dass Sie, selbst wenn Sie eine gute Aktie aus guten Gründen auswählen, immer noch Geld verlieren können, wenn Sie nicht die soliden Trading-Praktiken anwenden, die in den Kapiteln 8 bis 11 behandelt wurden. Eine gute Aktienauswahl ist erst die halbe Miete. Man kann mit einer guten Aktie immer Geld verlieren, wenn man schlecht damit umgeht.
Jetzt ist es an der Zeit zu lernen, auf Gewinn zu spielen!

Den Trade planen und nach Plan traden Wie man einsteigt, dabei bleibt und wieder aussteigt

Zum Inhalt dieses Kapitels:

- Warum Traden nach Plan Risiko minimiert und Gewinn maximiert
- Weshalb das Finden des richtigen Einstiegszeitpunktes ebenso wichtig ist wie das Aufspüren einer guten Aktie
- Wie man eine Aktienposition eingeht
- Die 10-Uhr-Regel
- Wie man Positionen sicher hält
- Fünf Gründe für das Beenden einer Position
- Wie man eine Position verlässt
- Warum man nie mit einer Aktie verheiratet sein darf

Spielen Sie immer auf Sieg

Jemand hat einmal gesagt, dass wir uns mit jeder Handlung entweder in Richtung Tod oder in Richtung Leben bewegen. An der Börse ist jeder Trade ein Schritt in Richtung Verlust oder in Richtung Gewinn. Und innerhalb jedes Trades bringt Sie jeder Schritt – einsteigen, halten und aussteigen – dem Gewinn oder Verlust ein Stück näher. Deswegen erfordert jeder Schritt Planung, Aufmerksamkeit und Disziplin.

SPIELREGEL:
Spielen Sie auf Sieg!

Planen Sie den Trade und traden Sie nach Plan

Bevor Sie eine Aktienposition aufbauen, müssen Sie immer einen Plan haben. Jeder Mensch hat einen anderen Stil – der eine nimmt Gewinne stückchenweise mit, der andere beendet alle Positionen auf einmal. Aber welchem Sie auch immer folgen mögen, Sie müssen wissen, was Sie vorhaben, bevor Sie die Aktie kaufen. Die erfolgreichsten Trader haben immer einen Plan, und sie halten sich immer daran, es sei denn, es gibt einen ungewöhnlichen und schlagenden Grund, es nicht zu tun, zum Beispiel eine Änderung der Marktbedingungen.

SPIELREGEL:
Planen Sie den Trade und traden Sie nach Plan.

Warum ist das so wichtig? Einen Plan zu haben bedeutet zuallererst, dass Sie sich darum Gedanken gemacht haben, warum Sie diesen Trade hauptsächlich machen wollen – Sie haben einen zwingenden Grund für den Trade und sehen, dass er ein gutes Chance-Risiko-Verhältnis bietet. Ohne einen Grund für den Trade und eine Vorstellung von der Belohnung, die er bringen sollte, können Sie auf keinen Fall einen vernünftigen Plan fassen. („Ich halte die Aktie und warte ab, was passiert", ist kein Plan. Das ist Glücksspiel. Sich auf sein Glück zu verlassen ist Glücksspiel.) Zweitens verhindert ein Plan, dass Sie reagieren wie ein von Autoscheinwerfern gebanntes Reh – das ist eine natürliche Reaktion, wenn eine Aktie, die Sie gekauft haben, sich in die falsche Richtung zu bewegen beginnt. Diese Lähmung kann fatal sein. Wenn Sie einen Plan haben, wissen Sie genau, was Sie tun müssen und was Sie dafür brauchen. Sie haben sich im Voraus überlegt, was dabei herauskommen kann. Es gibt keinen Grund zur Panik. Drittens minimiert ein Plan nicht nur die Gefahr der Panik, sondern auch andere Risiken; und er maximiert die Belohnung, denn durch das Befolgen eines Plans zwingen Sie sich selbst dazu, nur in vorteilhafter Weise zu handeln. Sie erreichen das kleinstmögliche Risiko und die größtmögliche Belohnung, indem Sie einen Gewinn bringenden Einstiegszeitpunkt wählen (und Verlust bringende Einstiegspunkte meiden), ihre Position sicher halten (indem Sie die Stopps dort belassen, wo Sie sie geplant haben) und zu einem geeigneten Zeitpunkt mit Profit aussteigen.

Wie können Sie wissen, wo der richtige Einstiegs- und wo der richtige Ausstiegspunkt ist? Sie können es nicht wissen, wenn Sie kein Hellseher sind, aber das macht nichts, denn beim Trading geht es nicht darum, etwas mit Sicherheit zu wissen, sondern um das Abschätzen von Wahrscheinlichkeiten. Wenn Sie immer das tun, was mit der höchsten Wahrscheinlichkeit funktioniert, dann sollte es in viel mehr Fällen funktionieren als nicht funktionieren. Und nur darum geht es beim Trading.

Wie man eine Aktienposition eingeht

Für einen Trade einen Einstiegspunkt mit geringem Risiko zu finden, ist ganz genau so wichtig wie das Auffinden einer guten Aktie. Aber wie kann das sein? Wenn Sie einen Augenblick darüber nachdenken, dann kommen Sie darauf, dass Sie die beste Aktie der Welt aussuchen können, aber dass Sie damit, wenn Sie an der falschen Stelle einsteigen, keinerlei Gewinn machen – Sie können damit sogar Geld verlieren. Ein paar verrückte Investment-„Gurus" haben in den letzten Jahren die gefährliche Lehre gepredigt, es sei egal, wann und zu welchem Preis man als Langfristanleger eine Aktie kauft. Gemäß dem dahinter stehenden Gedankengang (wenn man das so nennen kann) verdienen Sie, wenn die Aktie eine gute Aktie ist, auf jeden Fall Geld, wenn genügend Zeit verstrichen ist, und alle jetzigen Kursfluktuationen werden in vielen Jahren, wenn die Aktie Sie reich gemacht hat, nur noch wie ein kleiner Schluckauf aussehen. Ich kann dazu nichts weiter sagen, als dass die Menschen, die eine Aktie wie Celera Genomics für fast 250 US-Dollar pro Stück gekauft haben und sie nach einem Jahr zu 40 US-Dollar gehalten haben, mit ihrem Geld wahrscheinlich etwas viel Besseres hätten tun können, als eine hochgeputschte Aktie zum absoluten Höchstpreis zu kaufen.

Niemand weiß, welche Aktien im Rennen bleiben und Sie in fünf oder zehn Jahren reich werden lassen. Viele Unternehmen wird es in fünf oder zehn Jahren nicht einmal mehr geben. Ist es nicht für jedermann sinnvoll, egal ob Trader oder Anleger, eine Aktienposition zu einem Zeitpunkt einzugehen, zu dem die Chance wirklich Geld zu verdienen größer ist als die Chance so viel Geld zu verlieren, dass man fünf Jahre warten muss, um seine ursprüng-

liche Investition wiederzubekommen?
Also gut: Wo ist ein sicherer Einstiegspunkt, und wie schafft man es, dort einzusteigen?
Zum Auffinden eines klugen Einstiegspunktes müssen Sie den Zeitrahmen des Trades kennen (für eine bestimmte Trendspekulation wissen Sie zum Beispiel, dass Sie frühestens eine Woche vor dem Ereignis einsteigen sollten, das den Trend hervorruft); Sie müssen Charts betrachten, um zu sehen, wo die Aktie steht und wo sich Unterstützungs- und Widerstandsniveaus befinden (bedenken Sie auch die psychologischen Unterstützungs- und Widerstandsniveaus); Sie müssen einen Kursrücksetzer abwarten, wenn Sie glauben, dass der Kurs vorübergehend überhöht ist und dass er bald fallen wird, so dass er eine bessere Kaufgelegenheit für Sie schafft.
Um sicher zu stellen, dass Sie dort einsteigen, wo sie es geplant haben, verwenden Sie eine Limitorder. Limitorders führen zwar manchmal dazu, dass Sie länger warten müssen, weil andere ihre Orders vor Ihnen zum gleichen Kurs platziert haben, aber in den meisten Situationen ist eine Limitorder der einzig vernünftige Weg zu einer Aktienposition. Verwenden Sie immer Limitorders – außer in äußerst seltenen Ausnahmefällen. Marketorders sollten nur in extremen Notfällen eingesetzt werden.

TRADERSPRACHE:

Eine **Limitorder** kann nur zu dem festgelegten oder zu einem günstigeren Preis ausgeführt werden. Sprechen Sie mit Ihrem Broker, denn manche verwenden für die verschiedenen Ordertypen leicht abweichende Bezeichnungen.

WAXIES SCHLAUE WALLSTREET-SPRÜCHE:

Abgesehen von äußerst seltenen Ausnahmen, verwenden Sie ausschließlich Limitorders.

In gewissen Situationen kann es sinnvoll sein, schrittweise einzusteigen, indem man die Hälfte der Aktien zu einem Preis kauft, von dem man glaubt, dass er der niedrigste sein wird, den sie erreicht; mit dem Kauf der zweiten Hälfte wartet man entweder auf einen noch besseren Preis („averaging down") oder bis die Aktie zu steigen beginnt („adding on strength").
Die falsche Art, eine Position einzugehen ist das Jagen einer steigenden Aktie. Aktien hinterherzujagen ist eine Form der Panik und praktisch eine Garantie dafür, dass Sie die Aktie zu teuer bezahlen. Was ist so schlimm daran, zu viel zu bezahlen? Je mehr Sie für eine Aktie bezahlen, desto mehr verschiebt sich das Chance-Risiko-Verhältnis von der Chancenseite (der Spielraum nach oben

wird kleiner) zu der Risikoseite (weil die Wahrscheinlichkeit, dass der Aufstieg endet, immer höher wird, je teurer die Aktie wird). Der schrumpfende Spielraum äußert sich in zweifacher Weise:
Erstens erwischen Sie weniger von dem Kurszuwachs der Aktie, so dass Ihr prozentualer Ertrag geringer ist; zweitens können Sie, je mehr die Aktie kostet, umso weniger Stücke kaufen, und der Ertrag, den Sie bekommen, wird mit einer geringeren Anzahl multipliziert. Deshalb ist der Einstiegskurs sehr wichtig.

SPIELREGEL:

Jagen Sie keinen Aktien nach; warten Sie, bis sie zu Ihnen kommen. Wer bis zum Schluss im Pool bleibt, schwimmt mit der Kacke!

Denken Sie daran, dass es nichts ausmacht, wenn Sie eine Spekulation verpassen. Das ist nicht die letzte gute Aktie. Es gibt immer Aktien, mit denen man traden kann. Es ist eindeutig besser, eine auszulassen als ihr hinterherzulaufen und am Ende Verlust zu machen.
Eine gute Gelegenheit, die gewünschten Aktien zu kaufen, bieten morgendliche fallende Gaps. Ein fallendes Gap zu kaufen ist eine gute Einstiegsmethode. Denn wenn eine Aktie ein Gap nach unten öffnet, geschieht dies häufig zu dem Tagestiefststand. Dagegen ist es einer der schlechtesten Trades, den Sie machen können, ein Aufwärtsgap zu kaufen.
Das liegt daran, dass das aufsteigende Gap im Allgemeinen das Interesse des Marktes an der Aktie widerspiegelt. Gute Nachrichten aus der vorangegangenen Nacht sind dann meistens schon eingepreist. Aus diesem Grund entpuppt sich der Eröffnungskurs mit den anfänglichen Schwankungen häufig als Tageshoch.
Ein Aufwärtsgap zu kaufen (buchstäblich hinterherlaufen) bedeutet daher mit hoher Wahrscheinlichkeit, dass Sie die Aktie zum Höchstkurs kaufen. Ein guter Trader kauft Aktien mit Kurspotenzial, das noch nicht eingepreist ist.
Ebenso ist es eine großartige Idee, bei aufsteigendem Gap eine Shortposition einzugehen, wohingegen es hoffnungslos bekloppt ist, ein Abwärtsgap zu shorten. Der Eröffnungskurs und die anfänglichen Schwankungen stellen im Falle eines Abwärtsgaps häufig das Tagestief dar, und das Shorten am Tiefpunkt ist ebenso nutzlos wie riskant.
Aber was tun, wenn Sie eine Aktie kaufen wollen, der Markt jedoch ein aufsteigendes statt eines absteigenden Gaps öffnet? Was tun, wenn Sie shorten wollen, der Markt aber ein absteigendes Gap öffnet? Wenn so etwas passiert, besagt der Plan, dass Sie Ihr Trading nach der „Zehn-Uhr-Regel“ ausrichten sollten.

Die Zehn-Uhr-Regel

Die Zehn-Uhr-Regel ist eine einfache Regel, mit der Sie auf lange Sicht säckeweise Geld sparen können. Worin besteht sie?

Sagen wir einmal, Sie wollen aus irgendeinem Grund eine Aktie kaufen – eine Trendspekulation, eine Markterholung, von der Sie glauben, dass ein heißer Sektor mitmachen wird, was auch immer. Sie wissen, dass ein guter Kaufzeitpunkt ein fallendes Gap wäre, aber der Markt befindet sich gerade in einer Kurserholung und anstatt ein Gap nach unten zu öffnen macht die Aktie ein Gap nach oben auf. Sie wissen, dass es mehr als dumm ist, ein aufsteigendes Gap zu kaufen, also was tun?

Die Zehn-Uhr-Regel besagt, dass Sie bis nach zehn Uhr morgens warten, bevor Sie die Aktie kaufen. Wenn die Aktie irgendwann nach zehn Uhr ein neues Tageshoch markiert, dann und nur dann können Sie mit der Aktie arbeiten, wobei Sie Stopps einsetzen, um sich selbst zu schützen.

Jeder, der die Börse eine Zeit lang verfolgt hat, weiß, dass sich öfter aufsteigende Gaps bilden, auf die ein plötzlicher Ausverkauf und eine Wende auf negatives Terrain folgt. Indem Sie die Zehn-Uhr-Regel befolgen, vermeiden Sie das Risiko eines plötzlichen Umschwungs. Wenn die Aktie nach zehn Uhr ein neues Hoch markiert, bedeutet das, dass immer noch Trader Interesse an der Aktie haben. Also stehen die Chancen gut, dass sie Momentum gewinnt und weiter steigt.

In diesem Zusammenhang ist es sinnvoll, am Morgen einen heißen Sektor zu beobachten und die dazu gehörigen Aktien zu verfolgen, die an diesem Tag im Plus stehen. Wenn sie um die Mittagszeit immer noch neue Hochs markieren, dann stehen die Chancen gut, dass sie den Tag ungefähr mit dem Tageshöchststand beschließen.

HIER EIN BEISPIEL FÜR DIE ZEHN-UHR-REGEL FÜR EIN AUFSTEIGENDES GAP:

- ZEST schließt mit 145 US-Dollar.
- Nach Börsenschluss kündigt ZEST einen Split im Verhältnis vier zu eins an.
- Am nächsten Morgen eröffnet ZEST mit einem Kurs von 161 US-Dollar, und somit mit einem aufsteigenden Gap.
- Vor zehn Uhr wird ZEST für bis zu 166 US-Dollar gehandelt.
- Zwei Stunden lang ist der Preis niedriger, und 166 US-Dollar werden nicht mehr erreicht.
- Um 14 Uhr erreicht ZEST 166,50 US-Dollar.
- Nach der Zehn-Uhr-Regel kann man ZEST jetzt kaufen.
- Wenn ZEST nach zehn Uhr nicht mehr über 166 US-Dollar gestiegen wäre,

hätten Sie die Aktie wahrscheinlich nicht kaufen sollen.

Die Zehn-Uhr-Regel lässt sich auch in fallenden Marktlagen und auf Aktien anwenden, die ein absteigendes Gap bilden (niedriger eröffnen als sie am Vortag geschlossen haben). In diesem Fall sollten Sie eine Aktie mit Abwärtsgap erst shorten, nachdem sie nach zehn Uhr ein neues Tagestief markiert hat.

Wie man eine Position hält

Im nächsten Teil Ihres Planes geht es darum, Ihre Position vor Schwierigkeiten zu bewahren, während Sie sie halten und auf den Zaster warten. Der wichtigste Teil dieses Schrittes ist das Festsetzen von Stoppkursen. Sie müssen bei jedem Trade Stopps setzen. Dieses Thema ist derart wichtig, dass ihm das gesamte Kapitel 9 gewidmet ist.

SPIELREGEL:
Verwenden Sie immer Stopps.

Wenn Sie Ihren Plan erstellen, müssen Sie sich entscheiden, ob Sie für den Fall, dass sich der Trade gegen Ihre Gunsten wendet, die Aktie mit geringem Verlust ausstoppen wollen und damit den Trade beenden, oder ob Sie Ihren durchschnittlichen Kaufkurs durch Nachkauf verbessern wollen („averaging down"), indem Sie Ihre Position zu einem niedrigeren Kurs ausbauen und einen Verluststopp bei einem noch tieferen Kurs setzen. Meistens ist es das Beste, die Aktie mit geringem Verlust auszustoppen. Es gibt nicht viele Fälle, in denen „averaging down" eine gute Idee ist. Dies sollten Sie auf extrem risikoarme Spekulationen mit großen Erfolgschancen beschränken, bei denen Sie beschlossen haben, dass ein Kursverfall bis auf das Niveau, zu dem Sie nachkaufen wollen, kein Anzeichen für ein bevorstehendes Abtauchen ist, sondern nur eine unspektakuläre vorübergehende Bewegung innerhalb der Schwankungsbreite. Die beste Möglichkeit, dies herauszufinden, ist es, auf Kurscharts die Unterstützungsniveaus zu betrachten. Sie sollten auch eine größere Stückzahl dieser Aktie haben wollen.

Averaging down heißt nicht, dass Sie keine Stopps setzen müssen. Es heißt nur, dass Sie sie tiefer setzen und so der Aktie mehr Bewegungsspielraum geben, bevor Sie den Stecker ziehen.

Wie man eine Position beendet

Jetzt, wo Sie mit Ihrem Trade die ersten Scheine gesammelt haben, sollte Ihnen Ihr Plan sagen, wann es Zeit ist, Abschied zu nehmen. Zu wissen, wann man aussteigen muss, ist äußerst wichtig, weil Menschen, die zu lange halten,

bald feststellen, dass ihre Buchgewinne verschwunden sind und sie am Ende nichts verdient – vielleicht sogar etwas verloren – haben, und zwar mit einem eigentlich hervorragenden Trade. Das sollte Ihnen niemals passieren.
Es ist nützlich darüber nachzudenken, wie sich das Chance-Risiko-Verhältnis ändert, wenn der Kurs einer Aktie, die Sie halten, steigt. Es ist klar, dass der noch mögliche Gewinn geringer wird, wenn der Gewinn Ihres Portfolios wächst; es ist weniger da, weil Sie den größten Teil bereits bekommen haben. Und das Risiko steigt ebenfalls. Wenn der Preis bis zu dem Punkt gestiegen ist, an dem sich die ersten Trader fragen, wie weit er noch steigen kann, dann fangen sie an, Gewinne mitzunehmen. Dadurch nimmt der Verkaufsdruck zu, und die Aktie nähert sich immer mehr der Tauchstation. Und deshalb steigt das Risiko mit abnehmendem potenziellen Gewinn. Und wenn das Risko steigt, während die Chancen fallen, wird das Chance-Risiko-Verhältnis irgendwann ungünstig. Diesen Punkt sollten Sie schon ausgemacht und zum Teil Ihres Plans gemacht haben, bevor Sie die Aktie kaufen. Entweder legt Ihr Plan einen bestimmten Betrag fest, den Sie als Ausstiegspunkt gewählt haben, oder er bestimmt, dass Sie aussteigen, wenn das Handelsvolumen versiegt; oder Sie verwenden nachgezogene Stopps und halten die Aktie, bis ein solcher Stopp ausgelöst wird. Das sind alles feste Planungen, die Ihnen sagen, wann Sie die Position verlassen müssen. Ihr Ausstiegsplan kann auch Alternativen enthalten und besagen, dass Sie aussteigen sollten, wenn eines von mehreren möglichen Ereignissen eintritt.

Zielkurse sind nur ein Planungsinstrument

Wenn Sie für Ihren Trade zuerst einen Plan fassen, sollten Sie ungefähr abschätzen, welchen Preis oder welchen Preisbereich die Aktie Ihrer Meinung nach wahrscheinlich erreichen wird. Sie können das als Zielkurs bezeichnen, aber dieses Etikett vermittelt manchem Trader einen falschen Eindruck von seinem Zweck.
Ein Zielkurs ist kein Kurs, den die Aktie treffen muss. Eine Aktie muss gar nichts tun, und schon gar nicht deshalb, weil Sie glauben oder wollen, dass sie es tut. Wenn Sie Ihr Kursziel wirklich als Ziel betrachten, kann das zu allerlei Problemen und falschen Erwartungen führen.
Stattdessen sollten Sie Ihren Zielkurs als Planungswerkzeug benutzen.
Der Zielkurs hilft bei der Berechnung des Chance-Risiko-Verhältnisses. Außerdem bietet er einen Ausstiegspunkt oder zumindest einen Punkt, an dem Sie neu entscheiden, ob Sie glauben, dass sich die Aktie weiter nach oben bewegt. Es kann jedoch sein, dass Ihre Aktie den Zielkurs nie erreicht. Andere Dinge können ihren Fortschritten in die Quere kommen. Und es besteht

immer die Möglichkeit, dass Sie Ihr Ziel höher stecken als Sie sollten.
Da es nicht sein kann, dass all Ihre Aktien Ihre Kursziele erreichen, ist es vielleicht keine schlechte Idee sich anzugewöhnen, die Hälfte der Aktien zu einem konservativeren Zielkurs zu verkaufen. Langfristig wird es sich für Sie lohnen, routinemäßig Gewinne mitzunehmen. Werden Sie nicht gierig. Denken Sie daran: Schweine werden geschlachtet.

SPIELREGEL:
Gier = Tod. Schweine werden geschlachtet.

Es gibt eine Anzahl von Dingen, die der weiteren Aufwärtsbewegung einer Aktie in die Quere kommen und Sie zu einem früher als geplanten Ausstieg zwingen können. Was Sie tun wollen, wenn eine dieser Möglichkeiten Wirklichkeit wird, sollte Teil Ihres Plans sein. Hier finden Sie fünf Gründe, warum Sie eine Position immer verlassen sollten, egal ob sie den von Ihnen gewünschten Preis erreicht hat oder nicht:

1. DAS ENDE EINES TRENDS
Sie stellen fest, dass der Trend nicht mehr funktioniert.

2. GEBROCHENES MOMENTUM
Die Aufwärtsbewegung der Aktie läuft aus oder bricht abrupt ab.

3. EINE PSYCHOLOGISCHE BARRIERE RÜCKT NÄHER
Die Aktie steht kurz davor, 100 oder 200 US-Dollar zu erreichen (eigentlich sollte diese Erwartung zu Ihrem Plan gehören).

4. EINE TECHNISCHE BARRIERE RÜCKT NÄHER
Die Aktie steht kurz vor einem Widerstandsniveau, das sie bisher nicht hat durchbrechen können (auch das sollte eigentlich zu Ihrem Plan gehören).

5. UNSICHERE MARKTLAGE
Der gesamte Markt geht plötzlich auf Tauchstation oder könnte es bald tun; oder es besteht ernste Unsicherheit.
Der Notausstieg aus einem Trade ist kein Beinbruch. Ganz im Gegenteil – das ist gutes Trading. Die besten Trader verlieren lieber einen kleinen Gewinn als ein unnötiges Risiko einzugehen. Sie müssen nicht mit jedem Trade gewinnen; niemand tut das, und der Versuch ist gefährlich. Das kann zu schweren Fehlern führen, zum Beispiel dazu, dass man mit einer Aktie verheiratet ist.

Ein guter Trader, der seine Verluste begrenzt, kann insgesamt auch dann noch profitabel arbeiten, wenn er nur mit 40 Prozent seiner Trades Geld verdient.

SPIELREGEL:
Sie müssen nicht bei jedem Trade gewinnen.

Halten Sie an Ihrem Plan fest und seien Sie nie mit einer Aktie verheiratet!
Ein Plan bringt nur etwas, wenn man ihn auch befolgt. Eine der wirksamsten Methoden, einem Plan Gültigkeit zu verschaffen, sind Stop-Loss-Orders (siehe Kapitel 9).
Eine der schlimmsten Folgen, wenn man vom Plan abweicht, ist es, mit einer Aktie verheiratet zu sein.
Warum sollte man eine Aktie nicht langfristig halten und darauf warten, dass sie Gewinn abwirft?
Die Menschen sagen immer wieder, dass sie eine Aktie mögen oder sogar lieben und dass sie wüssten, dass die Aktie am Ende immer steigt. Aber ja, das tut sie sicher. Selbst wenn sie es wirklich tut, haben bessere Trader die Aktie geshortet und ihr beim Sinken zugeschaut, während die Verliebten damit beschäftigt waren, an der Aktie zu hängen wie an ihrem Leben und zu beten, dass sie steigt (selbst wenn der Markt mitten in einer Korrekturphase steckt). Oder die besseren Trader haben mit etwas anderem getradet, das ihnen möglicherweise zehnmal mehr Gewinn gebracht hat, als die Liebenden von der geliebten Aktie je bekommen werden, mit der sie verheiratet sind.

SPIELREGEL:
Seien Sie nicht mit Aktien verheiratet.

Aktien sind keine Menschen, und sie sind der Liebe nicht wert. Ich sehe das folgendermaßen: Man hat mir gesagt, ich sei jemand, der viel Liebe zu vergeben hat. Aber ich sage Ihnen etwas: Ich werfe mit meiner Liebe nicht um mich, nicht einmal mit meinen Sympathien. Ich glaube meistens nicht an bedingungslose Liebe – ich muss wieder geliebt werden. Um im Bild zu bleiben: Wenn ich eine Aktie besitze und sie fällt, dann wird meine Liebe doch nicht erwidert, oder? Tut mir Leid, mit mir nicht! Nennen Sie mich wankelmütig, aber ich liebe eine Aktie nur dann, wenn sie sich in meinem Besitz befindet und sie steigt. Sobald sie mir mit Zeichen andeutet, dass sie sich auf den Weg zur Tauchstation machen will, sage ich „Auf Wiedersehen!“ und wende mich der nächsten Aktie zu.
Denken Sie daran: Wenn eine Marktkorrektur eintritt (was immer geschieht),

ist keine Aktie dagegen immun, egal wie sehr Sie sie lieben. Ich habe viele Anleger erlebt, die zugesehen haben, wie sich die Kurse ihrer Aktien halbiert haben oder Schlimmeres, und die trotzdem gehalten haben, weil sie einen dicken Gewinn nicht verpassen wollten. Oder sie stecken so tief in der Verlustzone, dass sie glauben, sie könnten jetzt nicht verkaufen.

Sogar wenn Sie glauben, dass sich alle Aktien von ihren Verlusten wieder erholen (und in Wahrheit tun das nicht alle), ist dies eine fürchterliche Art zu traden. Sie binden dadurch zu viel Kapital, und Ihre Ertragsrate fällt. Ein besserer Ansatz ist folgender: Sie dürfen die Aktien besitzen, aber nicht heiraten.

Ebenso wie Sie nicht mit Aktien verheiratet sein dürfen, sollten Sie auch nicht mit Ideen verheiratet sein. Damit meine ich, dass Sie zu einer bestimmten Strategie oder einem bestimmten Trend eine derartige Zuneigung gefasst haben, dass Sie auch noch daran festhalten, nachdem der Trend aufgehört hat zu funktionieren. Das ist im Prinzip der gleiche Fehler wie mit einer Aktie verheiratet zu sein – Sie sind derart sicher, dass es schließlich und endlich funktioniert, dass Sie die Position auch noch beibehalten, wenn die Zeichen dafür, dass es nicht funktionieren wird, unmissverständlich sind. Machen Sie den Sack zu und fangen Sie mit etwas anderem neu an. Das macht Sie glücklicher und Sie verdienen viel mehr Geld.

Achtung Schutzhelmpflicht!
Bei jedem Trade Stoppkurse setzen

Zum Inhalt dieses Kapitels:

- Warum Sie bei jedem Trade mithilfe von Stop-Loss-Orders („Stopps") das Risiko begrenzen und Gewinne sichern müssen
- Was passiert, wenn Sie keine Stopps verwenden
- Wie man Stopps setzt
- Wie man die Marktbedingungen, aktienspezifische Faktoren und das Umfeld bei der Entscheidung berücksichtigt, wie eng man die Stopps setzt
- Wie viel Verlust man bei jeglichem Trade tolerieren sollte
- Wie man mithilfe von nachgezogenen Stopps seine Gewinne sichert
- Wie man sich von einem schweren Verlust erholt

TRADERSPRACHE:

Ein **Stopp** ist eine Order, die Sie bei Ihrem Broker platzieren können, so dass er eine Aktie dann verkauft, wenn sie unter einen festgelegten Preis fällt. Sie heißt „Stopp", weil sie den weiteren Verlust stoppt, der Ihnen durch die Position entstehen würde. Wenn Sie eine Aktie geshortet haben, können Sie eine Stopporder platzieren, damit der Kauf eingedeckt wird, sobald die Aktie auf einen festgelegten Kurs steigt.

An der Börse herrscht Schutzhelmpflicht

Gewöhnen Sie sich an, den Markt als Baustelle zu betrachten. Der Bau durchläuft viele unterschiedliche Phasen, und es passieren viele unerwartete Dinge. Manchmal stürzt etwas, das am Morgen noch vollkommen stabil erschienen war, am Nachmittag in sich zusammen. Was fest schien, wird plötzlich locker und rutscht zu Boden. Tatsächlich kann man fest damit rechnen, dass in regelmäßigen Abständen „Unfälle" stattfinden.

Nach einer gewissen Zeit ist wieder einer fällig; das Einzige, was man nicht weiß, ist, wann und wie der Unfall eintritt.

Ebenso wie man bei der Arbeit auf der Baustelle einen Schutzhelm tragen muss – es sei denn, man ist geistig minderbemittelt oder selbstmordgefährdet –, müssen Sie sich schützen, wenn Sie an der Börse arbeiten. Als Trader ist Ihre Schutzkleidung der Stop-Loss oder „Stopp".

An der Börse gibt es keine Garantien

Ohne Schutz ist der Aktienmarkt kein sicherer Ort für Ihr Geld. Vergessen Sie alles Gegenteilige, was man Ihnen gesagt hat. Während Haussen und in beginnenden Baissen fällt es vielen Menschen unglaublich schwer zu begreifen, dass der Markt ihr Geld nicht sicher bewahrt.

Sie glauben, dass der Markt und „gute Aktien" „immer zurückkommen", egal was passiert, so als wäre das ein Naturgesetz.

Es gibt kein derartiges Naturgesetz. Aktien kommen nicht immer zurück. Der Markt kommt nicht immer zurück. Wenn Sie ein wenig nachdenken, sollten Sie sich Fragen stellen wie: „Wieso sollte eine Aktie ewig steigen? Geht irgendetwas auf dieser Welt ewig weiter? Kann der Wert eines Unternehmens gegen Unendlich gehen?"

Wenn Sie den Markt in naturgesetzlichen Begriffen betrachten wollen, ist das Gesetz der Schwerkraft am besten geeignet: „Was steigt, das fällt auch wieder." Dies gilt ganz besonders für Aktien und Sektoren, die extrem schnell und über jegliches rationale Verhältnis zum Wert hinaus gestiegen sind.

Der Schrecken, Teil I: Wahre Geschichten über Börsenkatastrophen

Fallende Aktienkurse können Ihr Kapital so schnell vernichten, dass Sie gar nicht merken, wie Ihnen geschieht. Hier nur zwei Beispiele für das, was passieren kann, wenn Sie es am wenigsten erwarten und dafür, dass es in Wahrheit schlimmer – viel schlimmer – kommen kann, als Sie es sich vorstellen können.
Betrachten Sie die folgenden Daten und die dazu gehörigen Charts, die auf tatsächlichen Börsenereignissen im März und April 2000 beruhen (und das war, bevor der Bärenmarkt richtig Fuß fasste).

– Celera Genomics (CRA) fiel in nur vier Wochen um 70 Prozent. Dazu beigetragen hatte eine Verlautbarung von Bill Clinton und Tony Blair vom 14. März 2000 zu Gunsten des freien Zugangs zu menschlichen Gensequenzen; sie riefen die Genomforscher dazu auf, ihre Daten frei zur Verfügung zu stellen. Celeras Geschäftsplan bestand darin, Patente auf seine Genom-Datenbanken zu Geld zu machen.

Sie finden das schlimm?

– Microstrategy Inc. (MSTR) verlor innerhalb eines Tages 60 Prozent, nachdem das Unternehmen gemeldet hatte, die Quartalsergebnisse würden die Schätzungen der Analysten nicht erreichen. Veränderte Rechnungslegungsmethoden (lies: korrekte Rechnungslegungsmethoden) zwangen die Gesellschaft, den Umsatz und das operative Ergebnis neu zu berechnen. (An diesem Tag verwandelte sich das Jahresergebnis 1999 von 15 US-Cent Gewinn pro Aktie in einen Verlust von 51 US-Cent pro Aktie – ein ziemlicher Unterschied.)
Eine derartige Volatilität ist an den Märkten heutzutage gang und gäbe. Das ist recht offensichtlich und alle wissen es, aber jeder scheint zu glauben, dass es seine Aktien nicht trifft. Das ist die Denkweise, die Menschen dazu bringt, ein Bündel Aktien auf Margin zu kaufen und dann ihre gesamte Investition zu verlieren (und als Sahnehäubchen vielleicht dem Broker noch ein bisschen mehr zu schulden), wenn alles plötzlich „nach Süden" dreht.
Und plötzliche Crashs sind nicht die einzige Art von Börsenkatastrophen. Ein anderer Schrecken ist der langsame und aufreibende Abstieg über Wochen und Monate. Sehen Sie sich den Chart einer beliebigen Technologie- oder Dot.com-Aktie zwischen Frühjahr 2000 und Frühjahr 2001 an, und Sie sehen Verluste von 50 Prozent, von 75 und sogar 90 Prozent. Einige Charts sind nicht

einmal vorhanden, weil die Unternehmen die Geschäftstätigkeit eingestellt haben. Ich führe nur einige auf, die erloschen sind: EToys.com, Pets.com, MotherNature.com, Garden.com und WebVan. Dutzende von Unternehmen, darunter auch einige, die in ihren glorreichen Tagen richtig heiß waren, notieren nicht mehr an der Börse.

Die einzigen Menschen, die sich in ein paar Jahren noch an diese Aktien erinnern werden, sind diejenigen, die ihre gesamte Investition verloren haben oder einen großen Teil davon, weil sie nicht wussten, wann sie hätten aussteigen müssen. Sie hatten keinen Plan, sich an einem bestimmten Punkt durch Verlustbegrenzung zu retten.

Sie haben keine Stopps gesetzt.

Der Schrecken, Teil II: Wenn man bei einem Gewinner-Trade verliert

Das Geld zu verlieren, das man in einen Trade gesteckt hat, ist nicht die einzige Art von Katastrophe, die ein Stopp aufhalten kann. Es gibt noch eine: Wenn man einen großartigen Trade macht, nette Buchgewinne einfährt und dann zusieht, wie sie einem entgleiten, bis man mit dem Trade tatsächlich Geld verliert. Sie glauben, das könnte Ihnen nie passieren? Wenn Sie keine Stopps verwenden, kann und wird es Ihnen passieren.

Ein klassisches Abenteuer von Mr. Loser soll diese spezielle Horroshow illustrieren. Mr. Loser kauft eine Wagenladung Orbit Galactic Corp. für 10.000 US-Dollar und erlebt, wie diese nette kleine Weltraumrakete in nur drei Tagen ihren Preis verdoppelt. In drei Tagen hat er 10.000 Dollar verdient, und er ist restlos begeistert. Dann tendiert die Aktie etwas schwächer und fällt ein wenig, aber er will sie noch nicht verkaufen.

Er denkt sich: „Was, wenn sie dreht und noch einmal 50 Prozent steigt? Das wären noch einmal 5.000 Dollar. Es wäre beschissen, diesen Gewinn zu verpassen.“ Also hält er Orbit weiter und hofft (wie ich das Wort hasse!), dass es sich wieder bis hinauf zum Mond erholt. Er hält, und die Aktie fällt, und er denkt daran, wie sehr er seinen Profit wieder haben möchte, und er hält noch ein bisschen länger, und sie fällt und fällt noch ein bisschen, und am Ende hat er mit einem eigentlich sehr profitablen Trade Geld verloren. Dies sollte einem Trader niemals passieren, aber in Wahrheit passiert es andauernd.

Welchen Fehler hat Mr. Loser gemacht?

Er hat seinen Profit nicht mit nachgezogenen Stopps gesichert. Beide unaussprechliche Schrecken – sein Kapital zu verlieren und seinen Gewinn zu verlieren – kann man vollständig vermeiden, wenn man sich durch Stopps schützt.

Was ist ein Stopp?

Stopps sind nichts Kompliziertes. Wenn ich das Wort „Stopp“ verwende, meine ich damit eine Stop-Loss-Order. Eine solche Order weist Ihren Broker an, eine Aktie zu verkaufen, wenn sie unter einen bestimmten Kurs fällt. Wenn Sie short sind, können Sie eine Stop-Loss-Eindeckungskauf-Order platzieren, um aus der Position herauszukommen, wenn die Aktie auf einen bestimmten Kurs steigt. Wenn der Stopp ausgelöst wird, dann wird er sofort als Marketorder ausgeführt.

Hier ein Beispiel: Sagen wir, Sie kaufen TechniDaydream, Inc. zu 50 US-Dollar pro Aktie. Sie haben Grund zu der Annahme, dass DDRM Ihre finanziellen Träume wahr werden lässt, aber Ihnen ist auch bewusst, dass dies ein riskanter Trade ist. Sie wissen, dass es ernste Probleme mit dem Trade gibt, wenn die Aktie deutlich unter 48,50 US-Dollar fällt, und dann wollen Sie aussteigen. Wie können Sie sicher stellen, dass Sie herauskommen, wenn die Aktie unter 48,50 US-Dollar fällt?

Nachdem Sie die Aktie gekauft haben, platzieren Sie eine zweite Order: Eine Stopp-Verkaufsorder zu 48,50 US-Dollar. Dies sagt dem Broker, dass die erste DDRM-Ausführung am Markt zu 48,50 US-Dollar oder weniger automatisch dazu führt, dass Ihre Aktien mittels einer Marketorder verkauft werden – sie werden dadurch zum aktuellen Gebot verkauft, egal wie hoch dieses ist. Das passiert automatisch, sie brauchen die Aktie also nicht mit Argusaugen zu überwachen, um sich schnell retten zu können. Es bedeutet außerdem, dass Sie nicht in die Versuchung geraten, die Aktie noch ein bisschen und noch ein bischen länger zu halten und dabei immer zu hoffen (!), dass die Aktie wieder steigt.

TRADERSPRACHE:

Meistens gibt es zwei Arten von Stopp-Orders: **Stop-Loss** und **Stop-Limit**. Fragen Sie Ihren Broker danach; manche Broker verwenden leicht unterschiedliche Bezeichnungen für die verschiedenen Ordertypen, oder sie bieten nicht alle Typen an.

Eine Stop-Loss-Order ist eine Order, eine Aktie zu verkaufen, wenn sie auf einen bestimmten Preis fällt, oder eine Aktie zur Eindeckung eines Shorts zu kaufen, wenn sie auf einen bestimmten Preis steigt. Sobald der Stopp ausgelöst ist, wird die Order sofort zum Marktpreis ausgeführt (sie wird zu einer Market-Order).

Eine Stop-Limit-Order ist eine Order, eine Aktie zu einem bestimmten Preis und nicht darunter zu verkaufen, wenn sie auf diesen Preis fällt, oder eine Aktie zur Eindeckung eines Shorts zu einem bestimmten Preis und nicht darüber zu kaufen, wenn die Aktie auf diesen Preis steigt. Wenn der Stopp ausgelöst wird, wird die Order nur dann ausgeführt, wenn eine Ausführung zum Limit-Kurs oder besser möglich ist (sie wird zu einer Limit-Order).

WAXIES SCHLAUE WALLSTREET-SPRÜCHE

Verwenden Sie keine Stop-Limit-Orders. Es gibt keinen Grund dafür, und es würde Ihr Risiko unnötig vergrößern. Wenn ein Aktienkurs schnell fällt, ist die Wahrscheinlichkeit hoch, dass eine Stop-Limit-Order überhaupt nicht ausgeführt wird.

Nehmen wir an, DDRM fällt anstatt Ihre Träume wahr werden zu lassen. Die Aktie erreicht 48,50 US-Dollar, und Ihr Stopp wird ausgelöst. Ihre Stopp-Order wird zu einer Market-Verkaufsorder. Das bedeutet, dass sie sofort zum aktuellen Geldkurs ausgeführt wird.

Das Gleiche gilt für Stopps von Short-Positionen. Wenn Sie Fester Corp. zu 13 US-Dollar shorten, weil Sie damit rechnen, dass die Aktie fällt, dann setzen Sie eine Stopp-Eindeckungskauf-Order zum Beispiel bei 13,75 US-Dollar. Wenn Fester plötzlich fieberhaft zu steigen beginnt, sind Sie geschützt – und Sie können die Aktie jederzeit zu einem höheren Kurs erneut shorten, wenn Sie glauben, dass sie sich wieder abgekühlt hat.

TRADERSPRACHE:

Wenn eine Position **ausgestoppt** wird, bedeutet das, dass sie beendet wird, weil Ihre Stop-Order ausgeführt wurde.

Was man außerdem noch über Stopps wissen sollte

Kommen wir kurz noch einmal auf die Long-Position DDRM zurück, um zu sehen, was alles passieren kann. Wenn die Aktie langsam fällt, könnte die Marketorder zu 48,40 US-Dollar ausgeführt werden, also etwas tiefer, oder sogar etwas höher (zumindest theoretisch, aber in der Praxis geschieht das nicht sehr häufig). Wenn der Kurs schnell sinkt, könnte die Order etwas unter 48,40 US-Dollar ausgeführt werden. Wenn die Aktie fällt wie ein Stein, dann kann die Order entweder leicht unter 48,40 US-Dollar oder deutlich darunter ausgeführt werden.

Dies ist einer der Gründe, weshalb manche Menschen Stopps vermeiden wollen: Ihnen gefällt die Möglichkeit nicht, dass die Aktie erst weit unter dem Stoppkurs ausgestoppt wird. Es stimmt zwar, dass das üble Folgen haben kann, aber gibt es eine Alternative? Würden Sie etwa die Aktie lieber behalten, während sie noch tiefer fällt? Ich glaube nicht. Zudem gelingt das Ausstoppen in den meisten Fällen nahe am Stoppkurs.

Zu der Regel, dass man jederzeit Stopps verwenden sollte, gibt es nur eine Ausnahme: Lassen Sie einen Stopp niemals über Nacht stehen. Der Grund dafür sind die Gaps (siehe Kapitel 3 und 4). Wenn sich ein fallendes Gap öffnet, kann die Volatilitätsbewegung dazu führen, dass Ihre Stopp-Order unnötigerweise bis zu 20 Prozent unter dem Kurs ausgelöst wird, auf dem sich die Aktie im Laufe des Tages stabilisieren wird. Im folgenden Abschnitt über nachgezogene Stopps wird dies ausführlicher behandelt.

Neben einem schlechten Ausführungskurs befürchten viele Menschen außerdem noch, dass die Aktie gemäß einer Spielart von Murphy's Law unmittelbar nach Ausführung der Stopp-Verkaufsorder wieder steigt. Sie können diesem Problem abhelfen, indem Sie Stoppkurse unterhalb von Unterstützungsniveaus setzen, wie weiter unten beschrieben. Gelegentlich kommt es vor, dass eine Aktie rein zufällig genau an dem Punkt wieder nach oben springt, an dem Sie Ihren Stopp gesetzt haben. Aber ein kluger Trader wägt diese gelegentliche Frustration gegen die vielen Male ab, bei denen er durch den Einsatz von Stopps viel mehr Geld gespart hat, weil er Verlustpositionen rechtzeitig verlassen hat. Betrachten Sie das als Preis für die Absicherung.

WAXIES SCHLAUE WALLSTREET-SPRÜCHE

Im Leben gibt es nichts umsonst. Die Absicherung ist da keine Ausnahme. Gelegentlich wird sie die Verwendung von Stopps als Absicherung ein wenig kosten, aber auf lange Sicht erspart es Ihnen ein Vielfaches.

WAXIES SCHLAUE WALLSTREET-SPRÜCHE

Lassen Sie einen Stopp niemals über Nacht stehen.

Wie Ihnen Stopps bei Verlust-Trades den Hals retten

Stopps verringern die Gefahr, mit schlechten Trades Verlust zu machen. Anders ausgedrückt zwingen sie zu der wichtigen Diszipliniertheit, kleine Verluste mitzunehmen und auszusteigen, wenn sich eine Aktie gegen Sie wendet. Manche Trader wollen mit keiner Aktie Verlust machen. Sie wollen nicht zugeben, dass sie Unrecht hatten. Wer will das schon? Ich auch nicht. Aber an einem schlechten Trade festzuhalten und dadurch Geld zu verlieren, das ist pure Starrköpfigkeit. Ich gebe lieber zu, dass ich Unrecht hatte, als dass ich mir meine Halsstarrigkeit einen Haufen kosten lasse.

Was den guten Trader vom schlechten unterscheidet, ist häufig die Fähigkeit, kleine Verluste in Kauf zu nehmen. Es muss Ihr Ziel sein, kleine Verluste und große Gewinne zu machen. Wenn Sie dies sorgfältig tun, werden Sie ein profitabler Trader. Aber was, wenn eine Aktie ausgestoppt wird, mit der Sie

eigentlich noch traden wollten? Die Antwort ist einfach: Wenn der Trade immer noch Potenzial hat, können Sie sie später jederzeit zurückkaufen, und wahrscheinlich zu einem günstigeren Preis.
Klingt ganz vernünftig, oder? Wo ist das Problem? Viele Trader wollen sich einfach nicht die Mühe machen, Stopps zu setzen, oder sie haben Angst, aus einem tollen Trade ausgestoppt zu werden. Auch sind sich viele Trader unsicher, wo – wie eng – sie ihre Stopps setzen sollen. Sicherlich ist das Setzen von Stopps keine exakte Wissenschaft, und es erfordert viel „Versuch und Irrtum", aber in dieser Hinsicht unterscheidet es sich nicht vom Kauf einer Versicherung für Ihren Besitz oder Ihre Gesundheit. Sollten Sie die Versicherung ganz bleiben lassen, nur weil Sie nicht genau wissen, was wie viel wert ist, oder weil es Sie etwas Geld kostet? Ich glaube kaum! Sie schätzen, so gut Sie können, und die Versicherung kostet Sie etwas – selbstverständlich! –, aber sie ist es wert. Weiter unten sage ich mehr darüber, wo und wie man Stopps setzt.
Und denken Sie noch einmal daran, was ich Ihnen im letzten Kapitel gesagt habe. Wenn Sie traden wollen, dann müssen Sie kleine Verluste in Kauf nehmen können. Sie brauchen nicht bei jedem Trade zu gewinnen. Und seien Sie nie, niemals mit einer Aktie verheiratet!

SPIELREGEL:
Nehmen Sie kleinere Verluste in Kauf.

SPIELREGEL:
Sie müssen nicht mit jedem Trade Gewinn machen.

SPIELREGEL:
Seien Sie nicht mit Aktien verheiratet.

Wie Ihnen Stopps bei Gewinn-Trades den Hals retten

Stopps begrenzen nicht nur das Risiko und helfen dabei, kleinere Verluste mitzunehmen, sondern sie sind auch deshalb unschätzbar wertvoll, weil sie den Profit von Gewinntrades sichern können. Wie ich im letzten Kapitel schon sagte, Sie müssen die Disziplin entwickeln, Gewinne mitzunehmen. Sie können sich zu dieser Disziplin zwingen, indem Sie ein einfaches Verfahren anwenden: nachgezogene Stopps.

SPIELREGEL:
Sichern Sie gewissenhaft Ihre Gewinne. Es ist noch keiner Pleite gegangen, der Gewinne mitgenommen hat!

Erinnern Sie sich noch daran, wie es Mr. Loser geschafft hat, aus Orbit Galactic Corp. einen Gewinn-Trade zu machen, wie er dann aber seinen gesamten Gewinn und noch mehr verloren hat?
Wie können Sie verhindern, dass Ihnen so etwas passiert? (Und glauben Sie mir, wenn Sie keinen Plan haben, dann wird es Ihnen passieren.) Die Antwort sind nachgezogene Stopps. Sobald Sie Gewinn gemacht haben, nähern Sie Ihren Stopp dem aktuellen Kurs an, damit Ihnen der Großteil Ihres Gewinns erhalten bleibt, falls die Aktie nach Süden dreht und ausgestoppt wird. Was, wenn der Stopp ausgeführt wird und Sie beschließen, die Aktie noch einmal zu traden? Nichts leichter als das: Sie kaufen sie zu einem besseren Kurs zurück als Sie sie verkauft haben und lassen sich wieder nach oben tragen. Auf diese Art und Weise verdienen gute Trader Geld und bewahren es.

TRADERSPRACHE:
Ein nachgezogener Stopp oder **Trailing Stop** ist eine Stop-Order, die Sie unterhalb des aktuellen Kurses einer Longposition setzen und schrittweise nach oben ziehen, während die Aktie steigt; somit folgt der Stopp der Aktie nach oben. Bei einer Shortposition setzen Sie einen Stopp oberhalb des aktuellen Kurses und bewegen ihn schrittweise nach unten, so dass Sie die Aktie verfolgen, während sie zu Grunde geht.

Die Kunst des Stoppkurssetzens

Das Setzen von Stopps ist sowohl eine Kunst als auch eine Wissenschaft, und es gibt nicht viele klare und einfache Regeln. Hier ein paar Richtlinien, an die Sie denken sollten, während Sie die Kunst des Stoppsetzens üben und Ihr Geschick entwickeln:

Bedenken Sie die Regeln der einzelnen Brokerhäuser

Bei manchen Brokern gibt es Regeln dafür, wo Stopps gesetzt werden dürfen, zum Beispiel dass Sie einen Mindestabstand zum aktuellen Geldkurs einhalten müssen, wenn Sie long sind (Verkaufsstopp) und zum aktuellen Briefkurs, wenn Sie short sind (Eindeckungskauf-Stopp). Die Vorschrift kann beispielsweise besagen, dass eine Stopp-Verkaufsorder mindestens 0,25 US-Dollar unter dem aktuellen Geldkurs gesetzt werden muss. Bei hochpreisigen Aktien ist dies im Allgemeinen kein Problem, bei sehr billigen Aktien, wo jeder Viertelpunkt im Verhältnis zum Aktienkurs viel wert ist, können Sie dann aber möglicherweise keinen engen Stopp setzen, wenn Sie nicht darauf warten, dass der Geldkurs steigt. Und wenn der Kurs einer Aktie schnell verfällt, kann es passieren, dass der Geldkurs dem Stoppkurs zu nahe kommt, bevor Sie es

schaffen, den Stopp zu platzieren; dann wird Ihre Order abgelehnt.
Bei einigen Brokern ist der maximale Abstand zu dem aktuellen Geldkurs (bei Shorts zu dem aktuellen Briefkurs) prozentual festgelegt, zum Beispiel höchstens 30 Prozent darunter (darüber). Ich habe keine Ahnung, weshalb Sie jemals 30 Prozent des Wertes Ihres Trades verlieren wollen sollten, bevor Sie sich ausstoppen lassen; ich würde niemals einen annähernd so tiefen Stoppkurs setzen.

Kommen Sie nicht durcheinander!

Vielleicht glauben Sie, es wäre unmöglich, versehentlich eine Limitorder zu platzieren, wenn man eigentlich einen Stopp setzen will; aber wenn man in Eile ist, kann so etwas tatsächlich passieren. Da Sie beim Aufbauen von Positionen gewohnheitsmäßig Limite verwenden sollten, dürfte Ihnen die Platzierung von Limitorders quasi zur zweiten Natur werden. Deshalb müssen Sie aufpassen, dass Sie nicht aus Gewohnheit eine Limitorder aufgeben, wenn Sie eigentlich eine Stop-Loss-Order platzieren wollen. Wenn Sie eine Limit-Verkaufsorder unter dem aktuellen Geldkurs platzieren (dort, wo Sie eigentlich Ihren Stopp setzen wollen), wird sie sofort ausgeführt, und Sie sind draußen.

ANFÄNGERFEHLER:

Wenn Sie in Eile sind, kann es leicht einmal passieren, dass Sie aus Gewohnheit eine Limitorder platzieren, wenn Sie eigentlich eine Stopporder meinen. Überprüfen Sie Ihre Orders immer sorgfältig, bevor Sie sie platzieren. Sehen Sie sich die Order noch einmal an und vollziehen Sie sie noch ein letztes Mal geistig nach.

Setzen Sie keine Stopps über Nacht

Erinnern Sie sich an das, was Sie in Kapitel 4 über die Volatilität der NASDAQ zu Handelsbeginn gelesen haben? An fast jedem Morgen öffnen NASDAQ-Aktien von dem vorabendlichen Schlusskurs aus aufsteigende oder fallende Gaps und schwanken dann recht wild hin und her, weil die über Nacht (von Verrückten) platzierten Marketorders erfüllt werden. Zum Beispiel schließt eine Aktie mit 33, eröffnet am nächsten Tag mit 32,8, fällt auf 31,94 und schnellt dann zurück auf 33,15, bevor sie sich stabilisiert und ihre Richtung findet. Oder sie schließt nach einem guten Tag mit 33, eröffnet am nächsten Tag mit 33,75, springt auf 34,50 und fällt dann auf 33,60 zurück. Oder sie schließt mit 33, eröffnet mit 32,8 und schnellt erst auf 34,12, bevor sie auf 33,8 zurücksinkt. Sie wissen, was ich meine.
Wenn Sie bei einer Longposition über Nacht einen Stopp bestehen lassen,

wird er im Zuge der morgendlichen Schwankungen wahrscheinlich ausgelöst, so dass Sie im unteren Bereich ausgestoppt werden, unmittelbar bevor die Aktie wieder nach oben schnellt. Sie müssen damit rechnen, dass bei Handelsbeginn ein Gap entsteht. Deshalb müssen Sie nach Börsenschluss Ihre Stopps entfernen und sie neu setzen, sobald die Eröffnungsvolatilität des nächsten Morgens vorüber ist. Dann schützen die Stopps Sie vor echten Kursverlusten anstatt vor Routine-Einbrüchen. Lassen Sie über Nacht keine Stopps bestehen.
Sie können auch etwas in Erwägung ziehen, was viele Trader tun, insbesondere wenn der Markt keine eindeutige Tendenz aufweist: Vermeiden Sie es einfach, über Nacht viele Positionen zu halten. Wenn Sie erst einmal besser darin geworden sind vorherzusehen, was am nächsten Tag vermutlich passieren wird (und dabei bedenken, dass über Nacht immer Überraschungen kommen können) – und darin zu erkennen, wann es unmöglich ist, vorherzusehen, was passieren wird –, werden Sie mit diesen bedeutenden Entscheidungen besser zurechtkommen. Und wie immer, wenn Sie keinen guten Tipp haben, was passieren wird, ist es am besten, die Situation vollständig zu vermeiden: Lassen Sie es im Zweifelsfall sein.

ANFÄNGERFEHLER:

Platzieren Sie keine engen bis auf Widerruf oder über Nacht gültigen Stopporders, die von der Volatilität der aufsteigenden oder fallenden Eröffnungsgaps ausgelöst werden könnten. Warten Sie, bis sich der Markt stabilisiert hat (nach zehn Uhr), und ziehen Sie dann Ihre Stopps für den Tag enger.

WAXIES SCHLAUE WALLSTREET-SPRÜCHE

Wenn Sie ein paar Tage lang nicht traden können (zum Beispiel im Urlaub), überlegen Sie sich, was sinnvoller ist: Stopps zu setzen oder sämtliche Positionen aufzugeben. Wenn Sie nicht gerade einen langfristigen Trend-Trade betreiben und der Markt eine eindeutige Tendenz aufweise, kann es besser sein, alle Positionen abzustoßen und wieder neu anzufangen, wenn Sie das Trading wieder aufnehmen.

Entscheiden Sie, wie eng Sie die Stopps setzen wollen

Die wichtigste Frage beim Setzen von Stopps ist die Frage, wie eng man sie setzen sollte
– wie nahe an dem Preis, zu dem Sie die Position eingegangen sind beziehungsweise (im Falle von nachzuziehenden Stopps) wie nahe am aktuellen Preis. Dies ist eine allgemeine Entscheidung, die Sie treffen müssen, bevor Sie genau überlegen, welcher Kurs Ihren Stopp auslösen soll.

WIE ENG STOPPS GESETZT WERDEN SOLLTEN, HÄNGT VON MEHREREN FAKTOREN AB:

- Wie viel Sie mit einem einzelnen Trade maximal verlieren wollen. Ich befolge die Regel, dass man bei einem Trade niemals mehr als zwei Prozent des Tradingkapitals verlieren sollte.
- Für wie riskant Sie den Trade halten. Wenn Sie glauben, dass der Trade ein sicherer Gewinn ist und wenn die Marktbedingungen günstig sind, können Sie der Aktie mehr Bewegungsspielraum nach unten geben, bevor der Stopp ausgelöst wird. Wenn Sie glauben, dass die Chancen für ein Gelingen nur durchschnittlich sind, oder wenn die Aktie ernstlich Gefahr läuft abzustürzen, setzen Sie einen engen Stoppkurs oder machen Sie den Trade gar nicht erst.
- Wie volatil die Aktie ist. Wenn eine Aktie im Laufe eines Tages routinemäßig eine Schwankungsbreite von 15 Prozent oder mehr besitzt, selbst wenn sie seitwärts läuft, kann man keine Stopps setzen. Wenn Sie es täten, würde Sie die normale Volatilität der Aktie ins Aus bugsieren.

  Wenn die Aktie wechselhaft, aber zu riskant ist, um sie ohne enge Stopps zu traden, dann sollten Sie sich vielleicht nach einer besser geeigneten Aktie umsehen.
- Wie preiswert die Aktie ist. Wenn eine Aktie spottbillig ist, ist selbst die kleinste Preisänderung in Cent prozentual ausgedrückt bedeutend. Das heißt, dass enge Stopps leichter ausgelöst werden. Es bedeutet ebenfalls, dass Sie – falls bei Ihrem Broker die Regel gilt, nach der Stopps nicht näher als 0,25 US-Dollar am aktuellen Geldkurs gesetzt werden können – einen engen Stopp erst setzen können, wenn der Kurs gestiegen ist.
- Wie viel Geld Sie eingesetzt haben. Dies sollten Sie im Zusammenhang mit der Regel bedenken, dass Sie mit einem Trade nie mehr als zwei Prozent Ihres Kapitals verlieren sollten. Wenn Sie einen großen Geldbetrag eingesetzt haben, dann sind Ihnen zwei Prozent vielleicht viel zu viel. In diesem Fall sollten Sie die Stopps entsprechend setzen. Wenn Ihr Depot klein und kaum gestreut ist, dann sind zwei Prozent eventuell so eng, dass Sie sich damit sofort ausstoppen würden. Falls dies zutrifft, sollten Sie sich noch einmal Kapitel 2 ansehen und ernsthaft darüber nachdenken, ob Sie genug Geld zum Traden haben.
- Die Marktbedingungen. Wenn die Bullen ausgelassen herumrennen, sind enge Stopps vielleicht nicht nötig. Wenn Sie in einer bärischen Marktlage long gehen wollen, sind enge Stopps absolut unentbehrlich. Tendiert der Markt uneinheitlich – es gibt keine eindeutige Richtung oder es herrschen Nervosität und Angst –, verwenden Sie enge Stopps (und fragen Sie sich, ob Sie an diesem Tag überhaupt traden sollten).

- Der Zeitrahmen für den Trade. Für einen schnellen Daytrade sind enge Stopps eine gute Sache. Für eine Aktie, die Sie für eine Trendspekulation wahrscheinlich eine oder zwei Wochen lang halten werden, können sie gut sein oder auch nicht, das hängt von weiteren Faktoren ab, die Sie berücksichtigen müssen.
- Was Ihrer wohlbegründeten Vermutung nach mit der Aktie passieren wird. Wenn Sie Grund haben, zuversichtlich zu sein, dass die Aktie selbst dann steigen wird, wenn sie zunächst ein bisschen herumschwankt, ergibt ein enger Stopp keinen Sinn, denn mit der ersten Schwankung wären Sie ausgestoppt. Wenn Sie glauben, dass die Aktie steigen könnte, sie aber auf jeden Fall abstürzen wird, sobald sie einen bestimmten Kurs unterschreitet, dann sind enge Stopps ein Muss.

WAXIES SCHLAUE WALLSTREET-SPRÜCHE

Verlieren Sie an einem einzigen Trade niemals mehr als zwei Prozent Ihres Trading-Kapitals.

Welche der oben stehenden Überlegungen ist am wichtigsten? Da keine zwei Trades gleich sind, stehen bei verschiedenen Trends verschiedene Faktoren im Vordergrund. Berücksichtigen Sie bei jedem Trade alle Faktoren. Wenn Sie das nicht tun, entgeht Ihnen etwas Wichtiges. Es ist Ihre Aufgabe, Ihr Trading-Beurteilungsvermögen zu benutzen und bei jedem Trade herauszufinden, was sinnvoll ist. Hier kommt die „Kunst" beim Stoppssetzen ins Spiel: Sie müssen herumexperimentieren und herausfinden, was für Sie funktioniert. Sie werden ab und zu einen Trade zu früh ausstoppen und sich darüber ärgern, aber denken Sie daran: Dies ist der Preis für die Absicherung und – zumindest am Anfang – Lehrgeld. Im Laufe der Zeit werden Sie Ihre Stopps immer besser setzen.

Ihr Endziel ist es, eine flexible Denkweise zu erreichen, so dass jede Situation unter ihren spezifischen Bedingungen einen Sinn ergibt. So entwickeln Sie sich zu einem wendigen Trader, der in der Lage ist, mit dem Markt zu traden.

Setzen Sie Stopp-Verkaufsorders unterhalb von Unterstützungen

Die einzige ziemlich klare Regel für das Setzen von Stopp-Verkaufsorders – der „wissenschaftliche" Teil davon – besagt, dass Sie sie weder genau auf einem Unterstützungsniveau noch knapp darüber setzen sollten. Setzen Sie Ihre Stopps vielmehr unter das Unterstützungsniveau, es sei denn, die Unterstützung liegt so tief, dass Sie einen zu großen Prozentsatz Ihres Kapitals verlieren würden, wenn die Aktie erst dort ausgestoppt würde.

TRADERSPRACHE:

Ein **Unterstützungsniveau** ist ein Preis, von dem aus die Aktie in der Vergangenheit mehrfach nach oben gewendet hat. Sie können es sich als potenziellen Boden denken. Betrachten Sie zur Illustration den unten stehenden Chart.

WAXIES SCHLAUE WALLSTREET-SPRÜCHE

Setzen Sie keine Stopps auf Unterstützungsniveaus oder knapp darüber. Setzen Sie sie unter die Unterstützung.

Der Grund, weshalb es so wichtig ist, Stopps unterhalb von Unterstützungen

Micron Technology, Tageschart - QCharts ©2001 Quote.com

UNTERSTÜTZUNGSNIVEAU

zu setzen, besteht darin, dass Aktien, die sich nach unten bewegen, dazu neigen, ihre Richtung in der Nähe von Unterstützungsniveaus zu wechseln. Eventuell beginnen sie später wieder zu fallen, durchbrechen die Unterstützung und sinken noch tiefer. Ein eindeutiger Bruch der Unterstützung wird durch den Schlusskurs einer Aktie bestimmt, nicht durch Tagesschwankungen.

Andererseits kann eine Aktie, nachdem sie von der Unterstützung aus nach oben gewendet hat, weiter steigen und nie wieder auf das Unterstützungsniveau zurückkehren. Es macht keinen Sinn, einen Stopp genau auf der Unterstützung zu platzieren, denn es ist fast sicher, dass die Aktie von diesem Punkt aus nach oben gehen wird und wahrscheinlich die Richtung umkehrt. Wenn Sie Ihren Stopp unter der Unterstützung setzen, wird er vermutlich erst ausgelöst, wenn die Aktie das Niveau durchbrochen hat und weiter fällt.

WAXIES SCHLAUE WALLSTREET-SPRÜCHE

Ein eindeutiger Bruch der Unterstützung wird durch den Schlusskurs einer Aktie bestimmt, nicht durch Tagesschwankungen.

Dassselbe gilt für Stopp-Eindeckungskauf-Orders bei Shortpositionen: Setzen Sie Ihren Stopp oberhalb des Widerstands, nicht darauf oder darunter.

TRADERSPRACHE:

Ein **Widerstandsniveau** ist ein Kurs, bei dem die Aktie in der Vergangenheit mehrfach nach einem Aufstieg gewendet hat. Sie können es sich als potenzielle Decke denken. Betrachten Sie zur Illustration den Chart auf Seite 177.

WAXIES SCHLAUE WALLSTREET-SPRÜCHE

Ein eindeutiger Bruch des Widerstands wird durch den Schlusskurs einer Aktie bestimmt, nicht durch Tagesschwankungen.

Im Allgemeinen fungiert ein altes Widerstandsniveau, das durch einen Aufwärtstrend durchbrochen wurde, als neues Unterstützungsniveau. Analog fungiert eine alte Unterstützung, die im Zuge eines Abwärtstrends gebrochen wurde, als neues Widerstandsniveau.

WAXIES SCHLAUE WALLSTREET-SPRÜCHE

Im Allgemeinen wird ein alter Widerstand zur Unterstützung, wenn der Widerstand durchbrochen wird, und eine alte Unterstützung wird zum Widerstand, wenn die Unterstützung fällt.

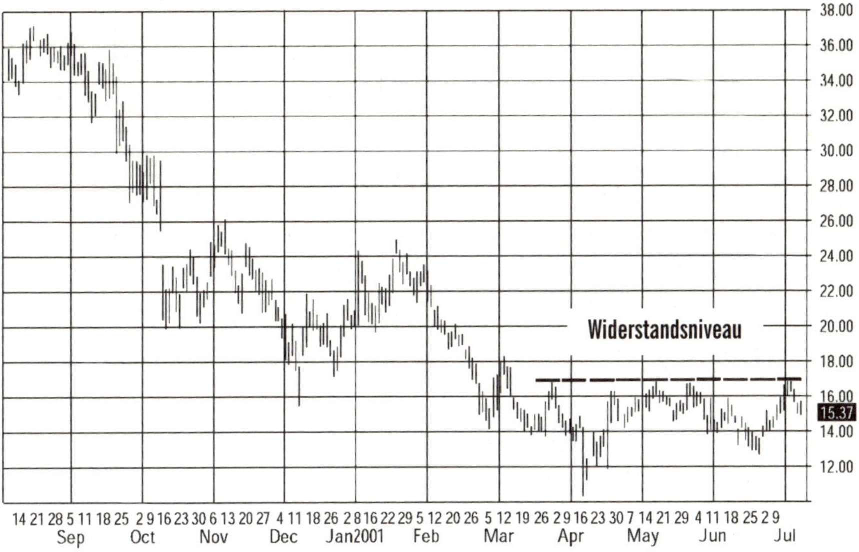

Micron Technology, Tageschart - QCharts ©2001 Quote.com

UNTERSTÜTZUNGSNIVEAU

BEISPIEL:
SICHERHEITS-STOPP UND NACHGEZOGENE STOPPS

Das folgende Beispiel verdeutlicht den Gedankengang hinter der Entscheidung, wo man einen Sicherheits-Stopp und nachgezogene Stopps setzt.

Sicherungs-Stopp

Um zu verdeutlichen, wie wichtig es ist, Stopps unterhalb von Unterstützungen zu setzen: Nehmen wir an, Sie gehen aufgrund der zu erwartenden Quartalsergebnisse eine Longposition in Web Acknowledgement Ltd. (WACK) ein.

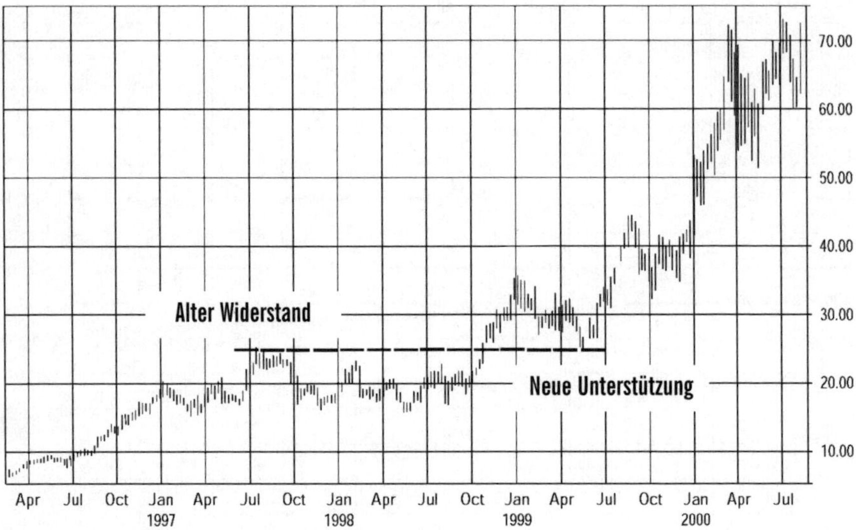

Intel Corporation (NM), Wochenchart - QCharts ©2001 Quote.com

EIN EHEMALIGER WIDERSTAND WIRD ZUR UNTERSTÜTZUNG

Die Aktie notiert seit Wochen um die 13 US-Dollar, ist letzte Woche aber auf 16 US-Dollar gestiegen, was wahrscheinlich das erste Anzeichen für den Anstieg im Vorgriff auf die Ergebnisse ist. Dann ist sie in zwei Tagen langsam auf 14,4 US-Dollar abgefallen und hat sich auf diesem Niveau anderthalb Tage gehalten. Heute hat die Aktie wieder einen langsamen Aufstieg begonnen, und Sie glauben, dass sie weiterläuft. Sie beschließen, dass es jetzt Zeit ist zu kaufen. Sie platzieren eine Limit-Kauforder für WACK zu 14,8, die zu 14,76 ausgeführt wird.

Da WACK nicht gerade das stärkste Unternehmen der Welt ist und die Aktie in letzter Zeit etwas unentschlossen war, wollen Sie einen hinreichend engen

Sicherheits-Stopp platzieren. Sie wollen ihn allerdings auch nicht zu eng setzen, weil die Aktie nicht übermäßig volatil ist und der Zeitrahmen für Ihren Trade bei circa fünf Tagen liegt. Sie versuchen herauszufinden, wo die Aktie Unterstützung findet.

Es gibt zwei Unterstützungsniveaus: Für 13 US-Dollar wurde die Aktie wochenlang gehandelt, und auf 14,4 hat sie sich in den letzten Tagen stabilisiert. Das Widerstandsniveau liegt bei 16. Wenn die Aktie vom Kaufkurs aus fällt, wird sie fast mit Sicherheit von 14,4 aus wieder hoch kommen. Wenn sie dann unter 14,4 fällt, zeigt das Ihrer Meinung nach an, dass sie für einen weiteren Aufstieg noch nicht bereit ist und dass es besser ist, sie an diesem Punkt auszustoppen, um sie später zurückzukaufen. Und deshalb sind Sie auch der Meinung, dass es keinen Grund gibt, die Aktie bis auf 13 sinken zu lassen. Da die Unterstützung bei 13 sehr solide ist, würde ein Durchbrechen des Bodens bei 13 bedeuten, dass die Aktie eine ernsthafte Schwäche entwickelt hat.

Sie entscheiden sich für einen Sicherungs-Stopp bei 13,75. Sie wollen ihn nicht exakt bei 14,4 setzen, weil es fast sicher ist, dass die Aktie bei 14,4 aufsetzt und von dort aus entweder wieder durchstartet oder weiter fällt. Aus dem gleichen Grund wollen Sie ihn nicht über 14,4 setzen. Sie entscheiden sich für 13,75, weil kein Unterstützungsniveau hundertprozentig ist und WACK genauso gut bei 14,3, bei 14,5 oder einem anderen Kurs in diesem Bereich aufsetzen könnte wie bei 14,4. Wenn die Aktie allerdings auf 13,75 fällt, würde das die Vermutung nahe legen, dass sie die Unterstützung tatsächlich durchbricht. (Erinnern Sie sich an die Regel, dass ein deutlicher Durchbruch einer Unterstützung durch den Schlusskurs einer Aktie bestimmt wird, und nicht durch Tagesschwankungen.)

Nachgezogene Stopps

Sie haben richtig gewählt! WACK fährt auf 15,1 hoch, bleibt dort eine Weile stehen, sackt plötzlich auf 14,43, legt dann an Volumen zu, und ab geht die Post. Die Aktie durchbricht den neuen Widerstand bei 15 und macht sich an die 16. Der Markt erholt sich.

Das ist jetzt der Zeitpunkt, an dem Sie an nachgezogene Stopps denken sollten, um Ihren Gewinn abzusichern. Und Sie häufen einen netten Profit an: Bei 15,50 haben Sie fünf Prozent verdient, und wenn die Aktie 16,24 erreicht, haben Sie zehn Prozent. Sie kommen zu dem Schluss, dass die Aktie über 15 bleibt, wenn sich nicht etwas zusammenbraut (jetzt, wo die Aktie das alte Widerstandsniveau bei 15 durchbrochen hat, dient dieser Kurs als neue Unterstützung. Sie erinnern sich: Ehemalige Widerstände werden zu Unterstützungen). Sie ziehen Ihren Stopp auf 14,85 nach.

Bei 16 könnte die Aktie ein bisschen zurückfallen, weil dieses Niveau bisher als Decke fungiert hat. Wenn sich der Kurs den 16 nähert, haben Sie die Wahl: Entweder nehmen Sie den Gewinn mit, indem Sie verkaufen beziehungsweise den Stopp sehr eng nachziehen, oder Sie erhöhen den Stopp-Auslösepunkt auf 15,3, weil Sie eine weitere Aufwärtsbewegung erwarten.
Da WACK bei 16 schon einen Aufstieg um 25 Prozent gegenüber dem Langzeitniveau von 13 hinter sich hat, beschließen Sie, dass die Aktie die 16 nicht so leicht durchstoßen wird.
Anstatt für den Ausverkauf entscheiden Sie sich dafür, einen engen Stopp zu setzen, sobald die Aktie 16 erreicht, um ihr eine Chance zu geben. Wenn WACK bei 15,7 steht, ziehen Sie Ihren Stopp auf 15,2 hoch. Wenn die Aktie auf 16 steigt, ziehen Sie den Stopp auf 15,75.
Überraschung! Nachdem drei führende Unternehmen positive Zahlen gemeldet haben, beschleunigt sich die Markterholung, und WACK steigt bis 16,73, bevor sie zu ruckeln beginnt. Bei 16,68 verkaufen Sie schnell mit einem schönen Gewinn von 13 Prozent.
Wenn WACK nach dem Erreichen der 16 zurückgesetzt hätte, wären Sie bei 15,75 mit einem Profit von annähernd sieben Prozent ausgestoppt worden. Sie hätten die Aktie dann immer noch zurückkaufen können, wenn sie noch weiter gefallen wäre und Sie immer noch überzeugt gewesen wären, dass sie am Ende wieder steigen würde. Beide Szenarien sind super!

Warum sind Unterstützungs- und Widerstandsniveaus bedeutsam?

Was ist so Besonderes an den Preisen, die als Unterstützungen und Widerstände fungieren? Gibt es da etwas bezüglich der Bewertung des Unternehmens, das alle Insider wissen? Sagen diese Marken etwas über den wahren Wert des Unternehmens aus?
Nichts dergleichen. Zahlen wie 13 oder 14,4 sagen über WACK überhaupt nichts, ebensowenig wie andere Unterstützungs- oder Widerstandsniveaus etwas über andere Unternehmen sagen. Eher sind das selbsterfüllende Prophezeiungen. Im Grunde schauen alle Marktteilnehmer, von Fondsmanagern über Market Maker bis hin zu Ihnen, auf die gleichen Charts.
Jedermann erwartet, dass eine Aktie von einem Unterstützungsniveau aus wieder nach oben wendet, weil die Unterstützung einen greifbaren Kurs bietet. Bedeutung hat das Niveau, weil es fassbar ist und jeder, der einen Chart betrachtet, es erfasst. Wenn alle erwarten, dass die Aktie an der Unterstützung wendet, dann tut sie das normalerweise auch.
Das ist wirklich so einfach!

Der Comeback-Künstler: Wie man sich von einem schweren Verlust erholt

Den perfekten Trader gibt es nicht. Wenn Sie Perfektion anstreben, dann dient das Trading mehr Ihrem Ego als dem Geldverdienen. Jeder Trader auf der Welt macht von Zeit zu Zeit einen Fehler. Ich habe auch nachdem ich schon ein ziemlich guter Trader war, einige Böcke geschossen. Glücklicherweise macht man umso weniger Fehler, je erfahrener man wird. Wenn Sie bei allen Trades Stopps verwenden, sollten selbst einige grobe Fehler Sie nicht vernichten. Anstelle von Perfektion sollten stetige Verbesserung und richtige Anwendung der Methoden und der Vermögensverwaltung Ihr Ziel sein.

Zwar steht es in Ihrer Macht, vermeidbare Fehler zu verhindern, aber Sie müssen auch erkennen, dass einige Börsenereignisse nicht völlig vorhersehbar oder planbar sind. Die Dinge können sich sehr schnell ändern – da fällt mir sofort Alan Greenspans überraschender Zinsschnitt im Januar 2001 ein, den absolut niemand hatte kommen sehen. Wenn Sie wachsam und wendig bleiben sowie mit Stopps arbeiten, dürften solche schnellen Veränderungen Sie nicht zu schwer schädigen. Es kann aber immer passieren, dass man vollkommen unvorbereitet getroffen wird, dass man beispielsweise im ungeeignetsten Moment einen katastrophalen Computercrash oder einen sonstigen technischen Ausfall erleidet, oder dass man es einfach nicht schnell genug schafft, eine große Position abzustoßen. Gelegentlich kann es auch passieren, dass Sie mit einer Sache, deren Sie sich absolut sicher waren, schlicht und einfach falsch gelegen haben. Es können Dinge passieren, für die Sie nichts können und die Ihnen große Verluste bescheren können.

Wenn Ihnen je ein großer Verlust entsteht, unternehmen Sie folgende Schritte:

- Nehmen Sie sich als Erstes eine gewisse Zeit frei. Machen Sie eine Zeit lang etwas anderes – am besten eine oder zwei Wochen lang. Es ist gesund, eine Weile Abstand zu halten, bevor man wieder auf das Pferd steigt.
- Analysieren Sie die Erfahrung und lernen Sie daraus. Aus Rückschlägen kann man sehr gut lernen. Profitieren Sie von den Lektionen, die Ihnen die Erfahrung bietet und überlegen Sie, wie Sie verhindern, dass Ihnen das Gleiche noch einmal passiert.
- Nehmen Sie die notwendigen Änderungen an Ihrer Tradingstrategie vor. Finden Sie heraus, ob Schwächen in der Vermögensverwaltung oder in der Strategie zu dem Problem beigetragen haben. Überlegen Sie sich, wie Sie das Problem beheben könnten, und beseitigen Sie es.
- Traden Sie ein Zeit lang nur auf dem Papier oder mit einem simulierten Depot, bevor Sie das wirkliche Trading wieder aufnehmen. Sie müssen sich

wohlfühlen und in der Gewalt haben, wenn Sie wieder mit Ihrem Depot zu traden beginnen. Sie sind emotional erschüttert und müssen Ihr Zutrauen wieder finden. Außerdem wird Ihre Auszeit dazu führen, dass Sie bei Ihrer Rückkehr die Tuchfühlung zum Markt ein wenig verloren haben; und es ist besser, wieder auf Touren zu kommen, ohne Kapital zu riskieren. Entkrampfen Sie sich emotional und intellektuell, indem Sie eine Zeit lang Tradingsimulationen benutzen.

- Betrachten Sie die Erfahrung als etwas Vergangenes, das keinen Einfluss auf Ihre künftigen Trades hat. Machen Sie sich nicht verrückt, indem Sie ständig an die Katastrophe denken. Man kann nur erfolgreich traden, wenn man Vertrauen hat. Wenn Sie sich schuldig fühlen oder eine Wiederholung des Desasters befürchten, werden Sie nicht in der Lage sein, mit einer auf Gewinn gerichteten Haltung zu traden.
- Betrachten Sie Ihre Rückkehr zum Trading als Neubeginn, ohne Druck, das Verlorene zurückgewinnen zu müssen. Was immer Sie auch tun, bestrafen und verzetteln Sie sich nicht, indem Sie versuchen „den Verlust wettzumachen". Was den Umfang Ihres Depots betrifft, so vergessen Sie, dass Sie den Verlust je erlitten haben. Jeder Tag ist ein neuer Tag. Vernebeln Sie nicht Ihr Denken, indem Sie sich unter Druck setzen, etwas „rückgängig" zu machen.
- Behalten Sie Ihre Gewinnereinstellung und tätigen Sie nur Trades, auf die Sie vertrauen. Diese Haltung sollten Sie immer haben und diesen Ansatz immer verfolgen, wenn Sie traden. Sie müssen diese Einstellungen wiederfinden und erhalten, um weiter zu traden.

Die wichtigste Lektion des gesamten Buches

Wenn Sie nur eine einzige Lehre aus diesem Buch ziehen, dann sollte es diese sein: Verwenden Sie bei Ihren Trades immer, immer – immer – Stop-Loss-Orders. Brennen Sie diese drei Wörter in Ihr Gehirn und kleben Sie sie an Ihren Computer: Verwende immer Stopps!

SPIELREGEL:

Verwenden Sie immer Stopps!

Übungen

Denken Sie eine Zeit lang über die folgenden Überlegungen nach. Verwenden Sie dazu echte Kursbeispiele.

I.UNTERSCHIEDE ZWISCHEN STOPP- UND LIMIT-ORDERS

Stopporders und Limitorders sind nicht das genaue Gegenteil. Machen Sie sich die Unterschiede zwischen Stopp- und Limitorders klar. Prägen Sie sich die folgenden Punkte ein:

- Eine Limitorder ist hauptsächlich dafür da, dass Sie nur zu dem von Ihnen gewünschten oder einem günstigeren Preis kaufen oder verkaufen können.
- Eine Stopp-Loss-Order ist hauptsächlich dafür da, dass Sie - wenn der Verlust die Schmerzgrenze erreicht – sofort aussteigen können, egal welcher Preis geboten wird.

II. BEISPIELFÄLLE FÜR STOPP- UND LIMITORDERS

Arbeiten Sie einige Kursbeispiele durch, um sicher zu gehen, dass Sie die folgenden Szenarien verstehen. Zeichnen Sie Diagramme, um die Kursverhältnisse sichtbar zu machen.

LONGPOSITIONEN:

- Wenn Sie eine Limit-Kauforder unter dem aktuellen Briefkurs platzieren, wird sie erst ausgeführt, wenn der Briefkurs Ihr Limit erreicht oder unterschreitet.
- Wenn Sie eine Limit-Kauforder über dem aktuellen Briefkurs platzieren, wird sie sofort zum aktuellen Briefkurs ausgeführt, weil dieser unter Ihrem Limit liegt.
- Wenn Sie eine Stopp-Verkaufsorder unter dem letzten Ausführungskurs der Aktie platzieren, wird sie erst ausgeführt, wenn eine andere Order zu Ihrem Stoppkurs oder darunter ausgeführt wird.
- Wenn Sie eine Stopp-Verkaufsorder über dem letzten Ausführungskurs der Aktie platzieren, wird sie sofort ausgeführt (wenn Ihr Broker sie nicht ablehnt), weil der aktuelle Kurs unter Ihrem Stoppkurs liegt.

SHORTPOSITIONEN:

- Wenn Sie eine Limit-Leerverkaufsorder über dem aktuellen Geldkurs platzieren, wird sie erst ausgeführt, wenn der Geldkurs Ihr Limit erreicht oder überschreitet. (Sie wollen zum höchstmöglichen Kurs shorten. Eine ausführliche Erklärung des Shortselling finden Sie in Kapitel 10.)
- Wenn Sie eine Limit-Leerverkaufsorder unter dem aktuellen Geldkurs platzieren, wird sie sofort zum aktuellen Geldkurs ausgeführt, weil dieser über Ihrem Limit liegt.
- Wenn Sie eine Stopp-Eindeckungskauf-Order über dem letzten Ausführungskurs der Aktie platzieren, wird sie erst ausgeführt, wenn der aktuelle Kurs Ihren Stoppkurs erreicht. (Sie wollen Shorts zum tiefstmöglichen Preis eindecken. Der Zweck Ihres Stopps besteht darin zu verhindern, dass der

Kauf so teuer wird, dass Sie viel Geld verlieren.)

– Wenn Sie eine Stopp-Eindeckungskauf-Order unter dem letzten Ausführungskurs der Aktie platzieren, wird sie sofort ausgeführt (wenn Ihr Broker sie nicht ablehnt), weil der aktuelle Kurs über Ihrem Stoppkurs liegt.

Jedes Mal wenn Sie eine Stopp- oder Limitorder platzieren wollen, durchdenken Sie genau, was passieren wird, wenn der Kurs vom jetzigen Stand aus steigt, und was passieren wird, wenn der Kurs vom jetzigen Stand aus fällt.

„Short and Sweet“
Flexibilität in volatilen Marktlagen

Zum Inhalt dieses Kapitels:

- Warum Sie lernen müssen, Aktien zu shorten
- Was es bedeutet, eine Aktie zu shorten
- Unterschiede zwischen Shorten (Leerverkauf) und regulärem Kauf („long") beziehungsweise Verkauf
- Wie wichtig Stopps sind
- Wie Shorting funktioniert
- Wie man gute Shorts auswählt und schlechte vermeidet
- Psychologische Barrieren gegen das Shorten
- Übung zur Auswahl von Shorts

TRADERSPRACHE:

Long zu gehen bedeutet, eine Aktie in der Erwartung zu kaufen, dass sie steigt. Eine Aktie zu shorten oder leer zu verkaufen bedeutet, dass man eine geborgte Aktie in der Erwartung verkauft, dass sie fällt.

Die Seiten wechseln: Warum Sie lernen müssen, Aktien zu shorten

Mama hatte mir gesagt, dass es solche Tage geben würde. O Mann, wie Recht sie hatte!

Ganz plötzlich lässt der Markt die guten Zeiten stehen wie die Fischsuppe von letzter Woche und rauscht hinab in den Pfuhl der Hölle. Er fällt und fällt und fällt, als hätte es nie eine andere Richtung gegeben. Sie stellen fest, dass eine große, sensationelle Alle-Mann-in-die-Rettungsboote-Korrektur im Gange ist. Jede einzelne notierte Aktie hat 15 Prozent, 20 Prozent, 30 Prozent oder sogar noch mehr verloren. Selbst diejenigen, vor denen alle Respekt haben. Der NASDAQ Composite hat am Tag mehrere Prozentpunkte verloren, vielleicht fünf Prozent, vielleicht das Doppelte.

Wenn ein Blutbad stattfindet, dann ist es schnell und unschön.

Sie fragen sich: Warum geschieht das? Vielleicht ist der Markt wochenlang gestiegen, bis zu dem Punkt, an dem niemand mehr glaubt, dass die Aktienbewertungen irgendeinen Sinn ergeben. Wenn der Markt durch und durch aufgeblasen ist und die Aktienkurse aufgeplustert wie Tausende brühheißer Soufflés, dann lässt so ziemlich jede Nachricht, die nicht gerade Himmelstürmendes verheißt, die institutionellen und privaten Anleger zu den Notausgängen flüchten. Vielleicht droht auch plötzlich eine internationale Finanzkrise die Wirtschaft aus dem Gleis zu bringen und beschwört das Gespenst einer weltweiten Rezession samt allerlei Düsternissen. Oder vielleicht hat sich Alan Greenspan dreimal am Tag an der Nase gekratzt anstatt zweimal.

Was immer der Grund sein mag, der augenfällige Crash war jedenfalls nicht das erste Anzeichen von Schwierigkeiten. Vielleicht hat sich der Markt wie der Himmel vor einem Gewitter schon seit Wochen bewölkt. Es ist vielleicht verstärkt von Überbewertung die Rede. Vielleicht sagen alle Analysten, dass eine Korrektur nötig ist, um die Preise wieder auf ein vernünftiges Niveau zu bringen. Vielleicht hat der Markt vor kurzem begonnen, mehr zu fallen als zu steigen. Diejenigen, die ein Auge auf den sich verfinsternden Himmel hatten, haben vielleicht schon in aller Ruhe ihre Spielsachen für den Fall dass es regnet, aus dem Hof geräumt – sie haben den Großteil ihrer Aktien verkauft und halten eine überwiegende Cashposition, um ihr Vermögen zu schützen.

Vielleicht gehören Sie zu den Verkäufern. Vielleicht haben Sie begonnen, sich von Ihren Aktien zu befreien, als Sie gesehen haben, dass der Markt so schnell stieg und so aufgebläht wurde, dass es nicht mehr von langer Dauer sein konnte. Wahrscheinlicher ist es allerdings, dass Sie etwas abbekommen haben. Niemand kann genau vorhersagen, wann eine Marktkorrektur eintritt, und es zu versuchen ist sinnlos, auch wenn es Trends gibt, die recht gute Schlüsse zulassen. Wenn Sie trotzdem etwas abbekommen haben, dann dürfte es wohl kein großer Verlust sein, denn Sie sind ja ein verantwortungsvoller Trader, der immer Stopps setzt, um sich gegen eine solche Feuersbrunst zu schützen. Nun sind Ihre sämtlichen Positionen ausgestoppt. Zumindest ist das zu hoffen!

Am allerwichtigsten ist es immer zu überleben und noch einen weiteren Tag traden zu können. Ihr Kapital ist das Blut Ihres Lebens. Wenn es verloren geht, ist der Patient tot.

Die gute Nachricht in dieser Situation ist, dass Sie nicht wie der Rest der Börse mit Pauken und Trompeten untergehen. Die schlechte Nachricht ist allerdings, dass der Markt weiterhin fällt wie ein Stein und Sie so langsam den Verstand verlieren, weil Sie sehen, dass mit Aktienkäufen kein Geld mehr zu machen ist. Die Analysten im Fernsehen sagen weiterhin jedem, dass man „in der Schwäche kaufen“ sollte, haben aber keine Ahnung, welcher Art die Schwäche ist, ob es ein regelrechter Boden ist oder nur Teil einer längeren Talfahrt. Jedes Mal wenn Sie kaufen, saufen Ihre Aktien mit dem Rest des Marktes ab, und Sie werden wieder und wieder ausgestoppt. Die kleinen Verluste summieren sich mit der Zeit, und Sie sind frustriert. Vielleicht hält das schlechte Börsenwetter jeweils ein paar Tage an, immer wieder unterbrochen von eintägigen Erholungsphasen, die gerade überzeugend genug sind, um Sie unachtsam werden zu lassen, so dass Sie genau dann kaufen, wenn sich die Erholung wieder in Luft auflöst. Dies ist das typische Muster, wenn der Markt im Abwärtstrend liegt. Eine echte Korrektur kann Wochen oder gar Monate dauern. Ein Bärenmarkt kann wesentlich länger dauern – eventuell mehrere Jahre (die durchschnittliche Baisse hält 18 Monate lang an).

Die Frage lautet also: Was tun Sie jetzt? Wie können Sie in einem sinkenden Markt gutes Geld verdienen?

Wenn der Markt abtaucht, gibt es nur eins, und das ist „Shorten“.

Wenn sich der Markt auf halbem Weg einer nervtötenden Reise in tiefer gelegenes Terrain befindet, dann können Sie einfach nicht gegen den Trend spekulieren und Aktien kaufen. In einer Korrekturphase verlieren irgendwann auch die besten und stärksten Aktien an Wert. Der Vergnügungsdampfer fährt volle Kraft zurück und legt an Tempo zu. Sie können ihn nicht aufhalten; wenn Sie es versuchen, werden Sie von ihm zermalmt. Also sollten Sie lieber an Bord klettern und mitfahren!

Und wie fahren Sie mit dem Dampfer volle Kraft zurück? Wenn Sie mit einer Aktie rückwärts fahren und von der Reise profitieren wollen, dann müssen Sie sie shorten.

SPIELREGEL:
Seien Sie flexibel. Kämpfen Sie nicht gegen den Markt an.

Was es bedeutet, eine Aktie zu shorten

Aber was genau ist eigentlich Shortselling?
Eine Aktie short zu verkaufen bedeutet, dass man sie verkauft, ohne sie vorher besessen zu haben. Man tut dies, wenn man damit rechnet, dass der Kurs einer Aktie fällt. Und so funktioniert es: Bei einem Leerverkauf leihen Sie sich die Aktie von Ihrem Broker und verkaufen Sie, wenn Sie glauben, dass der Preis für eine Weile nicht weiter steigen wird. Wenn der Preis fällt, decken Sie die Position ein, indem Sie Aktien zu einem Zeitpunkt kaufen – um diejenigen zu ersetzen, die Sie geliehen und verkauft hatten –, zu dem sie preiswerter sind als Sie sie verkauft haben. Borgen und verkaufen Sie die Aktien teuer; kaufen Sie sie dann zu einem niedrigeren Preis und geben sie zurück. Und die Kasse klingelt!
Man kann es auch andersherum betrachten: Anstatt preiswert zu kaufen und dann teuer zu verkaufen, kann man die Reihenfolge umkehren: Teuer verkaufen und dann preiswert kaufen. Die Preisdifferenz ist die gleiche, allerdings in umgekehrter Richtung, denn der Preis fällt dann anstatt zu steigen.
Hier ein Beispiel: Nehmen wir an, Sie glauben, dass die Aktie der Dot.com Goldrush Corp. (Kürzel: WEAK) demnächst fallen wird. Der Kurs beträgt 35 US-Dollar. Sie verkaufen 100 Stücke zu 35 US-Dollar short und warten ab. Am folgenden Tag sind Sie ganz aus dem Häuschen, weil WEAK infolge der Herabstufung durch einen Analysten auf 27 US-Dollar abgerutscht ist. Du bist des Todes, WEAK! Jetzt sind Sie nicht mehr so sicher, ob die Aktie weiter fällt, also kaufen Sie die 100 Aktien für 27 US-Dollar das Stück zurück, um den Handel abzuschließen.
Ihr Schnäppchenkauf beschert Ihnen die Differenz zwischen einem Kauf zu 27 US-Dollar und einem Verkauf zu 35 US-Dollar – acht Dollar pro Aktie oder einen Gesamtertrag von 800 US-Dollar.
Tötet die Aktien! Macht sie tot! Sterbt, sterbt, sterbt!

Unterschiede zwischen Leerverkauf und Kauf (zwischen Short und Long)

Zwischen Shorten und Kaufen bestehen nicht allzu viele Unterschiede, aber hier sind einige der wichtigsten:

1. EIN MARGIN-GESCHÄFT

Ein Leerverkauf ist eine Margin-Transaktion, denn Sie müssen sich von Ihrem Broker die Aktien leihen, die Sie verkaufen; und Leihen bedeutet, dass Ihnen eine Margin erlaubt sein muss. Wenn Sie kein Margin-Depot haben, können Sie nicht shorten.

2. KURSBESCHRÄNKUNGEN

Möglicherweise erlaubt Ihnen Ihr Broker Leerverkäufe erst ab einem bestimmten Preisniveau – beispielsweise nur das Shorten von Aktien, die pro Stück mindestens fünf US-Dollar wert sind. Und Sie können nur solche Aktien shorten, die Ihr Broker für „marginfähig" erachtet. Außerdem können Sie Neuemissionen (IPOs) frühestens 30 Tage nach dem ersten Handelstag shorten.

3. VERFÜGBARKEIT VON AKTIEN

Es kann passieren, dass Ihr Broker eine bestimmte Aktie nicht vorrätig hat, um sie Ihnen zu leihen. Wenn dies geschieht, dann haben Sie ganz einfach Pech gehabt.

4. DIE „UPTICK-REGEL"

Bei der Uptick-Regel handelt es sich um eine Vorschrift der Securities Exchange Commission, gemäß deren Leerverkäufe nur zulässig sind, wenn der letzte Geldkurs einer Aktie einen „Uptick" (Kurszuwachs) darstellt, also höher liegt als der vorangegangene Preis.

Angenommen, der Geldkurs von FiscalChaos.com (DEBT) beträgt 12,63. Wenn der Kurs auf dem Bildschirm grün erscheint oder sich dahinter ein Pluszeichen beziehungsweise ein Aufwärtspfeil befindet, dann hat der Wert der Aktie gegenüber dem vorangegangenen Gebot zugenommen – ein „Uptick". Wenn der vorhergehende Geldkurs zum Beispiel 12,50 war, dann bedeutet der Kurs von 12,63 einen „Uptick" In diesem Fall können Sie DEBT zu 12,63 shorten.

Wenn der Kurs von 12,63 rot oder neben einem „Downtick"-Symbol (Abwärtspfeil oder Minuszeichen) erscheint, dann können Sie die Aktie nicht zu 12,63 shorten. (Ein „Downtick" oder Kursverlust ist ein Geldkurs, der unter dem vorangegangenen liegt. Im Beispiel ist der Kurs vielleicht von 12,75 auf 12,63 gefallen.) In diesem Fall können Sie versuchen, DEBT zu 12,64 zu shorten, denn wenn der Kurs von 12,63 auf 12,64 steigt, dann bedeutet dies einen „Uptick".

Zusammenfassend ist festzuhalten, dass Sie für einen Leerverkauf auf einen Uptick warten müssen. Sobald der Geldkurs um einen beliebigen Betrag steigt, ist das ein Uptick und die Aktie kann so lange geshortet werden, wie das bestehende Gebot oder die nachfolgenden Gebote Upticks sind. Eine andere Formulierung dieser Regel besagt, dass man einen Downtick nicht shorten kann.

5. TERMINOLOGIE

Wenn Sie shorten, dann „verkaufen“ Sie eine Aktie nicht und „kaufen“ sie dann zurück, sondern zuerst verkaufen Sie die Aktie leer und dann tätigen Sie einen Eindeckungskauf. Dies sind die Ordertypen, die Sie für das Eingehen und Beenden einer Shortposition brauchen.

6. DER LOHN

Wenn Sie eine Aktie long kaufen und der Kurs steigt, kann sie – zumindest theoretisch – endlos steigen. In Wirklichkeit steigt keine Aktie der Welt ewig, aber eine gute Aktie kann 200 Prozent, 500 Prozent oder noch mehr zulegen – manchmal in kurzer Zeit, manchmal über einen mehrjährigen Zeitraum.

Wenn Sie eine Aktie shorten, ist die Situation ein wenig anders. Wenn Sie darüber nachdenken, kommen Sie darauf, dass die Aktie im besten Fall bis auf null fallen kann. Die meisten Aktien fallen nicht auf null, aber sie verlieren vielleicht die Hälfte oder sogar drei Viertel ihres Wertes. Wenn eine Aktie die Hälfte ihres Wertes verliert, beläuft sich der Ertrag auf 50 Prozent. Verliert sie drei Viertel, gewinnen Sie 75 Prozent. Wenn sie tatsächlich auf null fällt (zum Beispiel weil das Unternehmen aufhört zu existieren), dann bekommen Sie einen Ertrag von 100 Prozent. Aber mehr als 100 Prozent kann der Ertrag aus einem Short niemals betragen.

(Eine weitere Begrenzung des Gewinns bei Leerverkäufen beruht darauf, dass ein Short eine Margintransaktion ist. Da man somit bereits Aktien auf Margin geliehen hat, kann man die Position nicht dadurch ausbauen, dass man weitere Aktien auf Margin borgt. Wenn Sie long sind, können Sie gegen Ihre Aktien etwas leihen und zumindest theoretisch Ihren Gewinn verdoppeln. Wenn Sie aber short verkaufen, besitzen Sie nichts, was Sie beleihen könnten, weil Ihre Aktien bereits geliehen sind. Und das bedeutet, dass Sie niemals Aktien shorten können, deren Wert den Wert Ihres Depots übersteigt.)

Andererseits pflegen Aktien schneller zu fallen als zu steigen, so dass Sie den Ertrag aus einem Short vielleicht schneller bekommen.

Der aus einem Short zu erzielende Gewinn ist also begrenzt, wohingegen es theoretisch keine Grenze für den Gewinn aus Long-Geschäften gibt. Realistisch betrachtet sind allerdings Erträge von zehn bis 30 Prozent für jede Art von Trade ein hübscher Gewinn, egal ob long oder short. Mit einem guten Short können Sie einen solchen Ertrag durchaus erzielen, und mit den meisten Long-Trades liegt der Gewinn ohnehin in diesem Bereich. Und das Schöne am Traderdasein ist, dass Sie Ihren Verlust auf beiden Seiten durch die Verwendung von Stopps begrenzen.

7. DAS RISIKO

Der wichtigste Unterschied zwischen Kauf und Leerverkauf besteht im Ausmaß des Risikos. Das ist die Kehrseite der soeben erklärten Ertragsdifferenz. Wenn Sie eine Aktie kaufen, dann können Sie höchstens 100 Prozent Ihres Geldes verlieren. Mit einem Short können Sie dagegen theoretisch unendlich viel verlieren. Anders gesagt gibt es theoretisch (aber nicht praktisch) keine Grenze dafür, was Sie ein schlechter Short kosten kann.

Nehmen wir an, Sie sind überzeugt, dass der Preis von Lameways, Inc. fallen wird. Sie haben gute Gründe dafür, und der Zeitpunkt ist der richtige. Also shorten Sie 500 Aktien von LAME zu zehn US-Dollar das Stück – eine Investition von 5.000 US-Dollar –, lehnen sich zurück und warten auf den großen Crash. Der Kurs geht ein wenig zurück, und Sie feuern die Aktie in ihrer schändlichen Niederlage noch an. Stirb, du Hund!

Nun – Sie würden es kaum glauben –, am nächsten Nachmittag meldet LAME die Unterzeichnung eines Vertrages, gemäß dem das Unternehmen der Hauptzulieferer von Hyper-Turbo-Schnickschnacks für den weltgrößten Abnehmer dieser Supergeräte ist – ein Vertrag über 100 Millionen US-Dollar pro Jahr und mit einer Laufzeit von drei Jahren. Für LAME ist dies das Geschäft des Lebens. Die Aktie steigt an diesem Tag auf 15 und am nächsten Tag auf 20 US-Dollar.

Falls Sie aus irgendeinem unerfindlichen Grund keine Stopps gesetzt haben, was bedeutet dies dann für Sie? Sie werden es schon erraten haben – Disasterville. Wenn Sie die Aktie zu zehn US-Dollar geshortet haben und sie jetzt bei 20 US-Dollar steht, dann haben Sie exakt Ihr eingesetztes Kapital verloren. Denn wenn Sie 500 Stück LAME zu zehn US-Dollar geshortet haben, dann haben Sie sich Aktien im Wert von 5.000 US-Dollar geliehen (so viel haben Sie für Ihre Investition tatsächlich „bezahlt", denn dies ist der Betrag, den Sie für den Trade eingesetzt haben). Wenn Sie die Aktien zu 20 US-Dollar zurückkaufen müssen, dann kostet Sie das 10.000 US-Dollar: ein Verlust von 5.000 Dollar. Sie müssen die geliehenen Aktien ersetzen, egal was es kostet, an sie heranzukommen. Wenn Sie die Aktien zu 20 US-Dollar ersetzen, haben Sie ihre gesamte Investition verloren.

Aber nehmen wir einmal an, Sie haben sich entschieden, mit der Eindeckung noch zu warten, weil Sie hoffen (hicks!), dass der Preis fällt. Leider setzt die Aktie ihren Aufstieg fort. Sie erreicht 30 US-Dollar. Jetzt haben Sie doppelt so viel verloren, wie Sie anfangs investiert haben. Wenn die Aktie weiter steigt bis auf 40 US-Dollar, verlieren Sie das Dreifache ihrer Anlagesumme. Und theoretisch lässt sich das bis ins Unendliche fortsetzen.

Ihre Position in diesem Spiel heißt immer „Short Stop“

Aber bevor Sie jetzt hingehen und schwören, Sie würden nie so schwachsinnig sein, eine Aktie zu shorten und damit ein unendliches Risiko auf sich zu nehmen, sollten Sie eine wichtige Sache in Betracht ziehen: Wenn Sie bei einem Short Stopps setzen, ist das Risiko nicht anders als bei einer Longposition. Bei jedem Leerverkauf müssen Sie die gleiche Regel wie bei allen Trades beachten: Sie müssen Stopps setzen! Wenn Sie Stopps gesetzt haben, begrenzen Sie automatisch Ihren Verlust und umgehen Disasterville.

Es gibt Menschen, die betonen, dass keine Aktie wirklich bis ins Unendliche steigt und dass sie selbst wenn sie es doch täte, wahrscheinlich länger als einen oder zwei Tage dafür benötigen würde. Das stimmt.

Aber andererseits braucht ein schlechter Short nicht annähernd bis Unendlich zu steigen, um Ihr Depot so öde zu hinterlassen wie im nuklearen Winter; und manche Aktien klettern wirklich wie übertrainierte Bergziegen. Wenn Sie einem schlechten Short völlig die Zügel schießen lassen, dann geschieht Folgendes:

Sie bekommen einen Margincall von Ihrem Broker, bevor Sie ihm viel mehr schulden als Ihren Depotwert; und von Ihrem Depot bleibt außer dem Namen nichts mehr übrig. Der Punkt ist, dass es nie einen guten Grund dafür gibt, sich dem Zufall zu überlassen. Ich wiederhole es so oft, bis es in Ihrem Kopf widerhallt: Sie müssen immer Stopps setzen!

WAXIES SCHLAUE WALLSTREET-SPRÜCHE

Unter der Voraussetzung, dass Sie, wie es sich gehört, gewissenhaft Ihre Stopps setzen, gibt es nur eine Möglichkeit, wie Sie ein Short in ernsthafte Schwierigkeiten stürzen kann: Wenn die Aktie aufgrund irgendeiner Nachricht über Nacht ein riesiges Gap aufreißt und Sie keine Möglichkeit haben, vorbörslich zu traden.

In der halben Stunde vor dem offiziellen Handelsbeginn können sich Aktienkurse rasch ändern, und wenn Sie in dieser halben Stunde nicht handeln können, dann können Sie kaum etwas tun. Aus diesem Grund sollten Sie nie einen Short halten, der sein Abwärtsmomentum schon verbraucht und sich auf einem gewissen Niveau stabilisiert hat. Dabei gibt es wenig zu gewinnen, und es besteht das Risiko einer plötzlichen Veränderung in der Situation des Unternehmens, so dass Sie wünschen, Sie hätten die Position vorher mit Profit beendet.

Zeit für einen Versuch: Wie Shorting funktioniert

Wenn Sie noch nie geshortet haben, lassen Sie es langsam angehen. Bevor Sie mit richtigem Geld einsteigen, sollten Sie ein paar Leerverkäufe in einem simulierten Portfolio oder auf dem Papier ausprobieren. Je vertrauter Ihnen die Vorgänge sind, desto klarer können Sie denken.

Die Funktionsweise eines Leerverkaufs ist die gleiche wie bei einem normalen Verkauf, außer dass Sie nach einem Uptick verkaufen müssen und dass Sie den passenden Ordertyp einsetzen müssen.

SCHRITT 1: LEERVERKAUF MIT LIMITORDER

Verwenden Sie immer, immer Limitorders, wenn Sie short verkaufen. Das Limit garantiert, dass Sie nicht unter dem von Ihnen angegebenen Preis verkaufen. Im Gegensatz dazu ist es aufgrund der Uptick-Regel äußerst riskant, beim Shortselling Marketorders zu verwenden.

Wenn Sie eine Market-Leerverkaufsorder platzieren und der Aktienkurs schnell zu fallen beginnt, dann kann es sein, dass es erst eine Reihe von Downticks gibt, die die Ausführung Ihrer Order verhindern. Wenn der Preis vor dem ersten Auftreten eines Upticks bedeutend gefallen ist, shorten Sie die Aktie zu einem viel niedrigeren Kurs als Sie eigentlich wollten, vielleicht sogar in der Nähe eines Tiefpunktes – gerade dann, wenn sie sich auf den Wiederaufstieg vorbereitet.

Nehmen wir zum Beispiel an, Sie wollen Pigdog, Inc. (DAWG) mit einer Marketorder zu 45,63 shorten. Gerade ist der Kurs gefallen, und die Aktie beginnt einen schnellen Abstieg. Der Geldkurs fällt und fällt und fällt (nur Downticks, kein Uptick), bis die Aktie schließlich bei 36,5 mit einem Uptick wieder zulegt. Ihre Order wird zu 36,5 ausgeführt. Der Kurs von DAWG liegt nun 20 Prozent unter dem Kurs, zu dem Sie die Aktie shorten wollten. Damit ist nicht nur der größte Teil Ihres Gewinnpotenzials oder das gesamte Potenzial dahin, sondern Sie laufen auch noch Gefahr, an genau dem Punkt zu shorten, an dem der Kursrutsch endet und die Aktie wieder zu klettern beginnt.

Wenn Sie DAWG mithilfe einer Limitorder shorten, sieht das folgendermaßen aus: Angenommen, Sie setzen Ihre Limitorder auf 45,63. Wenn es einen Uptick auf 45,63 gibt, wird Ihre Order zu 45,63 ausgeführt, denn die Limitorder erlaubt den Verkauf für 45,63 oder mehr. Wenn der Geldkurs von 45,63 einen Downtick darstellt, wird die Order erst dann ausgeführt, wenn der Kurs auf 45,64 steigt oder zunächst unter 45,63 fällt und dann mit einem Uptick auf 45,63 steigt.

SCHRITT 2:
SOFORT EINEN STOPP SETZEN

Wenn Ihr Leerverkauf ausgeführt wurde, sollten Sie sofort eine Stopp-Eindeckungskauf-Order platzieren. Dies ist Ihr Schutz gegen einen plötzlichen Kursanstieg, der Ihnen immense Verluste bescheren könnte.

SCHRITT 3:
DIE SHORTPOSITION DURCH EINDECKUNGSKAUF BEENDEN

Wenn es Zeit ist, die Shortposition zu beenden, platzieren Sie einfach eine Eindeckungs-Kauforder – auch hier sollten Sie in der Regel Limitorders verwenden – über die gleiche Anzahl Aktien, die Sie short verkauft haben. (Ein Ausnahmefall ist es, wenn das Unternehmen einen Aktiensplit durchgeführt hat, während Sie die Shortposition hielten; in diesem Fall müssen Sie die Anzahl Aktien kaufen, die Sie nach dem Split short gehalten haben. Wenn Sie beispielsweise am 1. März 200 Stücke DAWG geshortet haben, die Aktie am 1. Mai zwei zu eins gesplittet wurde und Sie am 1. Juni eindecken wollen, dann müssen Sie dies durch den Kauf von 400 Stücken DAWG tun. Diese Situation wird am Ende dieses Kapitels noch einmal ausführlicher besprochen.)
Bei manchen Brokerhäusern können Sie keine normale Kauforder verwenden, um einen Short einzudecken. Wenn dies bei Ihrem Broker der Fall ist, und Sie stellen eine Kauforder, dann halten Sie am Ende sowohl eine Shortposition als auch eine Longposition. Die jeweiligen Gewinne und Verluste heben sich dann zwar gegenseitig auf, aber Sie blockieren dann ohne Grund eine Menge Geld.
Eindeckungskauf-Orders unterliegen keiner Uptick-Regel oder sonstigen Komplikationen. Der Mechanismus ist der gleiche wie bei jedem Aktienkauf, nur dass ein anderer Ordertyp zum Einsatz kommt.
Wie Sie sehen, ist es gar nicht so schwer!
Probieren Sie ein paar Shortverkäufe mit einer Tradingsimulation oder auf dem Papier aus und versuchen Sie dann einen kleinen Trade mit Ihrem echten Depot. Mein erster Shortversuch war klein. Ich betrachtete es als neue Erfahrung – so wie wenn man zum ersten Mal Zuckerwatte kostet oder nackt badet. Ja Mann! Und wie immer:
Shorten Sie eine Aktie nur dann, wenn Sie glauben, dass der Trade Gewinn bringt. Haben Sie immer einen Plan, und setzen Sie immer einen Stoppkurs.

Wie man einen Gewinn bringenden Short findet

Genau wie beim Aktienkauf gibt es beim Shorting zwei Aspekte, die am meisten zum Erfolg beitragen: ein guter Grund für den Trade und der Einstieg zum richtigen Preis.

Gute Gründe für einen Leerverkauf

Eine Aktie kann aufgrund einer Auswahl von Gründen eine gute Shortgelegenheit sein. Je mehr dieser Gründe Sie in einem Trade erkennen, desto höher sind die Erfolgschancen. Anders gesagt sind drei handfeste Gründe besser als einer, und vier sind noch besser.

Im Allgemeinen sind die besten Zeiten für Leerverkäufe dann, wenn die Börse wirklich in den Keller fällt. Wenn der NASDAQ Composite an einem Tag mehr als 150 Punkte im Minus steht, dann stehen die Chancen gut, dass eine Aktie, die an diesem Tag immer noch im Plus steht, am Ende dem Verkaufsdruck erliegen wird – es sei denn, sie ist aus einem ungewöhnlich starken, unternehmensspezifischen Grund gestiegen.

Wenn dagegen die Bullen rasend werden, dann ist das kein gutes Umfeld für Leerverkäufe, egal wie schwach die Aktie ist; es sei denn – auch hier wieder – es gäbe eine unternehmensspezifische Ursache dafür. Denken Sie daran, Sie können nicht gegen den Markt ankämpfen. Und „durchwachsene“ Tage, an denen der Markt sich nicht für eine Richtung entscheiden kann und stattdessen zwischen Plus und Minus hin- und herschwankt, sind ohnehin keine guten Trading-Tage, ob nun long oder short, denn dann gerät man durch schnelle Wendungen mit Leichtigkeit unter die Räder und verliert Geld, egal was man tut.

Shorten ist normalerweise an Tagen eine gute Idee, an denen der Markt missgelaunt und bärisch gestimmt ist oder sich in einer regelrechten Korrektur befindet. Bedenken Sie aber, dass der Markt sogar an gewaltig negativen Tagen die Richtung sehr, sehr schnell wechseln kann, und zwar genau dann, wenn man es am wenigsten erwartet. Verwenden Sie beim Shorten immer Stopps, um sich gegen ruinöse Bullenüberraschungen zu schützen. Und selbst an Tagen der Kurserholung können Sie shorten, wenn die Aktien aufgrund von Meldungen steigen – Sie können dann „die Nachricht verkaufen“.

Abgesehen von dem allgemeinen Marktumfeld muss man bei einem potenziellen Short-Trade unternehmensspezifische oder zumindest sektorspezifische Faktoren beobachten.

Wenn die Bären den Markt beherrschen, shortet man am besten diejenigen Aktien, die aufgrund relativ belangloser Meldungen stark nach oben gelaufen sind – sagen wir 40 Prozent oder mehr am Tag. Diese Aktien neigen dazu, sehr schnell wieder zurückzufallen, wenn die Daytrader verkaufen, die kein Gewinnpotenzial mehr sehen, und wenn die Shortseller einsteigen. Hier ein Beispiel: Me-Too Fiber Optic, Inc., ein Unternehmen, das in ernsten finanziellen Schwierigkeiten steckt, gibt bekannt, dass es von einem großen Kunden einen relativ kleinen Auftrag bekommen hat. Das ist nicht gerade eine weltbewegende Meldung. Aber erstaunlicherweise steigt der Aktienkurs an diesem Tag um 50 Prozent. Besonders an einem allgemein schlechten Börsentag ist das ein sehr guter Short. Platzieren Sie wie immer eine Eindeckungskauf-Stopporder – wenn der Kurs weiter steigt und Sie ausgestoppt werden, können Sie immer noch zu einem höheren Kurs erneut shorten.

In allen Marktlagen, egal ob bullisch oder bärisch, ist der Zeitpunkt der Ergebnisbekanntgabe hervorragend zum Shorten geeignet, es sei denn, die Ergebnisse sind wirklich Staunen erregend oder die Aktie ist sehr populär. Nach dem vorherrschenden Trend steigen Aktien vor den Ergebnissen an und fallen nach der Bekanntgabe wieder zurück (ein klassischer Fall von „kaufe das Gerücht, verkaufe die Nachricht"). Das Gleiche gilt häufig für Aktiensplits: Normalerweise steigt der Kurs, wenn das Splitdatum näher rückt, aber einen oder zwei Tage nachdem die Aktie zum splitbereinigten Kurs gehandelt wird, beginnt der Kurs zu fallen. In bullischen Marktlagen ist es eine großartige Shortgelegenheit, wenn ein Mutterunternehmen einen Teil seiner selbst in einem IPO abstößt. Die Aktie der Muttergesellschaft steigt auf den IPO hin und taucht dann ab – manchmal schon Minuten nachdem die Neuemission zum ersten Mal gehandelt wird.

WAXIES SCHLAUE WALLSTREET-SPRÜCHE

Gute Gründe für einen Leerverkauf:

– Schnell fallender Markt
– Eindeutiges Durchbrechen einer Unterstützung
– Eine Aktie ist zu schnell zu hoch gestiegen.
– Das Gerücht ist gekauft, und damit ist es Zeit, die Nachricht zu verkaufen.
– Die Aktie ist auf die Ergebnisse hin gestiegen.
– Die Aktie ist auf einen Split hin gestiegen.
– Die Aktie ist auf einen Tochter-IPO hin gestiegen.
– Die Lockup-Frist eines IPO ist abgelaufen.

Der unten stehende Chart zeigt das Verhalten einer Aktie, die eine Unterstützung durchbrochen hat.

Schlechte Gründe für einen Leerverkauf

In Bullenmärkten gibt es eine ganze Reihe von schlechten Gründen für das Shorten einer Aktie.

Hier ein paar Beispiele:

1. Der Geschäftsplan des Unternehmens ist schlecht und letztendlich zum Scheitern verurteilt.

2. Die Aktie „tendiert schwach".
3. Die Aktie ist überbewertet.
4. Der Aktienkurs ist so weit gestiegen, dass er sinken muss.

Was ist verkehrt daran, eine überbewertete Aktie zu shorten? Entspricht es nicht dem gesunden Menschenverstand, eine Aktie zu shorten, die überbewertet ist, weil der Markt den Kurs ja schließlich dorthin bringen muss, wo er hingehört?

Einer der besten Ratschläge, den ich Ihnen geben kann, ist folgender: Am Aktienmarkt gilt: Hüte dich vor dem gesunden Menschenverstand! Wenn die

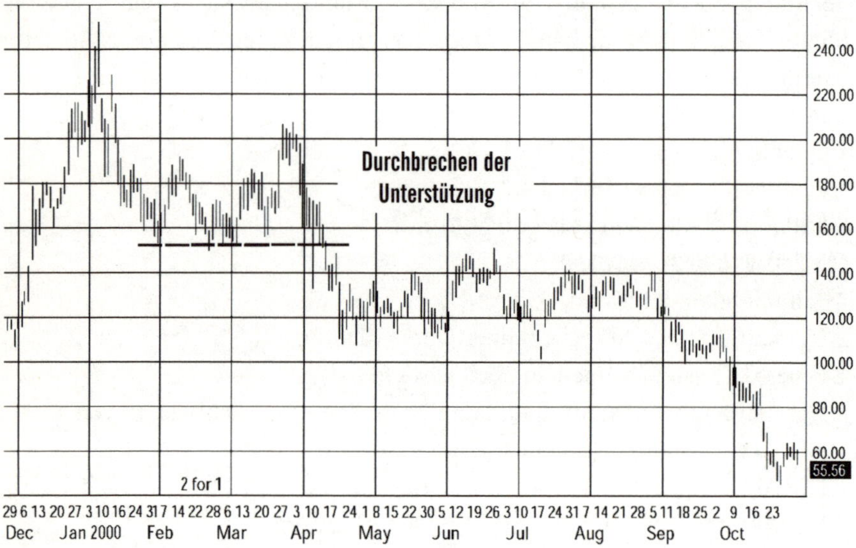

Yahoo! Inc. (NM), Tageschart - QCharts ©2001 Quote.com

DURCHBRECHEN DER UNTERSTÜTZUNG

Bullen los sind, kann der gesunde Menschenverstand Ihr schlimmster Feind sein. Rationale Bewertung und Logik sind in einem überschwänglichen Markt nicht der Schlüssel zum Erfolg. Viel eher führen sie Sie in die Katastrophe. Eine populäre Aktie, deren Preis höher ist als Sie für richtig halten, kann noch ein weiteres Jahr steigen und ihren Wert mit Leichtigkeit vervierfachen, bevor sie wieder zurückkommt. Sie können nicht gegen den Markt ankämpfen, und Sie sollten es auch nicht versuchen. Der Markt ist nicht effizient und spiegelt nicht notwendigerweise den wahren Wert von irgendetwas in einem bestimmten Moment wider. Anstatt darüber nachzudenken, wie die Bewertung einer Aktie aussehen sollte, müssen Sie bereitwillig das akzeptieren, was der Markt bietet, und nach seinen Regeln spielen – indem Sie Markttrends ausnutzen.

Psychologische Barrieren gegen das Shorten

UNANGEBRACHTE LOYALITÄT

Die Fähigkeiten, die Ihnen beim Trading von Nutzen sind, können manchmal auch im richtigen Leben nützlich sein. Disziplin ist zum Beispiel beim Trading und im Leben unglaublich wichtig, wenn Sie erfolgreich sein wollen. Genauso wichtig ist ein Plan. Wenn Sie für Ihr Leben keinen Plan haben, dann werden Sie – wie beim Trading – am Ende ziemlich schlecht dastehen.

Es gibt aber auch ein paar Dinge, die im Leben nützlich sind, die Ihnen aber nicht dabei helfen, am Markt zu gedeihen. Sie würden Ihnen sogar schaden. Eines dieser Dinge ist Loyalität.

Im Leben ist Loyalität eine hohe Tugend. Sie ist ein schöner Zug im Hinblick auf Freunde und Familie, auf eine große politische Sache oder auf eine Baseballmannschaft. Da wo ich herkomme, hält man zu seinen Freunden, und man erwartet von ihnen, dass sie zu einem halten. Loyalität gegenüber einer großen Sache kann die Welt verändern – sogar in unserer Zeit des Zynismus kann man wohl kaum leugnen, dass die Untergrundbahn, der Widerstand im Zweiten Weltkrieg und die amerikanische Bürgerrechtsbewegung wichtige Angelegenheiten waren, die Loyalität verdienten. Und wie ist es mit meinen geliebten New York Mets? Sie werden vielleicht ewig Außenseiter bleiben, aber mich stört das nicht. Keiner macht aus mir einen Yankees-Fan, selbst wenn die Mets nie wieder ein Spiel gewinnen würden.

Aber eine Sache, die niemandes Loyalität verdient, ist eine Aktie. Ich kenne eine Menge Trader, die mit der Zeit eine unangebrachte Loyalität gegenüber ihren „Lieblingsaktien" entwickeln; und immer, auch wenn es eine Zeitlang dauern kann, lassen diese Aktien sie im Stich. Da wo ich herkomme, wenn einen da die Freunde im Stich lassen, dann überlegt man es sich zweimal, ob sie die Freundschaft verdienen. Ich will mich ganz deutlich ausdrücken: Niemand sollte einer Aktie gegenüber auch nur einen Fingerhut Loyalität empfinden. Aktien sind Schrott! Denken Sie darüber nach. Aktien sind keine Menschen. Sie sind nicht Ihre Freunde. Aktien verdienen keine Zuneigung oder Loyalität, nicht einmal Vertrauen. Der Kurs einer Aktie hat häufig überhaupt nichts damit zu tun, wie gut das Unternehmen ist; und sie hat nichts mit den Menschen zu tun, die dort arbeiten. Jegliches Gefühl der Loyalität einer Aktie gegenüber ist völlig unangebracht.

Der Aktienmarkt wird von Menschen als Spiel zum Geldverdienen betrieben. Diese Menschen scheren sich nicht um die Unternehmen und die Investoren, und ganz sicher scheren sie sich nicht um Sie. Was sie wirklich wollen, ist Ihr Geld. Geldverdienen ist das Ziel aller Marktteilnehmer, und Geldverdienen heißt dabei immer, dass man das Geld einem anderen wegnimmt.

Und Sie müssen schon ziemlich naiv sein, wenn Sie glauben, dass das Unternehmen sich um sie kümmert. Glauben Sie, dass es den CEO irgendeines Unternehmens interessiert, ob Sie mit seiner Aktie Geld verdienen? Sollten Sie darauf vertrauen, dass ein Unternehmen Dinge tut, die den Wert Ihres Portfolios erhöhen? Natürlich nicht. Ich würde nie darauf vertrauen, dass die amerikanische Unternehmerschaft auf meine Interessen achtet, und Sie sollten das ebenfalls nicht tun.

Aktien können Ihnen sehr, sehr weh tun, und sie werden Ihren Schmerz niemals wahrnehmen. Der einzige, der ihn spürt, sind Sie und vielleicht noch Ihre Familie. Ein mittelmäßiges Ergebnis kann dazu führen, dass eine Aktie an einem Tag um 50 Prozent abwärts trudelt. Interessiert es das Unternehmen, ob sein Ergebnisbericht Sie Geld kostet? Nein. Und wenn es zu einer Marktkorrektur kommt, was pro Jahr mehrmals geschieht, ist keine Aktie dagegen gefeit. Alle verlieren an Wert. Darauf können Sie sich verlassen.

Das ist der Grund, weshalb Sie mit Aktien in beide Richtungen spekulieren müssen. Wenn sie steigen, kaufen Sie long. Wenn sie fallen, verkaufen Sie short. Aktien sind Werkzeuge, mit deren Hilfe Sie Geld für die Dinge verdienen können, die Ihnen wirklich wichtig sind – Ihre Familie und andere Dinge, die zu Recht Ihre Loyalität verdienen. Aktien sind ein Mittel zum Zweck (gebrauchen Sie sie ohne Skrupel), nichts weiter. Es ist Krieg, und im Krieg gibt es nur einen Gewinner – und das müssen wir sein!

DER GLAUBE, SHORTEN SEI ETWAS SCHLECHTES

Manche Menschen glauben, Shorten sei etwas, das nur böse Menschen tun, weil es den Wert der Investitionen anderer Menschen zerstört und nichts anderes bedeutet, als ihnen ihr Geld wegzunehmen.

Dieser Glaube ist ebenso unangebracht wie die Loyalität gegenüber Aktien. Wenn es keine Kraft gäbe, die dem irrationalen Überschwang eines außer Kontrolle geratenen Bullenmarktes entgegenwirkt, dann wären die Spekulationsblasen noch extremer als sie es ohnehin schon sind (kaum vorstellbar, oder?). Das Platzen solcher Blasen wäre noch weitaus schmerzhafter als die Korrekturen, die wir kennen.

Kräfte, die dem irrationalen Überschwang entgegenwirken, sind heilsam für den Markt, weil sie dazu beitragen, das Gleichgewicht zu erhalten. Das ist so, wie wenn man einer abweichenden Meinung Raum gibt – wenn es kein Shortselling gäbe, hätten nur die Bullen das Sagen, und die Bären würden nicht zu Wort kommen. Die einzige Möglichkeit, die Meinung auszudrücken, dass ein Aktienkurs zu hoch sei, wäre dann der Verkauf; und diese Möglichkeit stünde nur denjenigen offen, die die Aktie schon besitzen.

ANGST VORM SHORTEN

Die hauptsächliche Angst neben der Angst vor unbegrenzten Verlusten ist die Angst vor dem Ungewohnten. Shorting unterscheidet sich leicht vom normalen Aktienkauf, aber Sie werden überrascht sein, wie klein der Unterschied in Wirklichkeit ist. Wie oben schon gesagt, besteht der beste Weg, mit dem Shorten vertraut zu werden, darin, virtuell anzufangen, das heißt mit einem simulierten Depot oder auf dem Papier; danach fangen Sie mit Ihrem echten Depot klein an. Shorten Sie immer mit einer Begründung, und planen Sie immer den gesamten Trade. Verwenden Sie Limitorders und setzen Sie immer Stopps. Meiner Erfahrung nach gibt es unter diesen Voraussetzungen nur wenige Menschen, die mit dem Shortselling partout nicht zurechtkommen. Wenn Sie aber feststellen, dass Leerverkäufe wirklich nichts für Sie sind, dann sollten Sie damit wieder aufhören. Aber wenn Sie nicht gerade zu der festen Überzeugung gelangen, dass Sie von Grund auf unfähig sind zu shorten, versuchen Sie bitte, diese wertvolle Methode zu erlernen. Das ist die wichtigste Fähigkeit, die man in Baissen braucht, und sie macht Sie so flexibel, dass Sie in allen Marktlagen Geld scheffeln können. Offen gesagt glaube ich nicht, dass man ohne Shorting ein erfolgreicher Trader werden kann.

Weitere Bemerkungen zum Shorten

SPLITS

Wenn die Aktie, die Sie short verkaufen, gesplittet wird, während Sie sie halten, ändert sich die Zahl der Aktien in Ihrem Portfolio. Wenn Sie beispielsweise am Montag zehn Aktien von Tulip Tech zu 200 US-Dollar das Stück shorten und die Aktie am Dienstag einen Zwei-zu-eins-Split macht, nachdem sie mit 180 US-Dollar geschlossen hat, dann wird sie ab Mittwoch zum splitbereinigten Kurs von rund 90 US-Dollar gehandelt, so dass Ihr Depot am Mittwoch eine Shortposition von 20 Stücken zu zirka 90 US-Dollar aufweist. Wenn Sie eindecken wollen, kaufen Sie einfach 20 Aktien (bedenken Sie, dass Sie schon einen sehr guten Grund brauchen, um eine Aktie unmittelbar vor einem Split zu shorten, denn der Trend, dass Aktienkurse vor einem Split steigen, ist sehr stark).

DIVIDENDEN

Wenn die Aktien, die Sie shorten, eine Dividende in irgendeiner Form ausschüttet – zum Beispiel Geld oder Aktien –, während Sie eine Shortposition halten, dann müssen Sie diese Dividende (den Geldbetrag oder die Aktien) dann zurückgeben, wenn Sie die geliehenen Aktien zurückgeben. Angenommen, Sie shorten 100 Aktien von Kanga Inc.

Während Sie diese Position halten, geht die Kanga-Tochter Roo Corp. mit eigenen Aktien an die Börse. Der Handel funktioniert so, dass jeder Halter von KNGA zu einem bestimmten Datum für je zehn Aktien eine ROOO-Aktie erhält. Da Sie 100 KNGA-Aktien geshortet haben, bedeutet das, dass Sie zum Eindecken auch noch zehn Stücke ROOO kaufen müssen: eine ROOO-Aktie für je zehn KNGA-Aktien, die Sie geshortet haben.

TRADERSPRACHE

Short Interest bezeichnet die Gesamtzahl der Aktien einer Gesellschaft, die leerverkauft und noch nicht zurückgekauft wurden. Ein hohes Short Interest bedeutet, dass viele offene Shortpositionen bestehen und dass ein „Short Squeeze“ möglich ist, wenn die Aktie plötzlich steigt.

Den Short-Interest-Wert für börsennotierte Aktien findet man auf der Website von Yahoo! Finance Web und anderen, zum Beispiel auch bei TrendFund.com.

TRADERSPRACHE

Ein **Short Squeeze** tritt ein, wenn irgendein Ereignis die Aktie plötzlich steigen lässt und zwangsläufig eine große Zahl von Shortsellern gleichzeitig ihre Positionen eindecken will, um ihre Verluste zu begrenzen.

Die plötzliche Kauftätigkeit kann den Kursanstieg weiter beschleunigen, so dass noch mehr Shortseller sich mit dem Eindeckungskauf beeilen. Wenn das Short Interest hoch ist, kann ein Short Squeeze dramatische Auswirkungen haben.

ANFÄNGERFEHLER

Passen Sie auf, dass Sie nicht in einen Short Squeeze geraten. Wenn es keinen zwingenden Grund gibt, eine Shortposition zu halten, dann beenden Sie sie. Wenn die Aktie keine Abwärtsdynamik mehr hat und wenn es keinen Grund zu der Annahme gibt, dass sie weiter fallen wird, dann ist es sehr gefährlich, die Position weiterhin zu halten. Jederzeit kann eine Unternehmensnachricht oder ein anderes Ereignis den Kurs hochtreiben und so einen Short Squeeze auslösen.

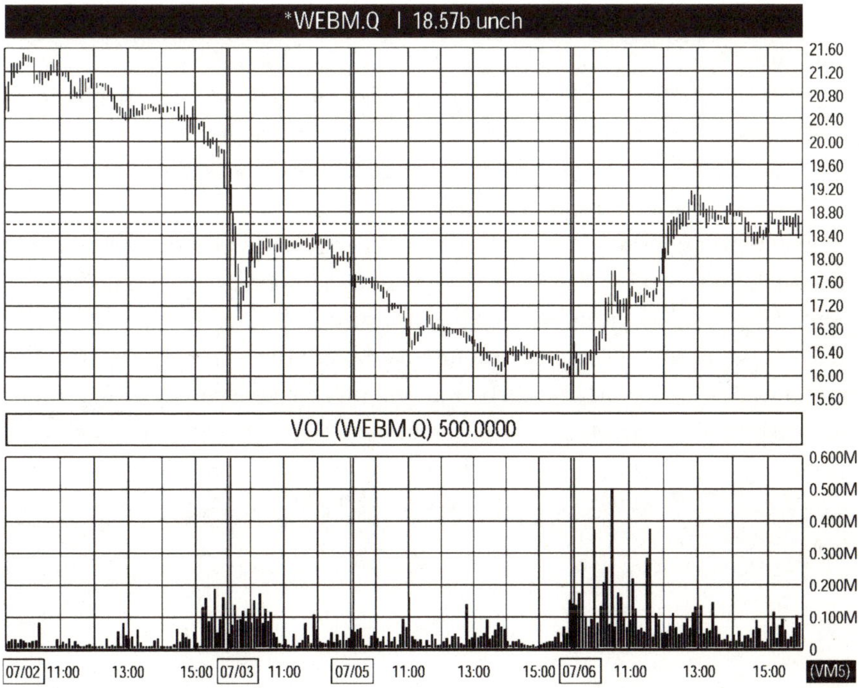

SHORT SQUEEZE

Chart von TradePortal.com, Inc.

WAXIES SCHLAUE WALLSTREET-SPRÜCHE

Einer der Schlüssel zum langfristigen Tradingerfolg ist Flexibilität. Wenn Sie die Fähigkeit erworben haben, durch Shorting in fallenden Marktlagen Geld zu verdienen, können Sie Ihre Flexibilität noch steigern, indem Sie eine fortgeschrittene Technik erlernen: den Handel mit Optionen. Mit Optionen kann man in bullischen und bärischen Situationen spekulieren, und man kann damit seine Positionen absichern – um die Gefährdung für den Fall zu verringern, dass sich der Markt gegen Sie wendet.

Übungen

Im Folgenden finden Sie zwei denkbare Shortspekulationen. Die eine ist eine gute Shortgelegenheit, die andere nicht. Berücksichtigen Sie alle vorhandenen Informationen, und entscheiden Sie, welches das gute und welches das schlechte Geschäft ist. Welche Argumente sprechen für die gute, welche gegen die schlechte Spekulation?

I. BARK

Es ist 12:30 Uhr. Folgende Informationen über Doggiestock.com sind heute in der Rubrik „Market Views" von TrendFund.com erschienen:

10:32 Uhr Bemerkenswerte Kursbewegungen: Doggiestock.com (BARK) 6,93 (+1,42), Volumen in Tausend Stücken: 957.

10:50 Uhr Doggiestock.com (BARK) 7,71 (+2,20): – Update – Aktie steigt angeblich aufgrund lobender Erwähnung im Hoohaw Technology Report.

11:05 Uhr Hoohaw Report: Doggiestock.com (BARK +2,29) wird in das „Telecosm"-Portfolio von Hoohaw aufgenommen; Burnrate Inc. (BURN -6,5) und HastaLaRasta (OMON -2,26) wurden angeblich wegen der Konkurrenz durch das nicht börsennotierte Unternehmen Solidco. herausgenommen.

Der NASDAQ Composite sackte heute sofort nach Handelsbeginn ab und markierte um 10:45 Uhr ein Minus von 52 Punkten. Derzeit steht er bei Minus 35.

Sie schauen sich die Charts der letzten fünf Tage und der letzten 30 Tage von BARK an:

BARK 15-Minuten-Chart

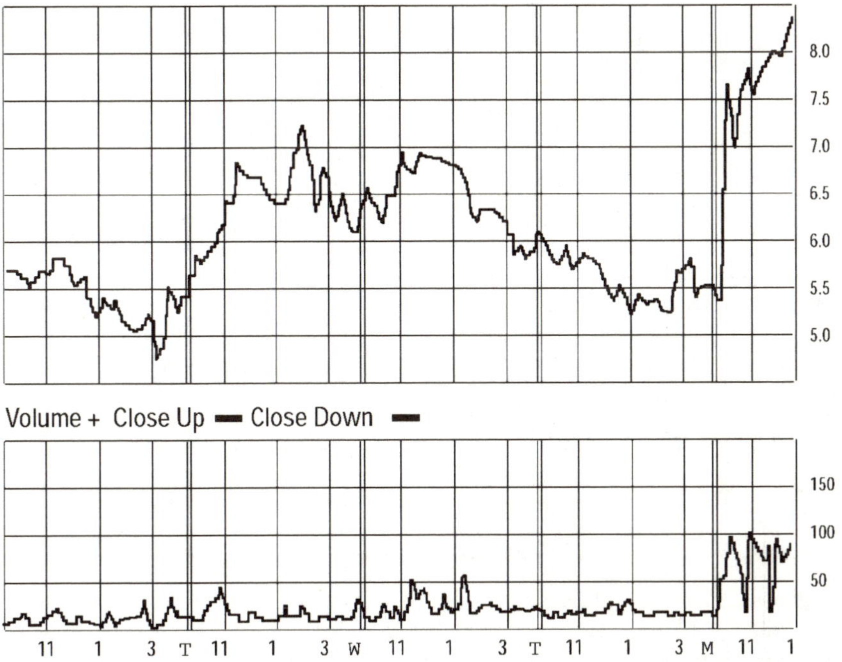

in Tausend

Der Tageschart zeigt, dass Bark für heute 3,3 Punkte im Plus steht:

BARK Tageschart

Gewinnschätzungen erhöht

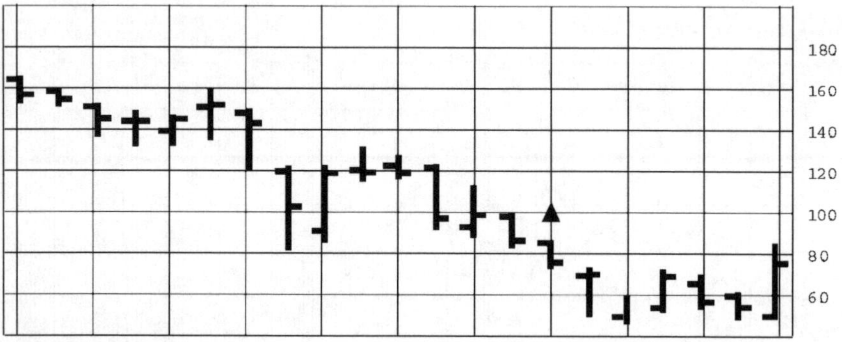

BARK Minutenchart

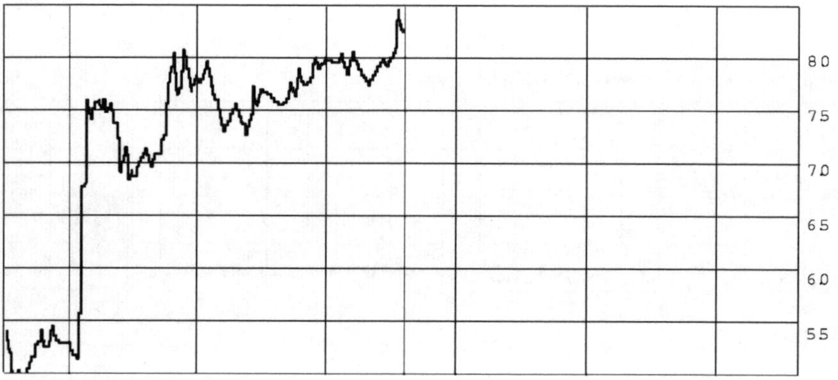

Volumen in Tausend

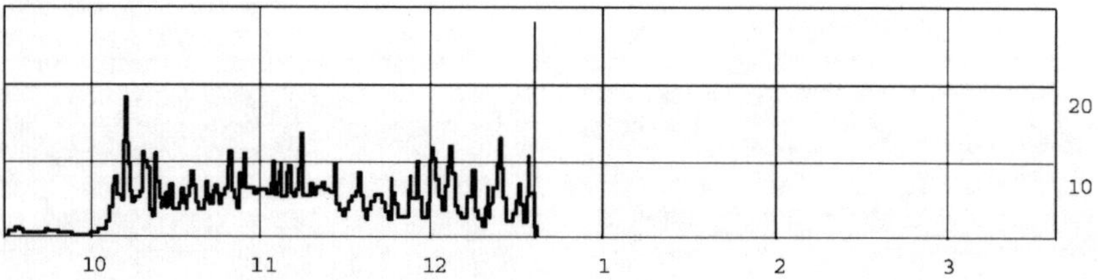

Sollten Sie BARK zu 8,3 shorten? Welche Gründe sprechen für und welche gegen den Trade?

II. DREK

Es ist 11:30 Uhr. Digital Drek, Inc. (DREK) fällt schon seit Monaten. Das Jahreshoch beträgt 138, das Jahrestief 45,0. Der aktuelle Kurs beträgt 55,0, liegt also 2,5 Punkte über dem gestrigen Tief. Sie können für den Kurszuwachs keinen Grund erkennen – es liegen keine Meldungen vor, und der elektronische Einzelhandel ist kalt wie ein lebloser Körper.

DREK ist ein schwaches Unternehmen und hat noch keinen Gewinn aufzu-

BARK Minutenchart

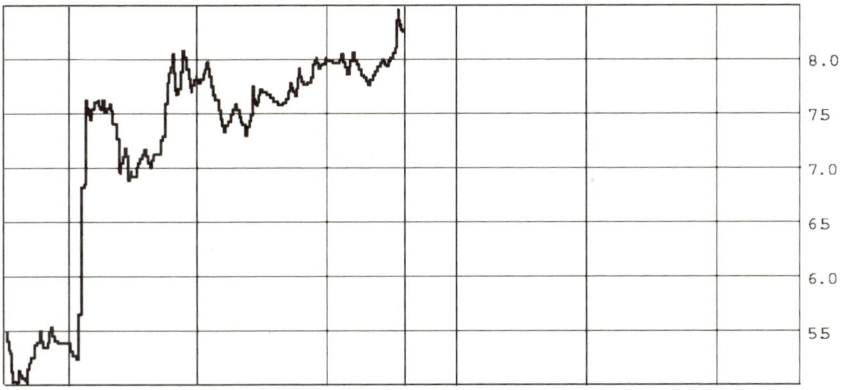

DREK 15-Minutenchart

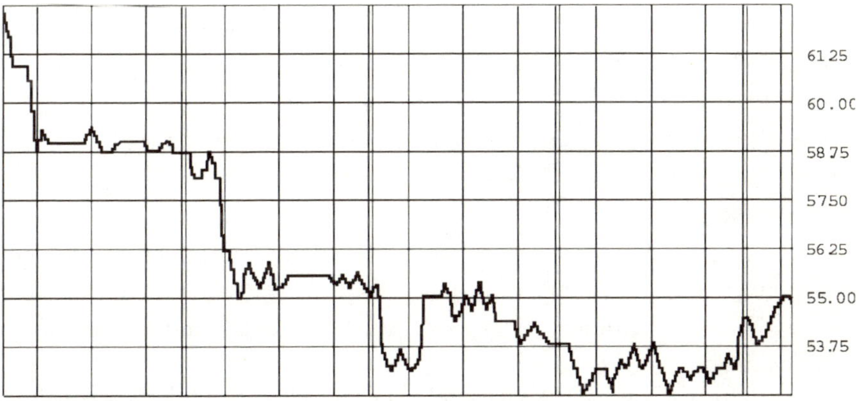

Volumen in Tausend

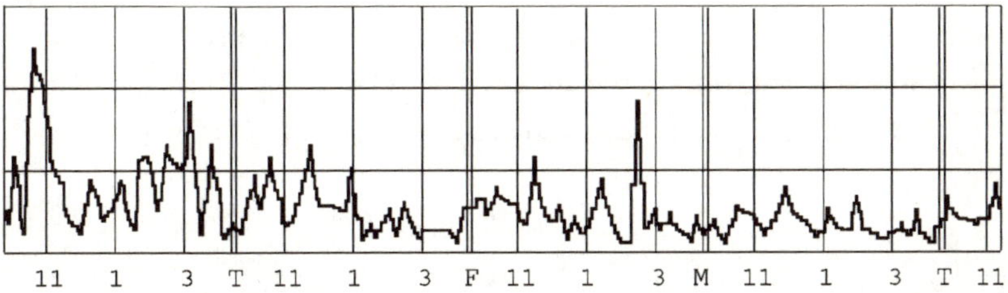

weisen. Der NASDAQ Composite tendierte bei Handelsbeginn fest und hat seither 18 Punkte zugelegt.
Sie betrachten den Tages- und den Fünftages-Chart von DREK:
Sollten Sie DREK zu 55,0 shorten? Welche Gründe sprechen für und welche gegen das Geschäft?

III. DISKUSSION DER LÖSUNGEN

BARK

Gründe, die für das Shorten von BARK sprechen:
- Der Markt ist äußerst bärisch.
- Die Aktie ist aufgrund einer Nachricht um mehr als 50 Prozent gestiegen, die nicht allzu verheißungsvoll ist. Sie ist nicht in einen wichtigen Index aufgenommen worden, sondern in ein eher unbekanntes Portfolio.
- Die Aktie tendiert seit mindestens einem Monat abwärts, was auf Schwäche schließen lässt.
- Die Aktie hat gerade ein neues Tageshoch markiert, was einen Rückzug wahrscheinlich erscheinen lässt – zumindest kurzfristig.

Gründe, die gegen das Shorten von BARK sprechen:
- Es ist unklar, was die Nachricht auf lange Sicht bedeutet.

DREK

Gründe, die für das Shorten von DREK sprechen:
- Der Preis ist ohne ersichtlichen Grund gestiegen.
- Die Aktie tendiert seit Monaten abwärts und ist generell schwach.

Gründe, die gegen das Shorten von DREK sprechen:
- Die Aktie befindet sich in einer Trading Range und weist in keine Richtung wesentliches Momentum auf.
- Grundsätzliche Schwäche einer Aktie ist alleine noch kein guter Grund für einen Short.
- Es besteht keine Marktschwäche, die die Aktie nach unten drücken würde:
- Möglicherweise ist das Short Interest hoch, denn die Aktie fällt seit Monaten. Irgendeine Nachricht könnte einen Short Squeeze hervorrufen.
- Es ist in diesem Marktumfeld grundsätzlich besser, eine Aktie zu shorten, die zu stark gestiegen ist, als eine Aktie zu shorten, die keinerlei Momentum aufweist.

AUSGANG

BARK

Wie der unten stehende Chart zeigt, fiel BARK schließlich von 8,3 auf 6,5. Es gab viele gute Gründe für dieses Shortgeschäft, und wenn die Stopps an der richtigen Stelle lagen, war es eine sichere und sinnvolle Spekulation.

Am besten wäre es gewesen, Sie hätten Ihre Eindeckungskauf-Stopporder nach und nach gesenkt, während die Aktie sich nach unten bewegte (nachgezogene Stopps). Auf diese Weise hätten Sie die Position ausgestoppt, wenn der Aktienkurs wieder nach oben gewendet hätte, und hätten so Ihren Gewinn gesichert (und tatsächlich drehte die Aktie gegen Ende des Tages nach oben, stieg auch am nächsten Tag weiter und hielt erst ein paar Tage danach wieder

DREK 15-Minutenchart

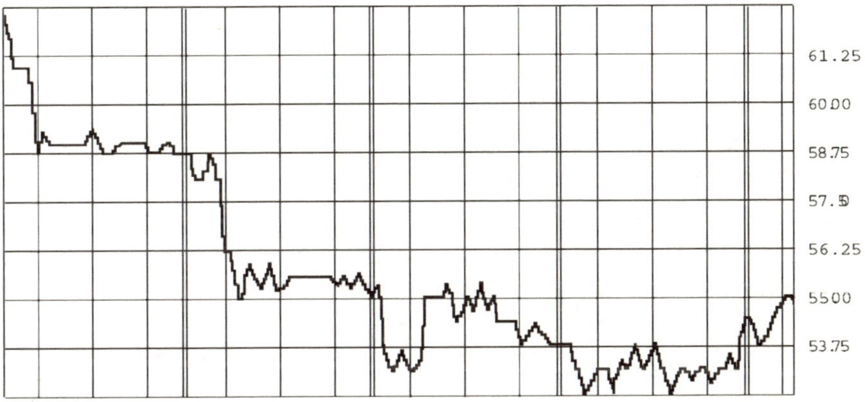

Volumen in Tausend

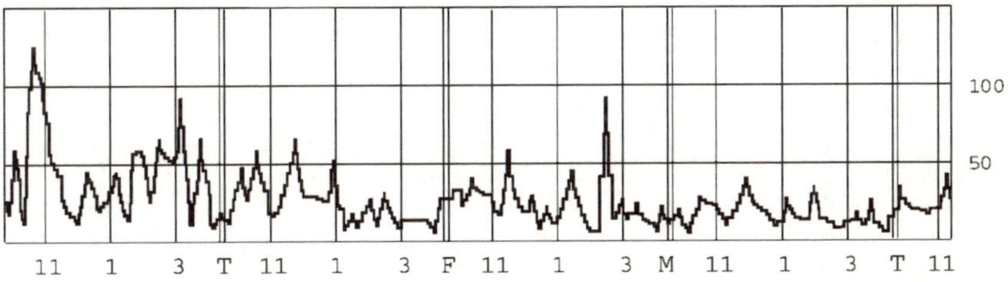

an). Durch den Short-Trade von 8,3 auf 6,5 hätten Sie einen Ertrag von 1,8 Punkten beziehungsweise 20 Prozent erhalten. Selbst wenn Sie ihren letzten Stopp auf 7,0 nachgezogen hätten und dort ausgestoppt worden wären, weil sich die Aktie wieder nach oben wendete, hätten Sie 1,3 Punkte oder mehr als 15 Prozent Gewinn gemacht. In jedem Fall hätte die Kasse geklingelt – Bingo! Und das hätte an einem Tag funktioniert, an dem die NASDAQ den ganzen Tag blutete und schmorte.

BARK wäre ein guter Short gewesen.

DREK

Wie der unten stehende Chart zeigt, stieg die Aktie ohne besonderen Grund plötzlich auf 59,4. Seitwärts laufende Aktien springen innerhalb der Trading Range häufig nach oben oder unten. Wenn Sie DREK bei 55,0 geshortet und einen Stopp bei fünf Prozent gesetzt hätten, dann wären Sie ausgestoppt worden, als der Kurs 59,4 erreichte – ein Sprung von fast acht Prozent. Wenn eine Aktie weder nach oben noch nach unten Dynamik hat, treten mit Sicherheit zufällige Bewegungen auf, und es ist sehr wahrscheinlich, dass Sie aus einer Position schon bald ausgestoppt werden, weil sich der Preis zeitweise gegen Sie wendet. Und wie es der Zufall will, stieg die Aktie über die folgenden Tage auf über sechs und schwenkte erst dann wieder in die Abwärtsbewegung ein.

Bilanz: Es gab absolut keinen Grund zu glauben, dass DREK ausgerechnet an

DREK 1-Minutenchart

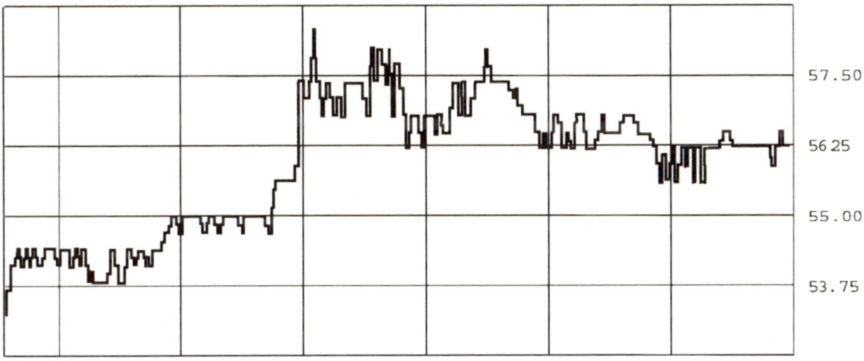

Volumen in Tausend

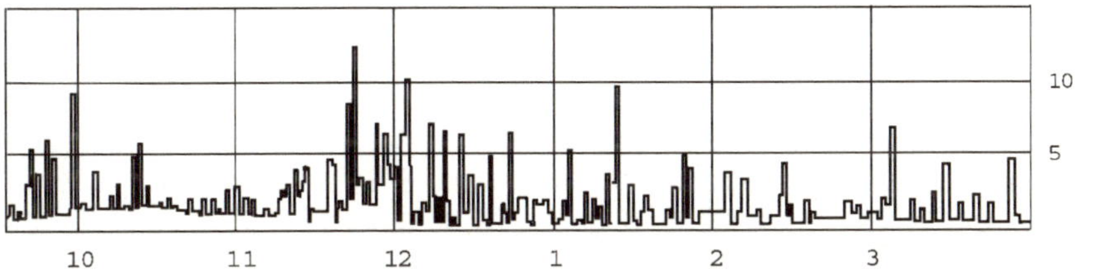

diesem Tag fallen würde. Daher gab es auch keinen Grund zu shorten. Einen solchen Trade zu machen ist, wie wenn man Dartpfeile wirft und schaut, wohin sie treffen. Sie werden nie ein profitabler Trader werden, wenn Sie ohne Grund zufällige Positionen eingehen.

DREK wäre ein schlechter Short gewesen, zwar keine Katastrophe, aber wenn Sie regelmäßig aus schlecht begründeten Trades ausgestoppt werden und jedes Mal fünf Prozent verlieren, dann fressen sie am Ende Ihr komplettes Depot auf.

Das Geld zusammenhalten
Sechs Schlüssel zur soliden Vermögensverwaltung

Zum Inhalt dieses Kapitels:

- Warum die Erhaltung Ihres Kapitals oberste Priorität haben sollte
- Die zwei Ziele guter Vermögensverwaltung
- Sechs Schlüssel zur soliden Vermögensverwaltung
- Warum es gefährlich ist und das Risiko erhöht, wenn Sie keine sicheren Trading- und Geldverwaltungsmethoden anwenden

Der Schutz des Kapitals hat oberste Priorität

Einer der schwierigsten Aspekte, wenn man ein erfolgreicher Trader sein will, ist die Verwaltung des eigenen Geldes. Es ist durchaus möglich – in Wirklichkeit sogar recht verbreitet –, dass Menschen mit ihren Aktien prozentual hohe Gewinne machen, aber trotzdem Geld verlieren. Wie ist das möglich? Wenn Sie Ihr Geld nicht ordentlich verwalten, indem Sie Gewinne mitnehmen, indem Sie kleine Verluste in Kauf nehmen, wenn Sie sich geirrt haben, indem Sie die Margin kontrolliert einsetzen, dann werden Sie am Ende alles verlieren, egal wie gut Ihre Aktienauswahl ist.

Die wertvollste Sache für Sie als Trader ist Ihr Vermögen. Ohne Kapital können Sie nicht traden – dann ist alles vorbei. Keinen Gewinn zu machen ist besser als einen Teil des Kapitals zu verlieren, denn wenn Ihr Depot gefüllt ist, können Sie an einem anderen Tag immer noch Gewinn machen. Wenn Ihr Kapital einen Verlust erlitten hat, verschwenden Sie Energie, indem Sie versuchen, wieder aufzuholen. Je mehr Sie verloren haben, desto länger dauert es, bis Sie wieder den Ausgangspunkt erreicht haben – erstens haben Sie dann mehr aufzuholen, und zweitens müssen Sie mit einem kleineren Kapitalstock auskommen; Ihr Profit aus einem bestimmten prozentualen Gewinn ist entsprechend kleiner. Zehn Prozent auf ein Depot von 10.000 US-Dollar bringen 1.000 US-Dollar, aber wenn Sie die Hälfte Ihres Depots verloren und nur noch 5.000 US-Dollar übrig haben, dann verdienen Sie mit zehn Prozent Gewinn nur 500 US-Dollar. Um die gleichen 1.000 Dollar zu verdienen, müssten Sie das zweimal machen.

Marktkorrekturen sind unvermeidlich und treten von Zeit zu Zeit immer wieder auf. Als Trader muss man sie voraussehen und Vorkehrungen treffen, bevor sie auftreten. Wenn man richtig vorbereitet ist, kann man als Trader aus Korrekturen sogar Profit schlagen. Wenn Sie Ihr Geld nicht richtig verwalten, können Sie Ihr Depot jedoch so schnell zerstören, dass es Ihnen den Kopf schneller dreht als Linda Blair in „Der Exorzist".

Die zwei Ziele guter Vermögensverwaltung

Gute Geldverwaltung hat zwei hauptsächliche Zielsetzungen: sie soll Geldverlust verhindern und sie soll verhindern, dass einem Profitgelegenheiten entgehen, weil man Geld für längere Zeit in problematischen Trades bindet. Wenn Sie es nicht schaffen, beides zu vermeiden, kostet es Sie eine Stange Geld.

Was es bedeutet, Geldverlust zu vermeiden, ist ziemlich klar: Sie wollen Ihr Kapital und die etwaigen Gewinne bewahren, die Sie gesammelt haben. Aber Sie wollen es nicht nur behalten, sondern auch damit traden, damit Ihr Kapital weiter wächst und Ihre Erträge immer weiter vergrößert.

Was es bedeutet zu vermeiden, dass einem Profitgelegenheiten entgehen, ist weniger klar, aber wenn Sie einen Augenblick darüber nachdenken, wird deutlich, worum es geht. Vergleichen wir das Ergebnis zweier Geldverwaltungs-Entscheidungen: Trader A kauft eine Aktie in der Erwartung, dass sie steigt, stellt dann aber fest, dass sie das nicht tut. Er ist sicher, dass sie am Ende doch noch steigen wird, und bis jetzt hat er noch nicht viel verloren, daher beschließt er abzuwarten. Am Ende hält er die Aktie drei Monate lang, bevor er sie angewidert verkauft.

Trader B kauft zum gleichen Zeitpunkt die gleiche Aktie wie Trader A, aber sobald er sieht, dass sie nicht steigt, verkauft er mit etwas Verlust. Er kauft eine andere Aktie und macht damit 15 Prozent. Beim nächsten Trade verliert er ein Prozent, gewinnt dann aber in einer Folge von Trades erst wieder acht Prozent, dann 15 Prozent und schließlich noch einmal 30 Prozent. Da dabei das Depot wächst, basieren die Gewinne jedes Mal auf einem größeren Kapital. Nach drei Monaten ist das Depot um 48 Prozent gewachsen.

Welche Entscheidung war nun die bessere? Wenn Sie sich für Trader B entschieden haben, dann gewinnen Sie – eine funkelnagelneue Packung Croutons! Es gibt Salat. Trader B macht einen schönen Profit, wohingegen Trader A nicht nur Zeit verloren hat, sondern auch sein Geld nicht zurückgewonnen hat. Selbst wenn er mit dieser Aktie sein Geld zurückbekommen hätte, hätte er sein Kapital über die drei Monate kaum sinnvoll eingesetzt.

Sechs Schlüssel zur soliden Vermögensverwaltung

Es gibt sechs Dinge, die Sie tun müssen, um Ihr Depot sicher und effizient zu verwalten:

- Gewinne mitnehmen
- Kleine Verluste und große Gewinne mitnehmen
- Vorsichtig mit der Margin umgehen
- Bargeldposition einnehmen, wenn der Markt ein Hoch ansteuert
- Das Depot streuen
- Risiken durch Hedging absichern

Sie müssen diese sechs Dinge regelmäßig und ohne Ausnahme tun. Der mit Abstand wichtigste Unterschied zwischen erfolgreichen und erfolglosen Tradern ist die Geldverwaltung.

WAXIES SCHLAUE WALLSTREET-SPRÜCHE

Gute Geldverwaltung ist das Allerwichtigste, was Sie tun können, um Ihre Trading-Leistung zu verbessern.

Gewinne mitnehmen

Mitnehmen oder verlieren. Sie haben die Wahl.

Einer der verbreitetsten und frustrierendsten Fehler, den Trader begehen können, besteht darin, Gewinne nicht mitzunehmen. Es ist ja gut und schön, wenn man mit einem Trade 35 Prozent im Plus steht, aber dieses Geld ist so lange virtuelles Geld, bis Sie etwas tun, um sicher zu stellen, dass Sie es auch behalten können.

Erinnern Sie sich noch an die Geschichte von Mr. Loser? Am Anfang sind seine Aktien gestiegen, dann versäumte er es, den Gewinn mitzunehmen, und die Aktien fielen wieder – sie fielen und fielen, bis er mit seinen eigentlich Gewinn bringenden Positionen Geld verloren hatte. Es gibt keinen Grund, warum so etwas passieren sollte. Es wird allerdings passieren, wenn Sie keinen Plan und keine Strategie für die Gewinnmitnahme haben.

Wie sollten Sie Ihre Gewinne mitnehmen? Da Zielkurse nur Richtlinien sind, die zwar angestrebt werden, die man aber nicht exakt treffen muss, habe ich es mir zur Gewohnheit gemacht, die Hälfte meiner Aktien zu einem etwas vorsichtigeren Kurs zu verkaufen als dem, den die Aktie meiner Meinung nach mit hoher Wahrscheinlichkeit erreichen wird. Auf diese Weise sichere ich ein Gutteil des Gewinns, und egal was passiert: Dieses Geld entgeht mir nicht mehr. Manchmal, wenn ich glaube, dass die Aktie sehr weit steigen könnte, lege ich mehrere Niveaus fest, auf denen ich Gewinne mitnehmen will – erst verkaufe ich die Hälfte meiner Position, dann die Hälfte vom Rest und dann davon die Hälfte. Häufig liegen die Verkaufspunkte bei den psychologischen Barrieren, von denen ich glaube, dass die Aktie auf sie treffen wird – runden Zahlen wie 10, 20, 50 oder prozentualen Barrieren wie zum Beispiel 25 Prozent Tagesgewinn.

Eine andere Methode zur Gewinnsicherung, die ich verwende, sind nachgezogene Stopps. Indem ich die Stopps nachziehe, während die Aktie steigt, sichere ich den Gewinn, der unterhalb der Stopps entstanden ist. Ich schütze dadurch auch die gesamte Position vor einem plötzlichen Absturz.

Diese Strategien müssen in dem Plan enthalten sein, den Sie schon vor dem Aktienkauf fassen. Wenn Sie die Position erst einmal halten, geraten Sie allzu leicht in Panik oder lassen sich von hohen Erwartungen hinreißen. Die Gewinnsicherung ist Teil Ihrer Ausstiegsstrategie und somit Teil des Gesamtplans für den Trade.

SPIELREGEL:

Nehmen Sie gewissenhaft Gewinne mit. Niemand ist je bankrott gegangen, weil er Gewinne mitgenommen hat!

Betrachten wir ein Short-Beispiel. Sie shorten Burnrate, Inc. bei 38, nachdem die Aktie auf mittelmäßige Meldungen hin um 100 Prozent gestiegen ist. Sie denken sich, dass sie die Hälfte des Kurszuwachses innerhalb eines oder zweier Tage wieder abgeben könnte. Sie beschließen, die Hälfte des Gewinnes mitzunehmen, wenn BURN auf circa 35 fällt, die Hälfte der Resthälfte bei rund 32 und den Rest im Bereich von 29. Sie platzieren eine Stopp-Eindeckungskauforder zu 40,21 und warten ruhig ab.

Kenteralarm! BURN ist ausgebrannt und nähert sich schon nach einer Stunde der Marke von 35. Sie ziehen Ihren Stopp nach, um die Hälfte der Aktien niedriger einzudecken, und Sie platzieren eine Limitorder für die andere Hälfte bei 35, 1. Diese Order wird ausgeführt. Bingo!

Im weiteren Tagesverlauf sackt die Aktie auf 32,7 und dann auf 32,3. Sie wissen, dass viele Menschen ihre Orders bei runden Zahlen platzieren, und Sie versuchen, Ihnen immer eine Nasenlänge voraus zu sein. Sie decken die Hälfte der verbliebenen Aktien bei 32,1 ein. Ihren Stopp für die Resthälfte stellen Sie neu ein, aber Sie lassen ihn am Ende des Tages verfallen, weil Sie glauben, dass die Aktie am nächsten Morgen als letztes Aufbäumen gegen den rapiden Verfall ein Gap öffnen könnte. Die Aktie schließt bei 32,6.

Am nächsten Morgen öffnet sich erwartungsgemäß ein Gap bei 33,4. Dann beginnt die Aktie zu fallen und bewegt sich langsam auf den von Ihnen erwarteten letzten Verkaufspunkt knapp über 29. Sie ziehen Ihren Stopp auf 33,6 nach. Aber zu Ihrer Überraschung nimmt BURN am späteren Vormittag wieder Fahrt auf und läuft bis 33,9, wodurch der Stopp für Ihre restlichen Aktien ausgelöst wird. Es sieht so aus, als könnte die Aktie noch einen Tag steigen. Das kümmert Sie aber nicht, Sie sind ein Glückskind, denn Sie haben schon gestern zu viel besseren Kursen Gewinne mitgenommen, die Ihnen keiner mehr wegnehmen kann. Und zu allem Überfluss steht es Ihnen auch frei, BURN noch einmal zu shorten, wenn die Aktie den Höhepunkt des zweiten Tages erreicht. Sie sind einfach entspannt und fühlen sich Klasse – Sie haben sogar Lust, den Waxie-Jig zu tanzen. Wenn Sie Ihre komplette Position gehalten hätten, dann hätten Sie keinerlei Gewinn, und Sie müssten weiter warten, bis sie fällt – außerdem würden Sie Gefahr laufen, dass die Aktie in einem ernstlichen Aufstieg begriffen ist, der Sie über den Punkt hinaus führen könnte, an dem Sie sie geshortet haben.

Gewinne zu sichern ist schön und beglückend.

Beispiele zur Verwendung von nachgezogenen Stopps finden Sie in Kapitel 9.

Nehmen Sie kleine Verluste und große Gewinne mit

Wenn Sie nicht kleine Verluste machen, dann kostet Sie das den Hals.

Deutlicher kann ich es nicht ausdrücken. Wenn Sie bei keinem Trade Verlust machen wollen, dann garantiere ich dafür, dass Sie Geld verlieren.
Den meisten Menschen fällt es schwer, kleinere Verluste hinzunehmen. Sie wollen bei einem Trade am liebsten gar nichts verlieren, weil sie sonst irgendwie das Gefühl haben, versagt zu haben. Aber wenn Sie kleine Verluste mitnehmen, dann bedeutet das, dass Sie erfolgreich waren! Die Betonung liegt dabei auf kleine, und nicht auf Verluste. Indem Sie kleine Verluste mitnehmen, begrenzen Sie Ihre Verluste und stellen sicher, dass sie nie zu großen Verlusten werden.
Kleine Verluste und große Gewinne mitzunehmen, das ist die Art, wie erfolgreiche Trader traden. Es ist der einzige Weg, zum erfolgreichen Trader zu werden.

SPIELREGEL:
Nehmen Sie kleine Verluste in Kauf.

Die beste Möglichkeit, wie man sich zu der Disziplin zwingt, kleine Verluste mitzunehmen, besteht darin, bei jedem Trade Sicherungsstopps zu setzen. Wenn Sie schon vor Eingehen der Position entscheiden, wie viel Sie zu verlieren bereit sind, und dies somit zu Ihrem Plan gehört, dann können Sie Ihren Stopp unmittelbar nach Eingehen der Position setzen und können dann keinen Rückzieher mehr machen. Eine ausführliche Behandlung des Themas Stopps finden Sie in Kapitel 9.

SPIELREGEL:
Verwenden Sie immer Stopps.

Wenn es zu Ihrem Plan gehört, darüber nachzudenken, wie viel Sie zu verlieren bereit sind, dann fällt auch die realistische Einschätzung leichter, ob Sie den entsprechenden Trade wirklich wollen. Ein genauerer Blick auf das Verlustrisiko hilft Ihnen sehr dabei, sich von fragwürdigen Trades fern zu halten.

Gehen Sie mit der Margin vorsichtig um

Wie in Kapitel 2 beschrieben, ist die Margin ein mächtiges Werkzeug, das Ihren Profit erhöhen kann, das aber immer mit Vorsicht eingesetzt werden muss. Da der Einsatz der Margin höhere Gewinne bei erfolgreichen Trades, aber auch größere Verluste bei misslungenen ermöglicht, sollten Sie bei der Einschätzung des Chance-Risiko-Verhältnisses von potenziellen Trades umso vorsichtiger sein.

Wie setzt man die Margin richtig ein?
Vor allen Dingen verwenden Sie nicht die ganze Margin. Behalten Sie immer ein großzügiges Polster. Jede Kursveränderung in Ihrem Portfolio verändert den Wert der Sicherheiten für Ihren Margin-Kredit. Wenn der Wert Ihrer Positionen fällt, dann verfällt er mit Margin schneller als ohne den Einsatz der Margin, und das bedeutet, dass auch das Sicherheitspolster schneller abnimmt. Ich empfehle, auf keinen Fall mehr als zwei Drittel Ihrer maximalen Margin einzusetzen. So bleibt Ihnen mindestens ein Drittel als Polster. Wenn fallende Aktienkurse dazu führen, dass das Finanzpolster kleiner als ein Drittel Ihres Marginrahmens wird, dann ist es vermutlich an der Zeit, einige Aktien zu verkaufen, damit Sie nicht in Schwierigkeiten geraten.
Berücksichtigen Sie zweitens immer, wenn Sie bei einem Trade entscheiden, wie viel Verlust Sie ertragen können, auch die Margin. Wenn Sie die Hälfte Ihres Marginrahmens einsetzen, bedeuten zwei Prozent Wertverlust einer Aktienposition, dass Sie drei Prozent Ihres tatsächlichen Kapitals verlieren.
Bringen Sie in Erfahrung, wie Ihr Broker den Stand Ihres Depots berechnet. Das kann sehr kompliziert sein, aber es versetzt Sie in die Lage vorauszusehen, wie viel Margin Ihnen nach einem Trade noch bleiben wird. Verfolgen Sie jederzeit Ihren Margin-Status. Kontrollieren Sie ihn jeden Morgen und am Ende jedes Handelstages.
Machen Sie sich um Marginzinsen keine Sorgen. Ihr Broker berechnet zwar Zinsen auf den geliehenen Betrag, aber der Satz ist niedrig; wenn Sie profitabel traden, sind die Kosten vernachlässigbar.
Verwenden Sie die Margin grundsätzlich nur in stark bullisch tendierenden Marktlagen. Sie können die Margin ohnehin nicht dazu einsetzen, in bärischen Lagen Shortpositionen zu erweitern (allerdings brauchen Sie ein Margindepot, um shorten zu können). Immer wenn der Markt überkauft, unsicher oder richtungslos erscheint, steigen Sie vollständig aus der Margin aus, bevor es zu einem Abschwung kommt.

Auf Bargeld umsteigen, wenn der Markt auf ein Hoch zusteuert

Wenn der Markt unsicher oder überkauft erscheint, sollten Sie nicht nur aus der Margin aussteigen, sondern auch Ihre Aktienpositionen abbauen und vor allem eine Bargeldposition halten. Wenn der Markt sich dreht, ist Bargeld Trumpf! Dadurch dass Sie sich von unvorhersehbarer und zum Traden ungeeigneter Volatilität fern halten, bewahren Sie Ihr Depot vor möglicherweise vernichtenden Verlusten. Sie können lächeln, wenn sich die Dinge beruhigen, und haben eine Menge frisches Bargeld, während die anderen noch ihre Wunden lecken.

Streuen Sie Ihr Depot

Wie in Kapitel 2 ausgeführt, ist Diversifizierung beim Traden sehr wichtig. Es ist keine gute Geldverwaltung, wenn Sie Ihr gesamtes Geld in Positionen stecken, die der gleichen Art von Risiko unterliegen. Suchen Sie stattdessen Trades mit unterschiedlichen Risiken; wenn dann ein Sektor plötzlich nach unten schwenkt, betrifft dies nur einen Teil Ihres Depots.

Risikobegrenzung durch Hedging

Erlernen Sie Strategien zur Risikobegrenzung. Wenn Sie zum Beispiel eine Aktie kaufen, die Ihrer Meinung nach steigen sollte, die aber auch fallen könnte, dann versuchen Sie eine schwächere Aktie zu finden, die grundsätzlich in die gleiche Richtung gehen dürfte, und shorten Sie sie. Wenn dann die Hauptaktie fällt, bringt Ihnen der Short Gewinn, der wahrscheinlich schneller fällt, weil die Aktie schwächer ist als die andere. Wenn sie nicht fällt, dann ist es hingegen aus dem gleichen Grund unwahrscheinlich, dass sie ebenso schnell steigt wie die Hauptaktie.
Die meisten gängigen Hedging-Strategien beinhalten Optionen. Zwei Typen, nämlich der Straddle und der Strangle, würden zwar den Rahmen dieses Buches sprengen, aber es ist sinnvoll, etwas darüber zu wissen.

TRADERSPRACHE:

Bei einem **Straddle** kauft man eine Call- und eine Put-Option. Beide haben den gleichen Ausübungskurs, verfallen im gleichen Monat und basieren auf dem gleichen Underlying (der gleichen Aktie oder dem gleichen Index).

TRADERSPRACHE:

Bei einem **Strangle** kauft man eine Call- und eine Put-Option. Die beiden haben unterschiedliche Ausübungskurse (gewöhnlich beide aus dem Geld), aber sie verfallen im gleichen Monat und basieren auf dem gleichen Underlying.

Hedging ist eine Art Versicherung; deshalb kostet es Sie ein wenig, indem es den Gewinn einer Spekulation mindert. Aber in unseren Zeiten ist eine Versicherung ihr Geld wert.

Risikofreude als Form von Eskapismus

Trader, die die Anwendung sicherer Trading- und Geldverwaltungsmethoden gewohnheitsmäßig vernachlässigen, sollten sich die Frage stellen, warum sie dieses gefährliche und eigenschädliche Verhalten an den Tag legen. Für etwas, das ansonsten keinen Sinn ergibt, gibt es immer eine psychologische Erklärung. Was hat man davon, wenn es klar ist, dass man dadurch keine besseren finanziellen Ergebnisse erzielt?

Riskantes Verhalten ist häufig eine Form von Eskapismus oder ein Substitut für etwas Bedeutenderes im Leben eines Menschen. Wenn Ihnen das richtige Geldmanagement anscheinend widerstrebt oder wenn Sie es häufiger „vergessen", einen Plan aufzustellen oder Stopps zu setzen, dann überprüfen Sie Ihre Motivation. Besser, Sie finden es jetzt gleich heraus, ergreifen Maßnahmen und machen Gewinn, als dass Sie Ihr gesamtes Geld deshalb verlieren, weil Sie nicht genau wissen, was Sie eigentlich wirklich tun wollen.

WAXIES SCHLAUE WALLSTREETSPRÜCHE:

Wenn Sie feststellen, dass Sie unnötige Risiken eingehen oder sich auf andere Weise selbstschädigend verhalten, versuchen Sie, die dahinter stehenden unterbewussten oder unbewussten Motivationen zu ergründen und sie bei Licht besehen zu verarbeiten.

Den Vorsprung halten

Die Spielregeln

Zum Inhalt dieses Kapitels:

- Warum Sie die folgenden Spielregeln beachten müssen
- Wie Sie alle Spielregeln im Kopf behalten können, während Sie traden

Die Spielregeln (oder auch Die Grundprinzipien des guten Tradings)

Hier finden Sie die wichtigsten Regeln, die ich befolge, um ein erfolgreicher Trader zu sein. Normalerweise habe ich etwas gegen unverbrüchliche Regeln, denn erstens klingen sie autoritär, zweitens gibt es zu jeder Regel eine Ausnahme, und drittens kommen verschiedene Menschen mit verschiedenen Dingen am besten zurecht. Deshalb enthält die Liste keine Regeln bezüglich Dingen, die für Trader mit einem bestimmten Stil geeignet, für Trader mit einem anderen Stil dagegen ungeeignet sind – zum Beispiel zu den Trends, auf die ich spekuliere oder zu der Art, wie ich meinen Tradingtag einteile. Hier geht es um die Regeln, die sich auf die Disziplin beziehen, die ein guter Trader haben muss, um ein Sieger zu werden und zu bleiben. Betrachten Sie sie als die Grundprinzipien des guten Tradings.

Nehmen Sie die Seite mit den Regeln und kleben Sie sich rechts neben Ihren Computerbildschirm. Ich meine das vollkommen ernst. Ich möchte, dass Sie diese Regeln jederzeit im Kopf haben, wenn Sie traden.

Wenn Sie erst einmal ein selbstbewusster Trader sind, dann finden Sie vielleicht andere Regeln oder Prinzipien, die für Sie taugen. In diesem Fall befolgen Sie sie ebenso gewissenhaft wie die hier vorgestellten. Einige sind auch recht gute Lebensregeln – vielleicht kommen Sie Ihnen gerade dann recht, wenn Sie es am wenigsten erwarten. So ist das Leben: Wenn Sie für die Gaben offen sind, die es bietet, und es zulassen, dass Sie sie annehmen, dann kann man nicht mit Worten ausdrücken, wie reich es Sie machen kann – und zwar in jeder Hinsicht.

Aktienauswahl

Haben Sie immer einen guten Grund. Kein Grund, kein Spiel.

Setzen Sie nicht auf Eventualitäten. Lassen Sie es im Zweifelsfall sein!

Die meisten Tipps laufen nicht.

Der Trend ist dein Freund.

Holen Sie sich das sichere Geld. Denken Sie in den Kategorien Chance und Risiko.

Hüten Sie sich vor herabfallenden Messern.

Beherrsche den Markt!

Aktienkauf

Planen Sie den Trade und traden Sie nach Plan.

Kaufen Sie niemals ein aufsteigendes Gap.

Jagen Sie keinen Aktien nach; warten Sie, bis sie zu Ihnen kommen. Wer bis zum Schluss im Pool bleibt, schwimmt mit der Kacke!

Kaufe das Gerücht, verkaufe die Nachricht.

Verwenden Sie immer Stopps.

Sichern Sie gewissenhaft Ihre Gewinne. Es ist noch keiner Pleite gegangen, der Gewinne mitgenommen hat!

Gier = Tod. Schweine werden geschlachtet!

Versuchen Singles zu schlagen, nicht über den Zaun; Homeruns bekommen Sie sowieso genügend.

Nehmen Sie kleinere Verluste in Kauf.

Seien Sie nicht mit Aktien verheiratet.

Keine Panikkäufe und keine Panikverkäufe!

Beherrsche den Markt!

Spielen Sie auf Sieg!

Spielen Sie auf Sieg!

Seien Sie offen.

Sie müssen nicht mit jedem Trade Gewinn machen.

Niemand verdient jeden Tag Geld.

Es geht um einen Marathonlauf, nicht um einen Sprint.

Seien Sie flexibel. Kämpfen Sie nicht gegen den Markt an.

Machen Sie an schlechten Tagen einen Spaziergang.

Beherrschen Sie Ihren inneren Schweinehund.

Verwalten Sie Ihr Geld solide.

Sie sind für alles verantwortlich, was Sie tun, sowohl beim Trading als auch im Leben. Es gibt keine Opfer, nur Freiwillige!

Sie müssen nicht jeden Tag traden.

Trading soll Spaß machen!

Vergessen Sie nicht, etwas zurückzugeben.

Führen Sie auch noch ein Leben außerhalb des Tradings.

Beherrsche den Markt!

Die Suche nach dem Juhu-Erlebnis
Traden um Träume zu verwirklichen

Zum Inhalt dieses Kapitels

- Warum Trading ein Mittel zum Zweck und kein Selbstzweck sein sollte.
- Warum Sie sich auf das konzentrieren sollten, was Ihnen im Leben das Wichtigste ist und warum Sie immer Ihre Träume verfolgen sollten.
- Warum es wichtig ist, dass Sie Ihre Prioritäten überprüfen.
- Wie gutes Trading Sie Dinge lehren kann, die Sie auch auf anderen Lebensgebieten gebrauchen können.
- Lebensregeln, die in jeden Tag Ihres Lebens ein Juhu-Erlebnis bringen und ganz nebenbei dazu beitragen, dass Sie ein guter Trader werden.

Die Suche nach dem Juhu-Erlebnis

Warum traden Sie?

Die Frage ist nicht so einfach wie sie vielleicht scheint. Die einfache Antwort, die man eigentlich von jedermann erwarten sollte, ist: „Nun, ähem, wegen des Geldes, wozu sonst?“.

Aber wofür ist dieses Geld? Was ist Ihr letztes Ziel? Über diese Frage wird jedermann nachdenken müssen, und so mancher schafft es niemals, sie zu stellen. Ich werde Ihnen sagen, weshalb ich trade. Vielleicht helfen Ihnen meine Gründe beim Nachdenken über Ihre eigenen.

Für mich ist Trading ein Mittel zum Zweck. Ich tue es nicht, weil ich es schon immer tun wollte, und nach wie vor ist Trading nicht das einzige, was ich tun will. Der Hauptgrund, weshalb ich begonnen habe, mit Aktien zu handeln, war die Verfolgung meines Traums. Ich will Filme machen – meine eigenen Filme, wirkliche und wahre Filme; Filme, die zu anderen sprechen und die ihnen etwas geben, das von Wert ist. Ich will dies tun können, ohne das Geld anderer zu benötigen, denn jeder Drehbuchautor kann Ihnen erzählen, dass es – selbst wenn in Hollywood jemand Ihr Drehbuch kauft – keine Garantie dafür gibt, dass der Film je gedreht wird. Und wenn, dann vielleicht nicht so, wie Sie es wollen.

Ich habe schon einmal einen Kurzfilm gedreht, der auf zahlreichen Filmtagen gezeigt wurde. Ich habe mehrere Fernsehfilme geschrieben, deren Rechte gekauft wurden, und ich war dreimal unter den Gewinnern der Sundance Institute Screenwriting and Filmmaking Laboratories. Ich habe auch mehrere Wettbewerbe als Bühnenautor gewonnen und meine Stücke sind mehr als zwanzigmal inszeniert worden. Ich sage Ihnen das nur, um zu zeigen, was mir mein Traum bedeutet. Einen Film zu machen, das treibt mich zu Höchstleistungen, juhu! Ich hoffe, dass Trading auch für Sie das Mittel zu einem größeren Lebensziel ist, einem wichtigen Ziel, das bedeutungsvoll, dauerhaft und real ist. Ich glaube, Ihr letztes Tradingziel sollte es sein, einen Ort zu finden, wo Sie ein größeres Juhu-Gefühl verspüren und Ihr Leben Sie mehr befriedigt als nach Ihrem sensationellsten Gewinn-Trade. Geben Sie niemals Ihre Träume auf, sondern tun Sie, was immer Sie zu ihrer Verwirklichung tun müssen.

Was sind Ihre geliebtesten Träume?

Was ist das Wichtigste in Ihrem Leben?

WAXIES SCHLAUE WALLSTREETSPRÜCHE:

Geben Sie niemals Ihre Träume auf.

Denken Sie auch daran, dass Trading nicht der einzige Weg zur Verwirklichung Ihrer Träume ist. Am Ende finden Sie vielleicht einen anderen Weg, der besser zu Ihrer Situation und zu Ihnen selbst passt. Manch einer wird mit Trading ein Vermögen verdienen und so sein Leben verändern. Viele haben es schon getan. Andere werden das aus irgendwelchen Gründen nicht können. Sie geraten dann in Versuchung, sich selbst oder anderen die Schuld dafür zu geben. Aber es ist weder ihr eigener Fehler noch der Fehler anderer – es bedeutet nur, dass Trading für sie nicht der richtige Weg ist. Sie müssen ihre Reise fortsetzen. Es gibt immer andere Wege.

Für manche Menschen jedoch geht es beim Trading nicht um Geld, viel weniger noch um einen Traum. Für diese Menschen ist Trading Selbstzweck – die Tätigkeit selbst ist das Ziel. Ich habe wirklich Menschen getroffen, deren Leben sich am Ende nur noch um das Trading drehte. Sie suchen nach Action, nach etwas, worauf sie sich konzentrieren können, worum sie sich kümmern können. Manche von ihnen sind einsam und von der Welt abseits des Cyberspace isoliert. Für sie ist das Trading eine Flucht vor dem Leben.

Was sind Ihre wahren Gründe zu traden? Haben Sie das Gefühl, dass Sie jeden Tag traden müssen? Wie so ziemlich alles, kann auch Trading bei manchen Menschen zur Sucht werden. Wenn Sie jemals feststellen, dass das Trading andere Dinge in Ihrem Leben ersetzt oder zum Selbstzweck wird, dann hören Sie bitte auf damit, treten Sie einen Schritt zurück und werfen Sie einen ehrlichen Blick auf Ihre Prioritäten. Was ist Ihnen wirklich wichtig? Wie können Sie das erreichen? Denken Sie über diese Dinge von Zeit zu Zeit intensiv nach. Das Trading sollte niemals die Stelle anderer bedeutender Ziele und Beziehungen in Ihrem Leben einnehmen. Sorgen Sie dafür, dass Trading ein Mittel zu einem wertvollen Zweck ist – und kein Selbstzweck.

Was Trading Sie über das Leben lehren kann

Anstatt das Leben zu ersetzen, sollte das Trading Ihnen wichtige Lehren bieten, die Ihnen helfen, ein gutes Leben zu leben. Die Regeln und die Disziplin für das Trading unterscheiden sich gar nicht so sehr von den Prinzipien, die ein erfolgreiches Leben prägen. Worin bestehen sie?

1. ÜBEN SIE SICH IN SELBSTDISZIPLIN

Menschen, die auf irgendeinem Gebiet erfolgreich sind, sei es im Trading, in ihrem Beruf, im Sport oder im Hinblick auf zwischenmenschliche Beziehungen, können sich auf ein Ziel konzentrieren und alles tun, was zu seiner Erreichung nötig ist. Das bedeutet häufig, dass man nicht den leichten Weg wählt, dass man dem inneren Drang widersteht, dass man Gelegenheiten für sofortige Belohnung übergeht, dass man sich zu Dingen zwingt, die nicht unbedingt Spaß machen und dass man einen Plan befolgt. Es geht darum, die Verantwortung für die Richtung zu übernehmen, die die Anstrengungen nehmen sollen.

SPIELREGEL:
Sie sind für alles verantwortlich, was Sie tun, sowohl beim Trading als auch im Leben. Es gibt keine Opfer, nur Freiwillige!

2. BETRACHTEN SIE DAS LEBEN ALS MARATHONLAUF, NICHT ALS SPRINT

Erfolg erfordert Ausdauer über einen langen Zeitraum, und nicht kurze gelegentliche Kraftanstrengungen. Am besten geht man jede größere Unternehmung auf diese Weise an.
Von einer Woche Trading werden Sie nicht reich, und wenn Sie es versuchen, werden Sie Geld verlieren, weil Sie überzogene Risiken eingehen. Sammeln Sie stattdessen stetig Gewinne ein und schauen Sie zu, wie Ihr Erfolg Woche für Woche und Monat für Monat wächst.

SPIELREGEL:
Es geht um einen Marathonlauf, nicht um einen Sprint.

3. LERNEN SIE BESTÄNDIG WEITER

Die Dinge ändern sich ständig, am Markt und überall sonst auf der Welt. Sie müssen den Anschluss behalten. Das heißt, dass Sie nie mit einer Strategie, einer Aktie oder einer Erklärung verheiratet sein dürfen. Das heißt auch, dass Ihr Geist offen sein muss für neue Ideen und neue Informationen, die sich Ihnen bieten, und dass Sie sie aktiv suchen, wenn sie sich nicht von selbst bieten.

SPIELREGEL:
Seien Sie offen.

4. BEHALTEN SIE IHRE GEWINNEREINSTELLUNG

Menschen, die damit rechnen zu verlieren, gewinnen selten. Sie halten den Versuch für nutzlos und bringen daher die für den Erfolg nötige Anstrengung nicht auf. Menschen, die damit rechnen zu gewinnen, glauben genug an sich selbst, damit sie alles für den Sieg Nötige tun können. Wenn Sie schon spielen wollen, dann spielen Sie auf Sieg!

SPIELREGEL:
Spielen Sie auf Sieg.

Sorgen Sie dafür, dass alle Wege zum Juhu-Erlebnis führen

So wie die Lehren aus dem Trading Ihnen beim Rest Ihres Lebens helfen können, so kann die Art, wie Sie Ihr Leben leben, Ihr Trading erheblich verbessern. Hier die Dinge, die das Juhu! in jeden Tag meines Lebens bringen, die dazu beitragen, dass ich ein erfolgreicher Trader und ein erfolgreicher Mensch bin. Es läuft tatsächlich nur auf zwei Dinge hinaus, die eng miteinander zusammenhängen: Gut zu anderen sein und gut zu sich selbst sein.

1. GUT ZU ANDEREN SEIN

In meinen Augen ist ein selbstsüchtiges Dasein, das mehr nimmt als es gibt, freudlos. Ich will gut zu anderen sein, weil mir das ein gutes Gefühl gibt, und nicht weil ich glaube, ich müsste das tun, oder weil ich auch etwas von den anderen haben will. Probieren Sie es aus. Seien Sie freundlich und großzügig ohne doppelten Boden. Sie werden sich sehr gut und sehr frei fühlen.

2. ETWAS ZURÜCKGEBEN

Eines der wichtigsten Dinge, die mir der Erfolg als Trader ermöglicht hat, sind Spenden an Wohlfahrtsorganisationen; und ich fordere auch andere dazu auf.

Als Kind geriet ich so leicht in Wut, dass ich mich ständig prügelte. Die Kinder, mit denen ich mich schlug, waren meistens bedeutend älter als ich. Ich habe viele Kämpfe verloren, aber da ich immer der Unterlegene war, nahm ich mir vor, niemals auf jemanden loszugehen, der kleiner ist als ich. Ich wollte, dass die Kämpfe entweder fair waren oder dass ich mich strecken musste, um zu gewinnen.

Und genauso geht es mir mit dem Trading. Vor langer Zeit habe ich mir geschworen, dass ich – wenn ich genug Geld verdienen würde, um meine Träume zu leben – allen Geschlagenen helfen würde, denen ich helfen kann. Deshalb sind mir Spenden an karitative Organisationen so wichtig.

Meine Motiv zu traden und andere das Traden zu lehren, ist neben dem Traum des Filmemachens ganz einfach die Schaffung eines ausgeglichenen Spielfeldes. Ich möchte dafür sorgen, dass alle die gleichen Gewinnchancen haben und dass wir am Ende alle unsere Ziele erreichen können, egal was wir durchgemacht haben.

Ich glaube an das Paradoxon, dass man sein Vermögen nicht bewahren kann, wenn man es nicht zurückgibt. Es ist ein religiöses Grundgesetz, dass man zwölffältig wiederbekommt, was man anderen gegeben hat. Behalten Sie das bitte im Gedächtnis. In gewisser Weise ist Wohltätigkeit selbstsüchtig, weil man am Ende viel mehr zurückbekommt als man gegeben hat. Aber Wohltätigkeit ist eine spirituell gesunde Art der Selbstsucht.

SPIELREGEL:
Vergessen Sie nicht, etwas zurückzugeben.

3. FÜHREN SIE EIN KÖRPERLICH GESUNDES LEBEN

Wenn Sie gut zu sich selbst sein wollen, ist es wichtig, dass Sie gesund bleiben. Sich nicht zu pflegen ist eine subtile Form der Selbstbestrafung. Wenn Sie Ihre Träume verfolgen wollen, dann haben Sie vieles, wofür Sie leben können. Und dabei sollten Sie sich wohlfühlen!

Ich versuche richtig zu essen (wenn Sie Sushi ebenso gern mögen wie ich, wie könnten Sie dann einen Fehler machen?) und Dinge auszuwählen, die gut für mich sind. Ich trinke täglich meinen grünen Saft, meinen Rote-Bete-Saft und nehme die nötigen Vitamine zu mir. Ich treibe Gymnastik, um kräftig zu bleiben, denn ein Ninja darf nicht schwach werden. Gymnastik ist auch eine großartige Möglichkeit, Stress abzubauen, und entspannt tradet es sich besser. Ich schlafe so viel wie möglich, allerdings muss ich daran noch arbeiten. Ich halte mich von Dingen fern, die mir schaden, und ich versuche, mich über Kleinigkeiten nicht aufzuregen.

Wenn man sich wohlfühlt und sich als Gewinner fühlt, dann wird man auch viel eher einer – sowohl im Trading als auch im richtigen Leben.

4. FÜHREN SIE EIN GEISTIG GESUNDES LEBEN

Was ist geistige Gesundheit? Ich glaube, dass man sich seiner selbst und seiner Wirkung auf andere sowie der Realität und der Geschehnisse in der Welt bewusst – gewärtig – sein muss. Man muss sich dessen bewusst sein, wonach wir alle streben, jeder auf seine Weise. Jeder strebt nach Glück, welche persönliche Form es in seinen Augen auch immer annehmen mag. Jeder versucht, Harmonie zu erreichen. Für mich bedeutet Harmonie die Rückkehr an den Ort der Unschuld und Liebe, in den wir hineingeboren wurden, bevor uns die Welt Schmerzen zugefügt hat, uns wütend, zynisch und furchtsam gemacht hat. Für mich bedeutet Glück die Freiheit und Fähigkeit zu vollbringen, was ich vollbringen will, ohne dass mir irgendjemand sagt, ich könnte das nicht, weil ich nicht gut genug sei.

Mein Leben war weder einfach noch leicht, und mit vielen Dingen habe ich immer noch zu kämpfen. Erfahrungen wie die meinen macht man nicht, ohne dass man später noch einige Dämonen bekämpfen muss. Aber ich habe viel Anleitung bekommen und habe den Wert geistiger Gesundheit schätzen gelernt. Ich weiß, dass ich mein Schicksal bestimmen kann, wenn ich die Herausforderungen meines Lebens geradeheraus annehme, achtsam bleibe und die Verantwortung für meine Handlungen übernehme.

5. ESSEN SIE GUT

Das ist mir wirklich wichtig. In früheren Zeiten war ich oftmals hungrig, weil ich nicht genug Geld hatte. Irgendwann habe ich mir geschworen, dass ich nie wieder Hunger leiden würde; was immer mir auch sonst fehlen mochte, ich würde immer gut essen.

Und das tue ich jetzt. Ich gönne mir mindestens zweimal wöchentlich Sushi und esse auch sonst nahrhafte und gesunde Dinge. Ich esse kein rotes Fleisch und auch nichts anderes, das ich nicht essen will.

Gutes Essen gehört zum Wohlbefinden und zur Topform für alles, was Sie sich vornehmen. Es gehört dazu, wenn man auf Sieg spielt.

6. HABEN SIE SPASS

Wenn Ihnen das, was Sie tun, keine Freude macht, dann sollten Sie es nicht tun. Sie tun es dann nicht gut, und das Leben ist zu kurz, um etwas zu tun, das einem verhasst ist. Tun Sie, was Sie können, damit das Trading Spaß macht. Ich ziehe meine schwarze Ninja-Unterwäsche an, stimme ein paar abgefahrene Gesänge an und schreie laut, wenn mir ein guter Trade gelungen ist. Wenn der Trade so richtig gut ist, dann tanze ich sogar den Waxie-Jig. Ja, das macht Spaß!

Nehmen Sie das Trading nicht so ernst, dass Sie sich nicht daran freuen können. Plaudern und scherzen Sie mit anderen Tradern, amüsieren Sie sich und nehmen Sie sich selbst nicht zu ernst. Bei mir funktioniert das auf jeden Fall!

SPIELREGEL:

Trading soll Spaß machen.

7. FINDEN SIE ES IN ORDNUNG, GELD ZU VERDIENEN

Es ist schon seltsam: Man sollte annehmen, dass Menschen, die ohne Geld aufgewachsen sind und dann Erfolg haben, derart glücklich und erleichtert sind, dass sie die Vergangenheit hinter sich lassen, ihre Armut vergessen und sich der Gaben erfreuen, die ihnen gewährt wurden. Aus eigener Erfahrung kann ich Ihnen sagen, dass das nicht so einfach ist. Die Erinnerung ist immer ein Teil von Ihnen.

Das ist aber auch irgendwie in Ordnung. Dank meiner Erinnerungen bleibe ich dankbar und ehrlich und bemühe mich fleißig, das Spielfeld auszugleichen; und ihretwegen versuche ich anderen dabei zu helfen, die guten Dinge zu entdecken, die ich gefunden habe.

Erinnerungen mögen in Ordnung sein, aber Schuldgefühle sind es nicht. Manchen Menschen verursacht der Gewinn Schuldgefühle, so als hätten sie den Erfolg nicht verdient oder als würden sie anderen etwas wegnehmen. Diese Schuldgefühle sind unangebracht und schädlich. Lassen Sie die Schuldgefühle nicht Ihren Erfolg ruinieren. Es ist in Ordnung, erfolgreich zu sein. Gewinnen ist eine sehr, sehr gute Sache. Sie haben hart dafür gearbeitet, und Sie haben es verdient. Es gehört Ihnen und soll Ihnen auch gehören. Wenn Sie Ihren Erfolg weise einsetzen, daran denken, etwas zurückzugeben und anderen helfen, ebenfalls erfolgreich zu werden, dann gibt es keinen Grund, sich schuldig zu fühlen. Ihr Erfolg ist ein Geschenk, das Sie an andere Menschen weitergeben können. Wenn Sie ihn gut einsetzen, warum sollten Sie sich dann schlecht fühlen?

8. FÜHREN SIE AUCH NOCH EIN LEBEN AUSSERHALB DES TRADINGS.

Denken Sie daran, Trading ist nur ein Mittel zum Zweck. Der Zweck ist etwas anderes in Ihrem Leben. Trading soll Ihnen ein besseres Leben bescheren und es nicht vereinnahmen. Treffen Sie sich mit Freunden, machen Sie Urlaub, tun Sie Dinge, die Ihnen Spaß machen, und kümmern Sie sich um Ihre bessere Hälfte und Ihre Lieben. Wenn Sie keine bessere Hälfte haben, dann ist es vielleicht an der Zeit, eine zu finden!

SPIELREGEL:

Führen Sie auch noch ein Leben außerhalb des Tradings.

Wir sehen uns auf der anderen Seite!

Ich habe es geschafft, mein Leben aus einem Zustand des Unglücks und der Not in ein vollkommen anderes Dasein zu verwandeln – so als wäre ich durch einen langen, dunklen und schrecklichen Tunnel gegangen und schließlich auf der anderen Seite in das Tageslicht getreten. Vielleicht haben Sie Dinge erlebt, die meinen Erfahrungen ähneln, und die Tatsache, dass ich es geschafft habe, am anderen Ende anzukommen – und dort zu enden, wo ich jetzt bin – hilft Ihnen vielleicht dabei, Ihre Träume weiter zu verfolgen. Zumindest hoffe ich das.

Ich wurde in New York geboren. Als ich vier Jahre alt war und mein Bruder gerade geboren war, verließ uns mein Vater. Ich habe ihn seither nicht mehr gesehen, und er hat meiner Mutter keinen Cent Unterhalt gezahlt. Meine Mutter hatte drei Jobs gleichzeitig, sie bezog Lebensmittelmarken und Geld von der Wohlfahrt; sie konnte sich keine Tagesmutter leisten, daher passte ich im Alter von vier Jahren auf das Baby auf, während meine Mutter auf der Arbeit war und versuchte, über die Runden zu kommen. Es war so schlimm, dass meine Mutter eines Tages von der Arbeit kam und mich über und über

mit Schaben bedeckt vorfand. Sie krabbelten überall auf mir herum. Voller Hysterie eilte meine Mutter mit mir ins Krankenhaus. Der Arzt sagte ihr, wenn sie nur ein wenig später nach Hause gekommen wäre, hätte ich den Erstickungstod sterben können. Einen Monat lang hatte ich einen Hautausschlag.
Ich wuchs in ärmlichen Verhältnissen auf und war lange Zeit sehr empfindlich. Als Teenager schien es mir bestimmt zu sein, auf der Straße zu sterben. Viele, viele Male war ich nahe daran. Mehr als einmal wurde mir eine Pistole an den Kopf gehalten, und mehr als einmal stand ich kurz vor dem Hungertod. Aber ich hatte auch Glück. Es ist ein wahrer Segen, dass ich noch am Leben bin, ich selbst kann nichts dafür. Viele weniger glückliche Freunde habe ich auf diesem Lebensweg sterben sehen.
Irgendwie bin ich immer noch hart und rau, aber das nichts im Vergleich zu meinen jüngeren Jahren. Ich bin jetzt nicht mehr so wütend über die Art, wie ich aufgewachsen bin. Ich habe üblere Dinge durchgemacht als die meisten Menschen in zehn Lebenszeiten durchmachen würden, und ich wünsche niemandem etwas davon; aber trotz alledem glaube ich nicht, dass mein Leben schlechter war als das von irgendjemand anderem. Denn ich weiß, dass wir alle, unabhängig von der Hautfarbe und dem sozialen Hintergrund, unsere Dämonen haben und zuzeiten leiden. Jeder reist auf einer anderen Straße, aber auf jeder Straße gibt es dunkle Tunnel, durch die wir hindurchmüssen.
Abgesehen von den Erinnerungen liegt die schwere Vergangenheit jetzt hinter mir. Ich bin aus dem Tunnel herausgetreten und sitze in der Sonne; der nächste Tunnel ist bei weitem nicht so lang und schrecklich. Ich schreibe darüber Drehbücher und drehe Filme, und glauben Sie mir, das ganze Material ist fertig und bereit.
Ich wette darauf, dass Sie gerade jetzt auf dem Weg durch einen dunklen Tunnel auf Ihrer persönlichen Straße sind. Sie können es nicht abwarten, am anderen Ende in das Licht der Sonne hinauszutreten, und Sie suchen eine Möglichkeit voranzukommen. Wenn Sie immer weiter gehen, kommen Sie dorthin, wo ich jetzt bin, egal ob Sie ein erfolgreicher Trader werden oder auf andere Weise Erfolg haben. Am Ende begegnen Sie mir auf der anderen Seite. Ich hoffe, wir sehen uns dort.

Viel Glück!

Ich wünsche Ihnen von ganzem Herzen den bestmöglichen Erfolg an der Börse und – was noch wichtiger ist – im Leben. Ich hoffe, dass meine Geschichte und das Wissen, das ich während meiner Lehrzeit als Trader gesammelt habe, Sie dazu bringen wird, Ihre Träume zu verfolgen und sie am Ende zu erreichen, ob nun durch Trading – indem Sie sichere Kohle machen – oder auf einem anderen Pfad. Es gibt nicht den einen richtigen Weg zum Juhu! im Leben. Das einzige was zählt, ist, dass Sie die Suche nicht aufgeben. Ich hoffe, dass Sie, es – egal mit welchen Mitteln (so lange Sie andere weder benutzen noch verletzen) – schaffen, Ihr Leben in das zu verwandeln, wozu Sie es machen wollen.

WAXIES SCHLAUE WALLSTREETSPRÜCHE:

Verfolgen Sie immer Ihre Träume. Geben Sie sie niemals auf!

Alles Gute und viel Erfolg bei der Verwirklichung Ihrer Träume!

Glossar

A/D (advance/decline):
Das Verhältnis von steigenden zu fallenden Aktien, dient als Indikator für die Breitenwirkung.

Abwärtsgap, fallendes Gap (gap down):
Bedeutender Kursverlust gegenüber dem Schlusskurs des Vortages.

Aufwärtsgap (aufsteigendes Gap, gap up):
Bedeutender Kurszuwachs gegenüber dem Schlusskurs des Vortages.

Ausbruch:
Neues Tageshoch oder Ausbruch der Aktie aus einem angestammten Schwankungsbereich (Trading Range).

Axt:
Ein Market Maker, der eine große Order zu erfüllen hat und der den Aktienpreis massiv beeinflusst.

Bärisch:
Pessimistisch; die Erwartung, dass die Börse oder eine Aktie fällt.

Bollinger-Bänder:
Ein charttechnischer Indikator, der aufgrund historischer Daten und Standardabweichungen Unterstützungen und Widerstände zeigt.

Börsennotierte Aktien:
Aktien, die an einer Börse wie der NYSE oder der AMEX gehandelt werden, im Gegensatz zu OTC-Aktien (over the counter), die im Freiverkehr gehandelt werden.

Bounce:
Plötzliche Aufwärtsbewegung in einem Abwärtstrend. Kann eine größere Wende anzeigen oder auch nicht.

Briefkurs (ask):
Der Preis, zu dem ein Verkäufer eine Aktie verkauft. Best ask (bestens) ist der niedrigste notierte Kurs, zu dem ein Verkäufer zu einem bestimmten Zeitpunkt zum Verkauf bereit ist.

Bullisch:
Optimistisch; die Erwartung, dass die Börse oder eine Aktie steigt.

Call:
Option auf den Kauf einer Aktie zu einem späteren Datum zu einem festgelegten Preis. Vergleiche auch Put.

Chance-Risiko-Verhältnis:
Vergleich zwischen dem erwarteten Risiko und der erwarteten Belohnung einer Aktie.

Dead cat bounce:
Ein Bounce, der keine Wende eines Abwärtstrends zu einem Aufwärtstrend oder einer Erholung (Rallye) anzeigt, sondern nur eine kurze Unterbrechung des Abwärtstrends darstellt.

Dow Jones Industrial Average (DJIA):
Index der 30 größten US-amerikanischen Industrieaktien.

Downtick:
Ein niedrigerer Geldkurs. Zu einem Downtick darf nicht geshortet werden.

ECN (electronic communications network):
Computerisiertes Handelssystem, auf dem die Orders der Market Maker und anderer Teilnehmer Dritten zur Ausführung zur Verfügung stehen.

Eindeckungskauf:
Abschluss einer Shortposition durch den Kauf von Aktien, um die geliehenen Aktien im Depot zu ersetzen. Siehe Leerverkauf.

Erstemission:
Das erste Mal, dass eine Gesellschaft Aktien öffentlich verkauft.

Ex-date (Splitdatum):
Der Tag, ab dem sich der Kurs einer Aktie aufgrund eines Aktiensplits ändert und an dem den Aktionären eine andere Aktienanzahl zugeschrieben wird.

Fading the gap (Gap schließen):
Entgegen dem morgendlichen NASDAQ-Gap traden.

Allgemeiner:
gegen ein Ungleichgewicht traden.

Gap down:
Siehe Abwärtsgap.

Gap up:
Siehe Aufwärtsgap.

Geldkurs (bid):
Der Kurs, zu dem ein Käufer eine Aktie kauft. Best bid (bestens) ist der höchste notierte Kurs, zu dem ein Käufer zu einem bestimmten Zeitpunkt kaufen will.

Größe:
Anzahl der zum Kauf oder Verkauf verfügbaren Blöcke/Pakete zu 100 Aktien.

Hitting the bid:
Limit-Verkaufsorder zum Geldkurs. Dient zum schnellen Ausstieg.

Home run:
Sehr hoher Ertrag aus einem Trade, zum Beispiel 40 Prozent, 75 Prozent oder 100 Prozent. Vergleiche auch Single.

INCA:
Level-II-Abkürzung für das Instinet-ECN, das Market Maker und andere große Käufer beziehungsweise Verkäufer gerne benutzen, wenn sie ihre Identität im Dunklen lassen wollen.

Intraday:
Bezogen auf einen einzelnen Handelstag.

IPO (Initial public offering):
Siehe Erstemission.

ISLD:
Level-II-Abkürzung für das Island-ECN.

Kurschart:
Das Hauptwerkzeug der technischen Analyse. Der Aktienkurs wird in einem

xy-Koordinatensystem gegen die Zeit dargestellt.

Leerverkauf (Short):
Verkauf eines Wertpapiers, das man nicht besitzt, um an einer Abwärtsbewegung Geld zu verdienen. Vergleiche Long.

Level I:
Einfaches Kursinformationssystem, das nur die aktuell besten Geld- und Briefkurse sowie das Ordervolumen und Informationen über die letzte ausgeführte Order anzeigt.

Level II:
Echtzeit-Kursinformationssystem, das die Geld- und Briefkurse sowie die Ordervolumina aller Market Maker und ECNs anzeigt.

Level III:
Orderplattform der NASDAQ für Market Maker; privaten Tradern nicht zugänglich.

Limitorder:
Eine Order, die nur zum festgelegten oder einem besseren Preis ausgeführt werden darf. Fragen Sie Ihren Broker; verschiedene Broker verwenden leicht unterschiedliche Begriffe, um die verschiedenen Ordertypen zu bezeichnen.

Liquidität:
Die Möglichkeit, eine Aktie oder ein sonstiges Wertpapier schnell und ohne Verlust in Bargeld zu verwandeln. Je leichter der Umtausch, desto liquider ist die Aktie; wenn der Austausch schwierig ist, dann ist die Aktie illiquide. An den Märkten entsteht Liquidität häufig durch das Vorhandensein einer großen Zahl von Käufern und Verkäufern.

Lockup-Frist:
Zeitpunkt, ab dem von Insidern gekaufte IPO-Aktien erstmals öffentlich verkauft werden dürfen.

Long gehen:
Eine Aktie kaufen. Vergleiche Short gehen.

Lot:
Eine Stückzahl von Aktien, die auf einmal gehandelt oder gehalten wird; auch

als Handelseinheit bezeichnet. Level-I-Systeme zeigen nur round lots (100 Stücke), aber normalerweise kann in beliebigen Einheiten gehandelt werden. Lots, die keine Vielfachen von 100 sind, werden im Amerikanischen als odd lots bezeichnet.

Margin call:
Aufforderung des Brokers an den Depotinhaber, entweder Wertpapiere zu verkaufen oder Geld einzulegen, um die Marginanforderungen zu erfüllen. Wenn der Depotinhaber nichts unternimmt, liquidiert der Broker die Positionen.

Margin:
Die Möglichkeit, Wertpapiere in Ihrem Depot zu beleihen. Marginkauf bedeutet, dass man die gehaltenen Aktien als Sicherheit für einen Kredit zum weiteren Aktienerwerb einsetzt.

Market Maker (MM):
Unternehmen, das Wertpapiere an der Börse zu öffentlich notierten Geld- und Briefkursen kaufen und verkaufen darf.

Marketorder:
Eine Order, ein Wertpapier zum Marktpreis zu verkaufen (best bid beziehungsweise best ask).

Momentum (Momo):
Die (auf dem Volumen beruhende) Dynamik der Kauf- oder Verkaufstätigkeit, die den Aktienkurs bewegt. Wenn hinter einer Kursänderung ein Momentum steht, dann ist es zumindest kurzfristig recht wahrscheinlich, dass sich die Bewegung in die gleiche Richtung fortsetzt.

NASD:
National Association of Securities Dealers (Nationalverband der Wertpapierhändler).

NASDAQ:
National Association of Securities Dealers Automated Quotation system (Automatisches Kursnotierungssystem des NASD).

Newbie:
Unerfahrener Trader, der neu an der Börse ist.

NYSE:
New York Stock Exchange.

Odd lot:
Position oder Order über eine Handelseinheit, die kein Vielfaches von 100 ist. Siehe lot.

Option:
Ein Kontrakt, der dem Eigentümer das nicht verpflichtende Recht gibt, eine Aktie an einem bestimmten Datum zu einem festgelegten Preis zu kaufen (Call) oder zu shorten (Put).

Pump-and-dump:
Bei dieser Art der Kursmanipulation wird der Preis durch Gerüchte oder übertriebene Reklame drastisch nach oben gedrückt („aufgepumpt“), damit die Urheber der Manipulation die Aktien zu dem aufgeblähten Preis schnell verkaufen (engl. dump – abstoßen) können, bevor er wieder zusammenbricht.

Put:
Eine Option, ein Papier zu einem künftigen Datum zu einem festgelegten Preis zu shorten. Vergleiche auch Call.

Round Lot:
Eine Stückzahl von Aktien, die auf einmal gehandelt oder gehalten wird und ein Vielfaches von 100 beträgt. Siehe Lot.

Ruhezeit:
In den ersten 25 Tagen nach einem Börsengang (IPO) dürfen weder das Unternehmen noch das Emissionshaus Pressemeldungen über das Unternehmen herausgeben.

S&P 500:
Aktienindex von Standard & Poor’s. Enthält 500 der größten amerikanischen Aktien.

Scalp:
Schneller Trade mit kleinem Gewinn, dauert wenige Minuten.

Sektor:
Teilbereich des Marktes, dessen Unternehmen sich grob in dem gleichen

Geschäftsbereich betätigen.

Short gehen:

Siehe Leerverkauf.

Short Squeeze:

Heftige Aufwärtsbewegung, die dazu führt, dass Shortseller Eindeckungskäufe tätigen.

Single:

Akzeptabler Gewinn eines Trades, beispielsweise drei Prozent, fünf Prozent oder acht Prozent. Vergleiche Home Run.

SOES:

Small Order Execution System (System zur Ausführung kleiner Orders). Ermöglicht es, bei den Market Makern der NASDAQ unabhängig von der angebotenen Größe kleinere Orders zu platzieren. Die maximale Größe ist von Aktie zu Aktie unterschiedlich.

Specialist:

Einzelner Kursmakler, der für alle Transaktionen einer bestimmten Aktie zuständig ist. Specialists gibt es an der NYSE und an der AMEX.

Splitdatum:

Siehe Ex-date

SPOOS:

Standard & Poor's 500 Index Futures, häufig als Marktindikator verwendet.

Spread:

Differenz zwischen Geld- und Briefkurs.

Stopp-Limit-Order:

Order, gemäß deren eine Aktie verkauft wird, sobald sie unter einen festgelegten Preis fällt, oder gemäß deren ein Leerverkauf eingedeckt wird, sobald sie auf einen festgelegten Preis steigt. Wenn der Stopp ausgelöst wird, wird die Order sofort zum Marktpreis ausgeführt (wird also zu einer Market Order). Fragen Sie Ihren Broker, denn verschiedene Broker verwenden für die verschiedenen Ordertypen unterschiedliche Bezeichnungen.

Stopporder:
Stop-Loss-Order.

Straddle:
Optionsgeschäft, bei dem eine Call- und eine Put-Option gekauft werden. Call und Put haben den gleichen Ausübungskurs, verfallen im gleichen Monat und basieren auf dem gleichen Underlying (der gleichen Aktie oder dem gleichen Index).

Strangle:
Optionsgeschäft, bei dem eine Call- und eine Put-Option gekauft werden. Call und Put haben unterschiedliche Ausübungskurse (gewöhnlich beide aus dem Geld), aber sie verfallen im gleichen Monat und basieren auf dem gleichen Underlying.

Super Dot:
Das elektronische Ausführungssystem für NYSE-Aktien.

Tageshoch:
Der höchste Preis, zu dem eine bestimmte Aktie an einem bestimmten Tag gehandelt wurde.

Tagestief:
Der niedrigste Preis, zu dem eine Aktie an einem bestimmten Tag gehandelt wurde.

Trend:
Kursbewegungsmuster, das von verschiedenen Aktien befolgt wird und das man benutzen kann, um die Kursbewegungen ähnlicher Aktien mit einer vernünftigen Wahrscheinlichkeit vorauszusagen.

U/D oder UD:
Verhältnis zwischen dem Volumen steigender und fallender Aktien. Dient als Richtungsindikator.

Unterstützung:
Kursniveau, auf dem die Aktie zuvor nach einer Abwärtsbewegung nach oben gewendet hat.

Uptick:

Höherer Geldkurs. Ein Uptick erlaubt einen Leerverkauf.

Volatilität:

Das Maß, in dem der Aktienkurs nach oben und unten schwankt. Eine volatile Aktie ist im Gegensatz zu einer stabilen Aktie starken Preisfluktuationen ausgesetzt. Die Volatilität einer Aktie kann je nach Marktlage und aktienspezifischen Bedingungen variieren.

Widerstand:

Kursniveau, an dem die Aktie zuvor ihre Aufwärtsbewegung beendet hat.